外－汉口语基础教程系列

老挝语－汉语口语基础教程

编　写　者：展万萍（老挝）卢建家　覃婧婧　孙　梅　黄　媛
汉语统筹：孙　梅　陈文华　朱　滔
审　　订：陶　红　桑坎·朱坎潘（老挝）
老挝语录音：桑坎·朱坎潘（老挝）　展万萍（老挝）
汉语录音：黄　媛　王　婷

广西教育出版社
南宁

图书在版编目（CIP）数据

老挝语-汉语口语基础教程 / (老) 展万萍等编写
. -- 南宁 : 广西教育出版社, 2022. 11
ISBN 978-7-5435-9208-7

Ⅰ. ①老… Ⅱ. ①展… Ⅲ. ①老挝语-口语-教材②
汉语-口语-教材 Ⅳ. ①H411. 94②H193. 2

中国版本图书馆 CIP 数据核字(2022)第 154898 号

老挝语-汉语口语基础教程
LAOWOYU-HANYU KOUYU JICHU JIAOCHENG

策划组稿：孙 梅 陈文华 朱 滔
责任编辑：钟秋兰 朱 滔
特约编辑：覃海伦 杨开静
责任校对：谢桂清
特约校对：陈 琳 黄东凤
录音剪辑与核对：郭金渝 梁秋婷
封面设计：杨若媛
责任技编：蒋 媛

出 版 人：石立民
出版发行：广西教育出版社
地　　址：广西南宁市鲤湾路 8 号　邮政编码：530022
电　　话：0771-5865797
本社网址：http://www.gxeph.com
电子信箱：gxeph@vip.163.com
印　　刷：广西金考印刷有限公司
开　　本：890 ㎜×1240 ㎜ 1/32
印　　张：10
字　　数：287 千字
版　　次：2022 年 11 月第 1 版
印　　次：2022 年 11 月第 1 次印刷
书　　号：ISBN 978-7-5435-9208-7
定　　价：46.00 元

ຄຳນຳ

ສອງຊາດຈີນ-ລາວແມ່ນສອງຊາດທີ່ມີດິນຕໍ່ແຜ່ນກັນ ໃຊ້ສາຍນ້ຳດຽວກັນ ມີມູນເຊື້ອສາມັກຄີຊ່ວຍເຫຼືອກັນມາແຕ່ບູຮານນະການ. ສອງຊາດໄດ້ໃຫ້ການຊ່ວຍເຫຼືອອູ້ມຊູຍູ້ໜູນກັນມາໂດຍຕະຫຼອດແບບໄມ້ຄ້ຳກ້ອຍ ກ້ອຍຄ້ຳໄມ້ ທັງສະໄໝການຕໍ່ສູ້ກູ້ຊາດຕ້ານຈັກກະພັດຕ່າງດ້າວຜູ້ຮຸກຮານເພື່ອຄວາມເປັນເອກະລາດໃນອະດີດ ກໍຄືໃນພາລະກິດປົກປັກຮັກສາແລະສ້າງສາປະເທດຊາດໃນປັດຈຸບັນ. ໃນຊຸມປີຜ່ານມາ, ການພົວພັນລະຫວ່າງສອງພັກ, ສອງລັດແລະປະຊາຊົນສອງຊາດນັບມື້ນັບໃກ້ຊິດສະໜິດແໜ້ນແລະມີຄວາມຮັບຮູ້ແລະເຂົ້າອົກເຂົ້າໃຈກັນ ນັບມື້ນັບຫຼາຍຂຶ້ນ.

2021 ເປັນປີທີ່ມີຄວາມໝາຍສຳຄັນຍິ່ງ ເພາະແມ່ນປີສ້າງຕັ້ງສາຍພົວພັນການທູດລະຫວ່າງສອງປະເທດຄົບຮອບ 60 ປີ. ສະນັ້ນ ເພື່ອລະນຶກເຖິງເຫດການປະຫວັດສາດອັນສຳຄັນນີ້, ພວກເຮົາຈຶ່ງໄດ້ເຮັດປຶ້ມແບບຮຽນການສົນທະນາພາສາຈີນ-ພາສາລາວແລະປຶ້ມແບບຮຽນການສົນທະນາພາສາລາວ-ພາສາຈີນ 2 ເຫຼັ້ມນີ້ຂຶ້ນ ເພື່ອອວຍພອນໃຫ້ມິດຕະພາບແລະການຮ່ວມມື ຈີນ-ລາວໝັ້ນຄົງຂະໜົງແກ່ນ.

ການພິມຈຳໜ່າຍປຶ້ມແບບຮຽນ 2 ເຫຼັ້ມນີ້, ຈະມີປະໂຫຍດຫຼາຍສຳລັບຄົນລາວທີ່ຮຽນພາສາຈີນ, ຫຼືຄົນຈີນທີ່ຮຽນພາສາລາວ, ແລະຈະ

ເສີມຂະຫຍາຍບົດບາດເປັນຂົວຕໍ່ໃນການສົ່ງເສີມການແລກປ່ຽນດ້ານເສດຖະກິດ, ວັດທະນະທໍາລະຫວ່າງ 2 ປະເທດ. ພວກເຮົາຫວັງຢ່າງຈິງໃຈວ່າ ປຶ້ມແບບຮຽນການສົນທະນາພາສາຈີນ-ພາສາລາວແລະປຶ້ມແບບຮຽນການສົນທະນາ ພາສາລາວ-ພາສາຈີນ, ຈະຊ່ວຍຜູ້ອ່ານຮຽນຮູ້ພາສາຈີນແລະພາສາລາວ ໄດ້ບໍ່ຫຼາຍກໍໜ້ອຍ.

ແຕ່ແນ່ນອນປຶ້ມ 2 ເຫຼັ້ມນີ້ ອາດຈະປາສະຈາກບໍ່ໄດ້ຄວາມຂາດຕົກບົກຜ່ອງບາງບ່ອນບາງປະການ, ຍິນດີຕ້ອນຮັບການຕໍານິຕິຊົມຈາກບັນດານັກວິຊາການ, ຜູ້ຊ່ຽວຊານແລະມວນຊົນຜູ້ຊົມໃຊ້ທົ່ວໄປ ເພື່ອມາປັບປຸງແກ້ໄຂໃຫ້ສົມບູນຂຶ້ນກວ່າເກົ່າ.

ຮອງຜູ້ອໍານວຍການໃຫຍ່ວິທະຍຸກະຈາຍສຽງແຫ່ງຊາດລາວ

ມິຖຸນາ 2021

前　言

中国和老挝两国山水相依，共饮一江之水，自古以来就有团结互助的传统。不论是在争取民族独立、抗击外国侵略者的救国时期，还是在保卫和建设国家的事业进程中，两国一直以来给予彼此枝叶相持般的支持和帮助。近年来，两党、两国政府及两国人民之间的关系越发紧密，相互间的了解也越发深入。2021年正好是两国建立外交关系60周年，意义重大。为了纪念这一重大的历史时刻，我们编写了《汉语–老挝语口语基础教程》和《老挝语–汉语口语基础教程》两本教材，祝福中老友谊与合作绵远流长。

这两本教材的出版，对老挝语母语者学习汉语，或者汉语母语者学习老挝语，都有很大的帮助；对促进两国经济、文化交流能起到桥梁作用。我们衷心希望《汉语–老挝语口语基础教程》和《老挝语–汉语口语基础教程》能为读者学习汉语和老挝语带来或多或少的帮助。当然，这两本教材难免存在不足之处，欢迎各位专家学者和读者批评指正，以便日后修订和完善。

老挝国家广播电台副台长
桑坎·朱坎潘
2021年6月

目 录

ບົດທີ 1　ອັກສອນກາງແລະສະຫຼະດ່ຽວ

第一课　中辅音与单元音

1.1　老挝语简介

老挝语原是老挝主体族群老龙族[①]的民族语言，在1975年12月2日老挝人民民主共和国成立时被宣布为全国通用语，老挝文为官方文字。

老挝文是拼音文字，由辅音、元音和声调组成。根据现行的老挝语字母方案，老挝语有三十三个辅音，分为中辅音、高辅音和低辅音；有二十八个元音，分为单元音、复合元音和特殊元音；有八种声调（万象地区），四个声调符号。

为了方便理解课文中的某些语言学术语和掌握发音要点，我们有必要了解一下人体发音器官。请参看下图：

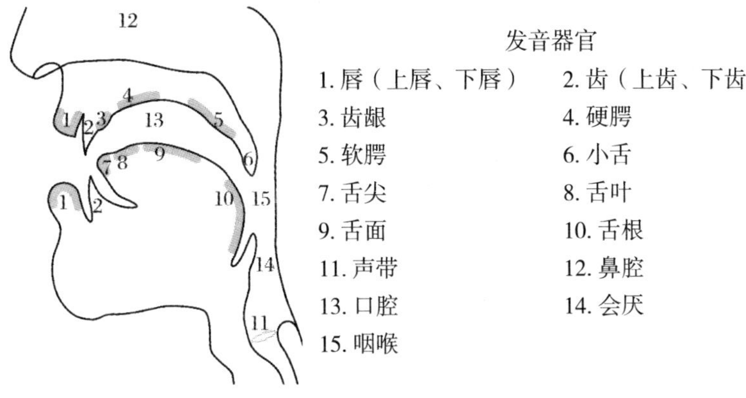

另外，我们在本教材中使用语言学家赵元任创立的五度标记法来标记老挝语声调的调值，详见有关章节。

1.2　中辅音

辅音是指发音时气流在通过口腔或鼻腔时受到阻碍，在解除阻

① 老龙族包含多个支系民族，其中老族占老龙族人口的多数。

碍时所形成的音。从声带振动与否来看，辅音分为清辅音和浊辅音：清辅音发音时声带不振动，浊辅音发音时声带振动。

老挝语的辅音在传统上被分为三组：中辅音、高辅音和低辅音。注意：这样的分组只是老挝语辅音的一种分类方式，与它们或由其构成的音节的声调没有名称上的对应关系。虽然不存在这种对应关系，但是我们在拼读辅音、元音和音节时仍然需要遵循一定的声调规律。这是老挝语的特色，也是我们掌握老挝语语音的基础。

老挝语的中辅音一共有八个：

ກ	ຈ	ດ	ຕ
ບ	ປ	ຢ	ອ

因为辅音本身发音不响亮，为了方便学习，我们在读辅音时通常会使用元音 Xໍ（国际音标/ɔː/）与辅音相拼，这样就会得到一个响亮而容易分辨的音，从而便于识记并与其他辅音区别开来。

拼读中辅音字母时读低平调①。用五度标记法来表示，低平调的调值是22，图示如下：

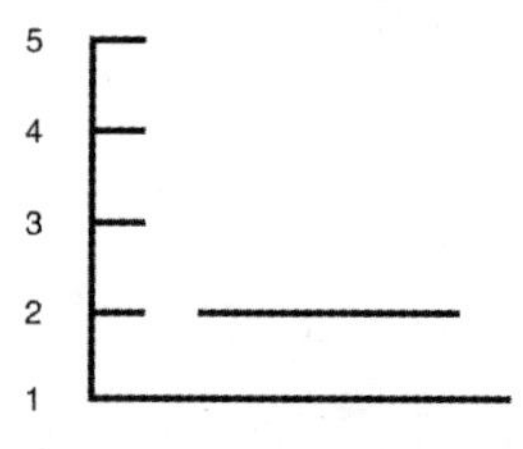

低平调，调值22

ກ 是一个舌根软腭不送气清塞音，读作/kɔː/。这个辅音与汉语

① 本教材中的老挝语声调分类参考坎洪·线玛尼［老］的《语言理论》（ຄຳຮຸ່ງ ແສນມະນີ: ທິດສະດີພາສາ）（2002年版）。该书是老挝国立大学的语言学教材。

拼音声母 g 发音方法相同。

ຈ 是一个舌面硬腭不送气清塞音，读作/cɔː/。从听感上，这个辅音跟汉语拼音的 z 有点相似，但 z 是舌尖前音，发音位置靠前；而 ຈ 发音位置要靠后一些，是舌面音，所以它们是不同的两个音。

ດ 是一个舌尖齿龈不送气浊塞音，读作/dɔː/。这个浊辅音常容易被误读作汉语拼音的清音声母 d，我们要注意区别。

ຕ 是一个舌尖齿龈不送气清塞音，读作/tɔː/。这个辅音与汉语拼音声母 d 发音方法相同。

ບ 是一个双唇不送气浊塞音，读作/bɔː/。这个浊辅音常容易被误读作汉语拼音的清音声母 b，我们要注意区别。

ປ 是一个双唇不送气清塞音，读作/pɔː/。这个辅音与汉语拼音声母 b 发音方法相同。

ຢ 是一个舌面中浊擦音/舌面中半元音，读作/jɔː/。这个辅音与汉语拼音整体认读音节 yi 中的 y 发音方法相同。

ອ 是一个声门（舌根喉壁）不送气清塞音，读作/ʔɔː/。

1.3　单元音

元音是指发音响亮，声带振动，气流在口腔通过时基本不受阻碍的音。前面我们讲过，老挝语的元音有二十八个，其中单元音共十八个，它们实际上是九对长短元音。

这十八个单元音是：

短元音	Xະ	Xິ	Xຶ	Xຸ	ເXະ	ແXະ	ໂXະ	ເXາະ	ເXິ
长元音	Xາ	Xີ	Xື	Xູ	ເX	ແX	ໂX	Xໍ	ເXີ

注意：X代表辅音的位置。为辅助元音发音，我们习惯上使用中辅音ອ（/ʔ/）与元音相拼。

一对长短元音的发音方法是相同的，不同的是长元音的音长约为短元音的两倍。另外，在声调方面，短元音读高短调，调值是4。要注意：高短调在发音末端音高略有翘升，而长元音读低平调。高短调图示如下（低平调图示见前面中辅音的介绍）：

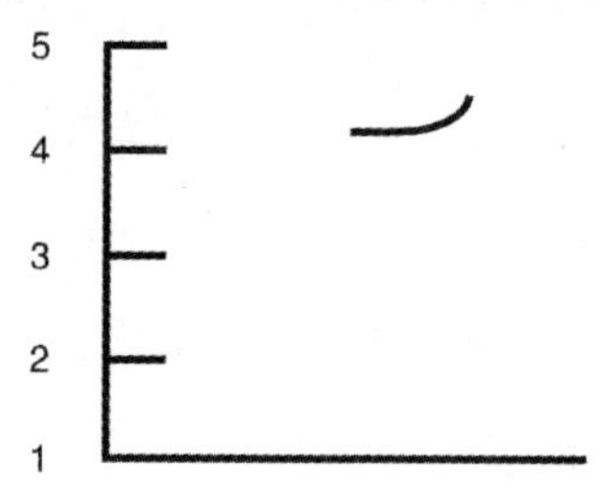

高短调，调值4

短元音 Xະ（/a/）与长元音 Xາ（/aː/）发音时口形是展唇，舌身平放，稍后缩，舌尖不接触下齿，口张大。

短元音 Xິ（/i/）与长元音 Xີ（/iː/）发音时口形是展唇，舌尖接触下齿背，舌面向硬腭抬起，上下齿接近闭合。

短元音 Xຶ（/ɯ/）与长元音 Xື（/ɯː/）发音时口形是展唇，舌身后缩，舌面向软腭抬起，上下齿稍微张开。**

短元音 Xຸ（/u/）与长元音 Xູ（/uː/）发音时口形是圆唇，舌身后缩，舌后抬高，双唇收圆、收小。

短元音 ເXະ（/e/）与长元音 ເX（/eː/）发音时口形是展唇，舌尖抵下齿背，舌面稍抬起，牙床近乎半合。*

短元音 ແXະ（/ɛ/）与长元音 ແX（/ɛː/）发音时口形是展唇，舌尖抵下齿背，舌面稍抬起，开口度较大。与 ເXະ 相比，ແXະ 发音时舌面更低些。

短元音 ໂXະ（/o/）与长元音 ໂX（/oː/）发音时口形是圆唇，舌身后缩抬高，舌尖不接触下齿，双唇收圆稍向前突出。*

短元音 ເXາະ（/ɔ/）与长元音 Xໍ（/ɔ:/）发音时口形是圆唇，舌身后缩抬高，舌尖不接触下齿，双唇收圆不向前突出。

短元音 ເXິ（/ə/）与长元音 ເXີ（/ə:/）发音时口形是展唇，舌身自然放平，舌中部稍抬高，牙床近乎半合。初学时 ເXີ 这个音容易与 Xຶ 相混淆。它们的区别是前者舌位更低，口形也更大些。

注：*表示该元音的发音难度，*越多难度越高，也意味着需要花更多时间练习，掌握其发音要领。下文同。

1.4　拼读练习

1.4.1　中辅音与单元音拼读表

中辅音与短元音和长元音构成音节时分别读高短调和低平调。试拼读下表的音节。

单元音	中辅音							
	ກ	ຈ	ດ	ຕ	ບ	ປ	ຢ	ອ
Xະ	ກະ	ຈະ	ດະ	ຕະ	ບະ	ປະ	ຢະ	ອະ
Xາ	ກາ	ຈາ	ດາ	ຕາ	ບາ	ປາ	ຢາ	ອາ
Xິ	ກິ	ຈິ	ດິ	ຕິ	ບິ	ປິ	ຢິ	ອິ
Xີ	ກີ	ຈີ	ດີ	ຕີ	ບີ	ປີ	ຢີ	ອີ
Xຶ	ກຶ	ຈຶ	ດຶ	ຕຶ	ບຶ	ປຶ	ຢຶ	ອຶ
Xື	ກື	ຈື	ດື	ຕື	ບື	ປື	ຢື	ອື
Xຸ	ກຸ	ຈຸ	ດຸ	ຕຸ	ບຸ	ປຸ	ຢຸ	ອຸ
Xູ	ກູ	ຈູ	ດູ	ຕູ	ບູ	ປູ	ຢູ	ອູ
ເXະ	ເກະ	ເຈະ	ເດະ	ເຕະ	ເບະ	ເປະ	ເຢະ	ເອະ
ເX	ເກ	ເຈ	ເດ	ເຕ	ເບ	ເປ	ເຢ	ເອ
ແXະ	ແກະ	ແຈະ	ແດະ	ແຕະ	ແບະ	ແປະ	ແຢະ	ແອະ

续表

单元音	中辅音							
	ກ	ຈ	ດ	ຕ	ບ	ປ	ຢ	ອ
ແx	ແກ	ແຈ	ແດ	ແຕ	ແບ	ແປ	ແຢ	ແອ
ໂxະ	ໂກະ	ໂຈະ	ໂດະ	ໂຕະ	ໂບະ	ໂປະ	ໂຢະ	ໂອະ
ໂx	ໂກ	ໂຈ	ໂດ	ໂຕ	ໂບ	ໂປ	ໂຢ	ໂອ
ເxາະ	ເກາະ	ເຈາະ	ເດາະ	ເຕາະ	ເບາະ	ເປາະ	ເຢາະ	ເອາະ
xໍ	ກໍ	ຈໍ	ດໍ	ຕໍ	ບໍ	ປໍ	ຢໍ	ອໍ
ເxິ	ເກິ	ເຈິ	ເດິ	ເຕິ	ເບິ	ເປິ	ເຢິ	ເອິ
ເxີ	ເກີ	ເຈີ	ເດີ	ເຕີ	ເບີ	ເປີ	ເຢີ	ເອີ

1.4.2 中辅音多音节拼读练习

ກະປິ 虾酱　　ກາກີ 雌鸦　　ກາໂກ 雄鸦

ປະຕູ 门　　ກະຈາ 半生不熟　　ກະແຈ 门锁

ຕະປູ 钉子　　ກະຕິກາ 规则　　ກະໂຕ 自身

ຕາດີ 好眼力　　ດີກາ（经文的）注释　　ຕາປີ 终年的

ຢາດີ 良药　　ກະບະ 皮卡车　　ປີຕິ 欣喜

ອີດູ 可怜　　ກະປູ 蟹　　ເຈດີ 塔

ຕຸກຸ 圆滚滚的　　ກະຈະ 明亮　　ເກະກະ 碍事的

ກຸຕີ 僧舍　　ຈິກິ 短小的　　ຈະຕຸ 四（做前缀）

ກະຕໍ 树桩　　ເດກາ 无后坐力炮　　ຈາດຸ 恭维话

ກະແຈະ 檀香粉　ກະດະ（行人）相碰　ກະຕິກະ 过继的

ກະແຕະ 竹席　ກະຕຸ 供品　ກະເຕາະ 一种竹编盛具

ກະບິ 水底残渣　ກະບື 水牛　ກິຕະ 昆虫

ກີຕາ 吉他　ກີປາ 鱼鳍　ເກຈິ 某人

ຈິກີ 深红的　ຈຸຕິ 死亡　ຈຸບຸ 胖乎乎的

ເຈຕະ 内心　ຕາປາ（医学）鸡眼　ບາແອ 小男孩儿

ບິດາ 父亲　ບໍດີ 首长　ປະຈຸ 装填

ປະດາ 过分地　ອຸບະ（装饰用的）花环　ອີຢີ 密密麻麻的样子

ເອກະ 唯一

1.5 思考与复习

（1）老挝语有辅音和元音各几个？它们是怎么分类的？

（2）老挝语有几个声调符号？有几种声调？

（3）你能写出所有的中辅音字母吗？它们本身读什么声调？与长、短元音相拼时又读什么声调？

（4）你能写出所有的单元音字母吗？它们读什么声调？

1.6 日常用语

ສະບາຍດີ!　你好！

ສະບາຍດີທຸກຄົນ!　大家好！

ສະບາຍດີອາຈານ!　老师好！

ບົດທີ 2　ອັກສອນສູງແລະອັກສອນຕ່ຳ

第二课　高辅音与低辅音

2.1　高辅音

老挝语的高辅音一共有十二个：

ຂ	ສ	ຖ	ຜ
ຝ	ຫ	ຫງ	ຫຍ
ໜ/ຫນ	ໝ/ຫມ	ຫຼ/ຫລ	ຫວ

拼读高辅音字母时读低升调。用五度标记法来表示，低升调的调值是24，图示如下：

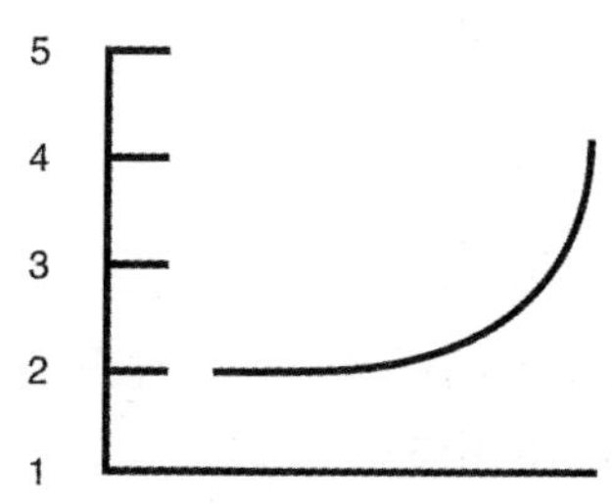

低升调，调值24

ຂ 是一个舌根软腭送气清塞音，读作/k^hɔ:/。这个辅音与汉语拼音声母 k 发音方法相同。

ສ 是一个舌尖齿背不送气清擦音，读作/sɔ:/。这个辅音与汉语拼音声母 s 发音方法相同。

ຖ 是一个舌尖齿龈送气清塞音，读作/t^hɔ:/。这个辅音与汉语拼音声母 t 发音方法相同。

ຜ 是一个双唇送气清塞音，读作/pʰɔ:/。这个辅音与汉语拼音声母 p 发音方法相同。

ຝ 是一个唇齿不送气清擦音，读作/fɔ:/。这个辅音与汉语拼音声母 f 发音方法相同。

ຫ 是一个声门不送气清擦音，读作/hɔ:/。与汉语拼音比较，这个辅音与声母 h 发音方法相近，但 h（国际音标/x/）是一个舌面后软腭音，发音部位比 ຫ 要靠前一些，发音时舌面也要更高些，大家可以仔细体会。另外，读 ຫ 这个辅音时鼻腔是有共鸣的，这个要特别注意。**

ຫງ 是一个舌根软腭不送气浊鼻音，读作/ŋɔ:/。**

ຫຍ 是一个舌面硬腭不送气浊鼻音，读作/ɲɔ:/。注意，这个辅音容易与中辅音 ຢ 的发音混淆。***

ໜ/ຫນ 是一个舌尖齿龈不送气浊鼻音，读作/nɔ:/。这个辅音与汉语拼音声母 n 发音方法相同。

ໝ/ຫມ 是一个双唇不送气浊鼻音，读作/mɔ:/。这个辅音与汉语拼音声母 m 发音方法相同。

ຫຼ/ຫລ 是一个舌尖不送气浊边音，读作/lɔ:/。这个辅音与汉语拼音声母 l 发音方法相同。

ຫວ 是一个下唇上齿浊擦音，读作/vɔ:/。这个辅音与汉语拼音里的整体认读音节wen中的w发音听起来相近，但不能等同。

2.2 低辅音

老挝语的低辅音一共有十三个：

ຄ	ຊ	ທ	ພ
ຟ	ຣ	ງ	ຍ
ນ	ມ	ລ	ວ
ຮ			

拼读低辅音字母时读高升调。用五度标记法来表示，高升调的调值是45①，图示如下：

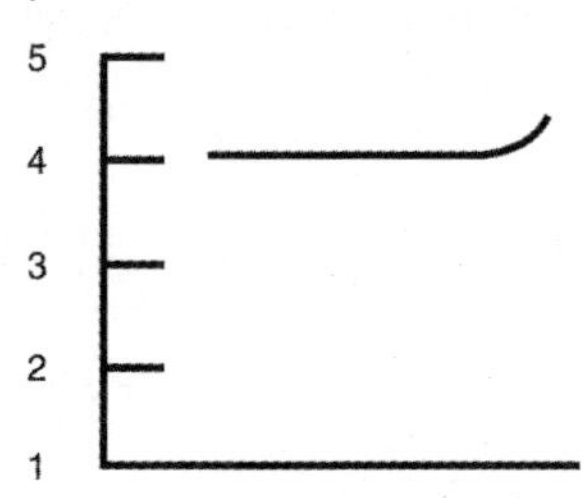

高升调，调值45

ຄ 是一个舌根软腭送气清塞音，读作/kʰɔː/，发音方法与高辅音 ຂ 相同。

ຊ 是一个舌尖齿背不送气清擦音，读作/sɔː/，发音方法与高辅音 ສ 相同。

ທ 是一个舌尖齿龈送气清塞音，读作/tʰɔː/，发音方法与高辅音 ຖ 相同。

ພ 是一个双唇送气清塞音，读作/pʰɔː/，发音方法与高辅音 ຜ 相同。

① 高升调调值虽标注为45，但实际音程末端音高并未达到5。

ຟ 是一个唇齿不送气清擦音，读作/fɔ:/，发音方法与高辅音 ຝ 相同。

ຮ 是一个声门不送气清擦音，读作/hɔ:/，发音方法与高辅音 ຫ 相同。**

ງ 是一个舌根软腭不送气浊鼻音，读作/ŋɔ:/，发音方法与高辅音 ຫງ 相同。**

ຍ 是一个舌面硬腭不送气浊鼻音，读作/ɲɔ:/，发音方法与高辅音 ຫຍ 相同。***

ນ 是一个舌尖齿龈不送气浊鼻音，读作/nɔ:/，发音方法与高辅音 ຫນ 相同。

ມ 是一个双唇不送气浊鼻音，读作/mɔ:/，发音方法与高辅音 ຫມ 相同。

ລ 是一个舌尖不送气浊边音，读作/lɔ:/，发音方法与高辅音 ຫລ 相同。

ວ 是一个下唇上齿浊擦音，读作/vɔ:/，发音方法与高辅音 ຫວ 相同。

ຣ 是一个舌尖齿龈不送气浊颤音（也叫弹舌音），读作/rɔ:/。这个低辅音在当代老挝语中一般只用于外来语，如外国人名、地名、机构名等。在实际应用中，老挝人极少把这个音读成弹舌音，而是读成类似汉语拼音声母 l 的读音。

通过上面的学习，我们能够发现以上十二个高辅音和十三个低辅音中的十二个可以按读音匹配成对：

ຂ—ຄ	ສ—ຊ	ຖ—ທ	ຜ—ພ	ຝ—ຟ	ຫ—ຮ
ຫງ—ງ	ຫຍ—ຍ	ຫນ—ນ	ຫມ—ມ	ຫລ—ລ	ຫວ—ວ

我们还可以看到某些高、低辅音在字形上有相似之处。ຫງ、ຫຍ、ຫນ、ຫມ、ຫລ、ຫວ 这几个高辅音字母就是用高辅音 ຫ 与低辅音 ງ、ຍ、ນ、ມ、ລ、ວ 组合而成的，表示参与组合的低辅音按高辅音的声调规律拼读。这几个高辅音是由两个辅音组合而成的，所以也被叫作“联合辅音”。为了方便书写，有时人们又把 ຫນ、ຫມ、ຫລ 写作 ໜ、ໝ、ຫຼ，这两种写法都符合老挝语语法要求[①]，都可以使用（本书采用后者的合体写法）。

2.3 拼读练习

2.3.1 高辅音与单元音拼读表

高辅音与短元音、长元音构成音节时分别读高短调和低升调。试拼读下表的音节。

单元音	高辅音											
	ຂ	ສ	ຖ	ຜ	ຝ	ຫ	ຫງ	ຫຍ	ໜ	ໝ	ຫຼ	ຫວ
Xະ	ຂະ	ສະ	ຖະ	ຜະ	ຝະ	ຫະ	ຫງະ	ຫຍະ	ໜະ	ໝະ	ຫຼະ	ຫວະ
Xາ	ຂາ	ສາ	ຖາ	ຜາ	ຝາ	ຫາ	ຫງາ	ຫຍາ	ໜາ	ໝາ	ຫຼາ	ຫວາ
Xິ	ຂິ	ສິ	ຖິ	ຜິ	ຝິ	ຫິ	ຫງິ	ຫຍິ	ໜິ	ໝິ	ຫຼິ	ຫວິ
Xີ	ຂີ	ສີ	ຖີ	ຜີ	ຝີ	ຫີ	ຫງີ	ຫຍີ	ໜີ	ໝີ	ຫຼີ	ຫວີ
Xຶ	ຂຶ	ສຶ	ຖຶ	ຜຶ	ຝຶ	ຫຶ	ຫງຶ	ຫຍຶ	ໜຶ	ໝຶ	ຫຼຶ	ຫວຶ
Xື	ຂື	ສື	ຖື	ຜື	ຝື	ຫື	ຫງື	ຫຍື	ໜື	ໝື	ຫຼື	ຫວື
Xຸ	ຂຸ	ສຸ	ຖຸ	ຜຸ	ຝຸ	ຫຸ	ຫງຸ	ຫຍຸ	ໜຸ	ໝຸ	ຫຼຸ	ຫວຸ
Xູ	ຂູ	ສູ	ຖູ	ຜູ	ຝູ	ຫູ	ຫງູ	ຫຍູ	ໜູ	ໝູ	ຫຼູ	ຫວູ

① 老挝教育部2020年版《老挝语语法·正字法》中已明确将ຫນ、ຫມ、ຫລ写作ໜ、ໝ、ຫຼ。

续表

单元音	高辅音											
	ຂ	ສ	ຖ	ຜ	ຝ	ຫ	ຫງ	ຫຍ	ໜ	ໝ	ຫຼ	ຫວ
ເXະ	ເຂະ	ເສະ	ເຖະ	ເຜະ	ເຝະ	ເຫະ	ເຫງະ	ເຫຍະ	ເໜະ	ເໝະ	ເຫຼະ	ເຫວະ
ເX	ເຂ	ເສ	ເຖ	ເຜ	ເຝ	ເຫ	ເຫງ	ເຫຍ	ເໜ	ເໝ	ເຫຼ	ເຫວ
ແXະ	ແຂະ	ແສະ	ແຖະ	ແຜະ	ແຝະ	ແຫະ	ແຫງະ	ແຫຍະ	ແໜະ	ແໝະ	ແຫຼະ	ແຫວະ
ແX	ແຂ	ແສ	ແຖ	ແຜ	ແຝ	ແຫ	ແຫງ	ແຫຍ	ແໜ	ແໝ	ແຫຼ	ແຫວ
ໂXະ	ໂຂະ	ໂສະ	ໂຖະ	ໂຜະ	ໂຝະ	ໂຫະ	ໂຫງະ	ໂຫຍະ	ໂໜະ	ໂໝະ	ໂຫຼະ	ໂຫວະ
ໂX	ໂຂ	ໂສ	ໂຖ	ໂຜ	ໂຝ	ໂຫ	ໂຫງ	ໂຫຍ	ໂໜ	ໂໝ	ໂຫຼ	ໂຫວ
ເXາະ	ເຂາະ	ເສາະ	ເຖາະ	ເຜາະ	ເຝາະ	ເຫາະ	ເຫງາະ	ເຫຍາະ	ເໜາະ	ເໝາະ	ເຫຼາະ	ເຫວາະ
Xໍ	ຂໍ	ສໍ	ຖໍ	ຜໍ	ຝໍ	ຫໍ	ຫງໍ	ຫຍໍ	ໜໍ	ໝໍ	ຫຼໍ	ຫວໍ
ເXິ	ເຂິ	ເສິ	ເຖິ	ເຜິ	ເຝິ	ເຫິ	ເຫງິ	ເຫຍິ	ເໜິ	ເໝິ	ເຫຼິ	ເຫວິ
ເXີ	ເຂີ	ເສີ	ເຖີ	ເຜີ	ເຝີ	ເຫີ	ເຫງີ	ເຫຍີ	ເໜີ	ເໝີ	ເຫຼີ	ເຫວີ

2.3.2　低辅音与单元音拼读表

低辅音与短元音、长元音构成音节时分别读中短调和高升调。请先看下面的中短调示意图，再试拼读示意图下表格内的音节。

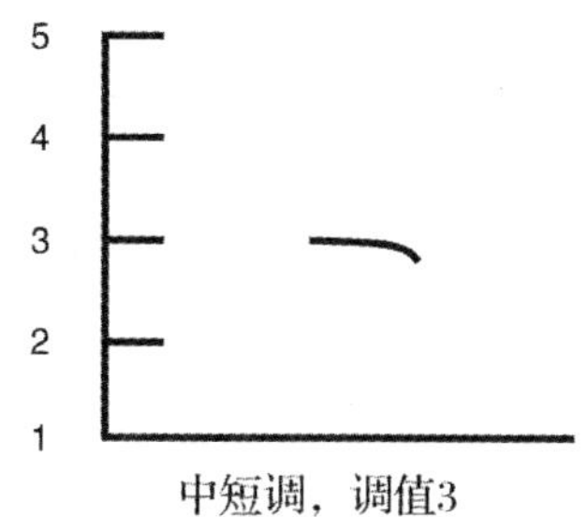

中短调，调值3

单元音	低辅音											
	ຄ	ຊ	ທ	ພ	ຟ	ຮ	ງ	ຍ	ນ	ມ	ລ	ວ
Xະ	ຄະ	ຊະ	ທະ	ພະ	ຟະ	ຮະ	ງະ	ຍະ	ນະ	ມະ	ລະ	ວະ
Xາ	ຄາ	ຊາ	ທາ	ພາ	ຟາ	ຮາ	ງາ	ຍາ	ນາ	ມາ	ລາ	ວາ

续表

单元音	低辅音											
	ຄ	ຊ	ທ	ພ	ຟ	ຮ	ງ	ຍ	ນ	ມ	ລ	ວ
Xິ	ຄິ	ຊິ	ທິ	ພິ	ຟິ	ຮິ	ງິ	ຍິ	ນິ	ມິ	ລິ	ວິ
Xີ	ຄີ	ຊີ	ທີ	ພີ	ຟີ	ຮີ	ງີ	ຍີ	ນີ	ມີ	ລີ	ວີ
Xຶ	ຄຶ	ຊຶ	ທຶ	ພຶ	ຟຶ	ຮຶ	ງຶ	ຍຶ	ນຶ	ມຶ	ລຶ	ວຶ
Xື	ຄື	ຊື	ທື	ພື	ຟື	ຮື	ງື	ຍື	ນື	ມື	ລື	ວື
Xຸ	ຄຸ	ຊຸ	ທຸ	ພຸ	ຟຸ	ຮຸ	ງຸ	ຍຸ	ນຸ	ມຸ	ລຸ	ວຸ
Xູ	ຄູ	ຊູ	ທູ	ພູ	ຟູ	ຮູ	ງູ	ຍູ	ນູ	ມູ	ລູ	ວູ
ເXະ	ເຄະ	ເຊະ	ເທະ	ເພະ	ເຟະ	ເຮະ	ເງະ	ເຍະ	ເນະ	ເມະ	ເລະ	ເວະ
ເX	ເຄ	ເຊ	ເທ	ເພ	ເຟ	ເຮ	ເງ	ເຍ	ເນ	ເມ	ເລ	ເວ
ແXະ	ແຄະ	ແຊະ	ແທະ	ແພະ	ແຟະ	ແຮະ	ແງະ	ແຍະ	ແນະ	ແມະ	ແລະ	ແວະ
ແX	ແຄ	ແຊ	ແທ	ແພ	ແຟ	ແຮ	ແງ	ແຍ	ແນ	ແມ	ແລ	ແວ
ໂXະ	ໂຄະ	ໂຊະ	ໂທະ	ໂພະ	ໂຟະ	ໂຮະ	ໂງະ	ໂຍະ	ໂນະ	ໂມະ	ໂລະ	ໂວະ
ໂX	ໂຄ	ໂຊ	ໂທ	ໂພ	ໂຟ	ໂຮ	ໂງ	ໂຍ	ໂນ	ໂມ	ໂລ	ໂວ
ເXາະ	ເຄາະ	ເຊາະ	ເທາະ	ເພາະ	ເຟາະ	ເຮາະ	ເງາະ	ເຍາະ	ເນາະ	ເມາະ	ເລາະ	ເວາະ
Xໍ	ຄໍ	ຊໍ	ທໍ	ພໍ	ຟໍ	ຮໍ	ງໍ	ຍໍ	ນໍ	ມໍ	ລໍ	ວໍ
ເXິ	ເຄິ	ເຊິ	ເທິ	ເພິ	ເຟິ	ເຮິ	ເງິ	ເຍິ	ເນິ	ເມິ	ເລິ	ເວິ
ເXີ	ເຄີ	ເຊີ	ເທີ	ເພີ	ເຟີ	ເຮີ	ເງີ	ເຍີ	ເນີ	ເມີ	ເລີ	ເວີ

注：低辅音 ຣ 不作为音节主辅音使用，故不列入此表。

2.4 辅音多音节拼读练习

练习A

ຄະນະ 团队　　ນາທີ 分钟　　ຄືຊິ 似乎；好像

ໂງເງ 匆忙的　　ງໍແງ 爱诉苦的　　ໂຍຄະ 瑜伽

ຍໍຄໍ 伸长脖子　　ນະຍະ 提纲　　ທະນີ 长臂猿

ທານີ 都市 ທະນູ 弓弩 ໂຄໂນ 公（黄）牛

ໂຍທາ （土木）工程 ພາຄີ 成员 ພິທີ 仪式

ພາຊະນະ 容器 ລະເມີ 说梦话 ລາຄາ 价格

ລືຊາ 驰名的 ທະເລ 海 ວະລີ 短语

ວິເຄາະ 分析 ວິຊາ 科目 ວິທີ 方法

ວິນາທີ 秒 ເວລາ 时间 ຮາວີ 侵害

ເຮຮາ 嘻嘻哈哈 ເທວີ 仙女 ເວທີ 舞台

ວິທະຍຸ 无线电

练习B

ສໍສີ 蜡笔 ຂາໂຂ 曲腿的 ສາຂາ 分支

ສາຂີ 树杈 ສາສະໜາ 宗教 ສີຫະ 狮子

ສຸຂີ 幸福的人 ຖະແຫຼ 滑翔 ຜະຫຍາ 智慧

ຂະຫຍາ 公告 ສະເໝີ 平均 ສະເໜີ 呈报

ສະຂີ 同伴 ສະຂີ 女伴 ສະຖະ 不诚实的

ສະຫະ 联合的（做前缀） ສະເໜ່ຫາ 魅力 ສະໝໍ 锚

ສະຫຼະ 元音 ຝາໝີ 熊掌 ຫຼູຫຼາ 华丽的

ຫູໜູ 木耳 ໜາຫູ 时有耳闻的 ຖືສາ 介意

ຫາໝໍ 看医生 ໝໍຜີ 巫师 ໝໍຫູ 耳科医生

练习C

ຂະນະ 刹那　ຂະມາ 宽容

ຂະແມ 高棉（古代柬埔寨国名）　ຄະດີ 案子

ຄະຕິ 信念　ຄາຖາ 偈语　ໂຄຕະ 宗族

ຄູບາ 法师（对和尚的尊称）　ທາຢາ 擦药

ກະທະ 炒菜锅　ນາປີ 春耕田　ຂາເຄ （脚）跛

ຂໍເກາະ 挂钩　ສີດາ 番石榴　ສະຕິ 意识

ສະເອິ 打嗝　ເມສາ 四月　ສີກາ 女居士

ຕາລໍ 白内障　ມືຖື 手机　ຖານະ 地位

ໜີປະ 抛弃　ໜູນາ 田鼠　ໝໍດູ 算命先生

ໝໍຢາ 医生　ພໍດີ 恰好　ພາສີ 关税

ຖືພາ 怀孕　ພາສາ 语言　ປະເພນີ 风俗

ລະດູ 季节　ລາສີ （黄道十二）宫　ພູຜາ 山脉

ປາຝາ 甲鱼　ຝາມື 手掌　ສາລາ 亭子

ຫິມະ 雪　ຫາປາ 捕鱼　ຫາລື 商量

ສາລີ 玉米　ເລຂາ 书记　ເສລີ 自由

ໂຄສະນາ 广告　ສະຖານີ （车）站　ສະຖິຕິ 纪录

ພະລືສີ 隐士　ຂະລຸຂະລະ 崎岖不平　ສະຖາປະນາ 建立

ຄະນະບໍດີ 团队首领

2.5　思考与复习

（1）你能写出所有的高辅音字母吗？它们本身读什么声调？与长、短元音相拼时又读什么声调？

（2）你能写出所有的低辅音字母吗？它们本身读什么声调？与长、短元音相拼时又读什么声调？

（3）对于高辅音和低辅音之间的关系，你怎么理解？

2.6　日常用语

ຂໍເຂົ້າຫ້ອງແດ່.　报告。（用于请求老师准予进入教室。原意是“请求进入教室”。）

ເຊີນເຂົ້າມາ.　请进。

ເຊີນອ່ານຕາມອາຈານ.　请跟老师读。

ດີຫຼາຍ!　很好！

ລາກ່ອນ!　再见/先走了/告辞！

ພົບກັນໃໝ່!　再见！（较正式）

ບົດທີ 3　ສະຫຼະປະສົມ ສະຫຼະພິເສດ ສຽງວັນນະຍຸດ
第三课　复合元音　特殊元音　声调

3.1　复合元音

老挝语的复合元音一共有六个：

ເXັຍ	ເXຍ	Xົວະ	Xົວ	ເXຶອ	ເXືອ

它们都是由两个单元音组成的。这六个复合元音可分为三对长短元音。它们的声调与之前学习的单元音的长短元音完全相同，即短元音读高短调，长元音读低平调。

短元音 ເXັຍ（/ia/）与长元音 ເXຍ（/i:a/）是由短元音 Xິ（/i/）和长元音 Xີ（/i:/）分别滑向单元音 Xະ（/a/）而得。

短元音 Xົວະ（/ua/）与长元音 Xົວ（/u:a/）是由短元音 Xຸ（/u/）和长元音 Xູ（/u:/）分别滑向单元音 Xະ（/a/）而得。

短元音 ເXຶອ（/ɯa/）与长元音 ເXືອ（/ɯ:a/）是由短元音 Xຶ（/ɯ/）和长元音 Xື（/ɯ:/）分别滑向单元音 Xະ（/a/）而得。

复合元音同中、高、低辅音相拼时的声调规律与单元音跟这些辅音相拼时的声调规律一致。试拼读下列音节：

ຕະ—ຕົວະ　　ຕາ—ຕົວ　　ດະ—ເດຶອ　　ດາ—ເດືອ

ຜະ—ຜົວະ　　ຜາ—ຜົວ　　ຫງະ—ຫງົວະ　　ຫງາ—ຫງົວ

ຍະ—ເຍັຍ　　ຍາ—ເຍຍ　　ຊະ—ຊົວະ　　ຊາ—ຊົວ

3.2　特殊元音

老挝语的特殊元音一共有四个：

ໄx	ໃx	ເxົາ	xໍາ

这四个特殊元音的发音特点与复合元音类似，是由两个单元音，或一个单元音和一个尾辅音组成，但没有长短音之分。它们的音长比短元音长，但比长元音短，读低平调。

元音 ໄx（/ai/）的发音方法是口形从 xະ（/a/）向 xິ（/i/）滑动，发音短促。

元音 ໃx（/ai/）的发音方法同 ໄx。

元音 ເxົາ（/au/）的发音方法是口形从 xະ（/a/） 向 xຸ（/u/）滑动，发音短促。

元音 xໍາ（/am/）的发音方法是发出 xະ（/a/）音后双唇立即闭合，发音短促。

在老挝语语法中，它们之所以被认为特殊，是因为它们是由元音 xະ 与尾辅音ຍ、ວ、ມ拼合而成的。由于自带了尾辅音，不能归入单元音或复合元音，因此单独列出。关于尾辅音的知识，我们将在后面学习。

特殊元音同中、高、低辅音相拼的声调规律与长元音跟这些辅音相拼时的声调规律一致，即当与中辅音相拼时读低平调，与高辅音相拼时读低升调，与低辅音相拼时读高升调。试拼读下列音节：

ກາ—ໄກ　ເກົາ　ກໍາ

ສາ—ໃສ　ເສົາ　ສໍາ

ຄາ—ໄຄ　ເຄົາ　ຄໍາ

3.3 声调

3.3.1 老挝语的声调符号

老挝语是一种有着丰富声调的语言。为了表达丰富的声调，老挝语中使用了四个声调符号。人们可以根据需要将声调符号与辅音、元音配合使用，使组成的音节发出各种声调，起到区别意义的作用。老挝语的声调符号一共有四个：

x่	x້	x໊	x໋

x่读作ໄມ້ເອກ，意思是第一调号；x້读作ໄມ້ໂທ，意思是第二调号；x໊读作ໄມ້ຕີ，意思是第三调号；x໋读作ໄມ້ຈັດຕະວາ，意思是第四调号。

声调符号需要标在音节主辅音上方靠右的位置（如主辅音上有元音，则将声调符号标在元音上方），例如：ກ່າ、ກ້າ、ກີ່。如主辅音为联合辅音或复合辅音（复合辅音将在第五课学习），调号应标在联合辅音或复合辅音的第二个辅音之上，位置要求如前述。例如：ໃໝ່、ໄໝ້、ຫວ້າຍ、ຫຍ້ຳ、ກວ້າງ。在这四个声调符号中，第一、第二调号是常用的，而第三、第四调号一般只在感叹词和拟声词中使用。在这里我们仅介绍第一、第二调号的使用方法和声调规律。

在老挝语中，使用声调符号的作用是使音节发另外一种声调，但不意味着使用同一个声调符号的所有音节都读同一个声调，具体读哪种声调要根据音节中的辅音、元音和尾音的类型才能确定。这点与汉语拼音一个声调符号只对应一种声调是不同的，我们将在后面具体学习。

3.3.2 老挝语的声调

在传统上，老挝语的声调系统分为老挝北部（旧称上寮）、老挝中部（旧称中寮）和老挝南部（旧称下寮）三种。北部、南部声调系统包含六种声调，中部万象地区的声调系统则包含八个声调。由于万象是老挝的首都，万象地区的老挝语方言（万象方言）对老挝社会生产生活的各方面产生了较大影响，也较容易为其他方言区所接受，因此一般以万象地区的声调系统作为老挝语的标准声调系统。需要注意的是，对此老挝政府并没有明确规定。老挝虽然以法律形式确定了官方语言是老挝语，但是没有明确规定以何种方言的语音系统作为老挝语的标准语音。

按万象师范大学（今老挝国立大学）语言学学术会议（1996）上形成的共识[①]，万象地区的声调系统里包括以下八种声调：

调序	调类	五度标记法图示
1	低平调	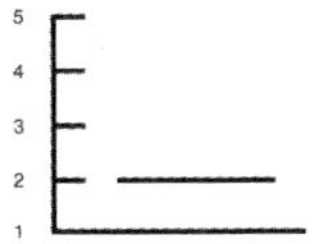 5 4 3 2 1 低平调，调值22
2	中平调	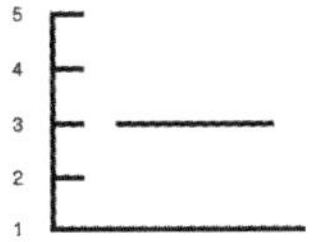 5 4 3 2 1 中平调，调值33
3	高升调	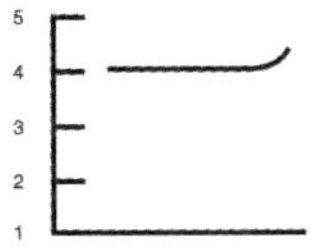 5 4 3 2 1 高升调，调值45

① 见坎洪·线玛尼［老］的《语言理论》（2002年版）。

续表

调序	调类	五度标记法图示
4	低升调	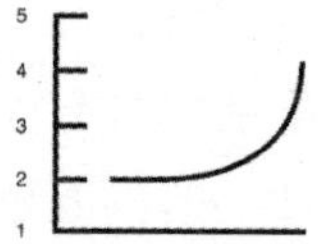 低升调，调值24
5	高降调	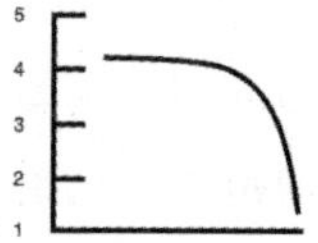 高降调，调值41
6	中降调	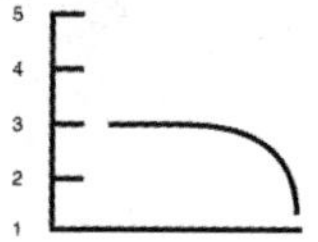 中降调，调值31
7	高短调	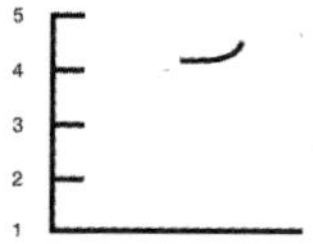 高短调，调值4
8	中短调	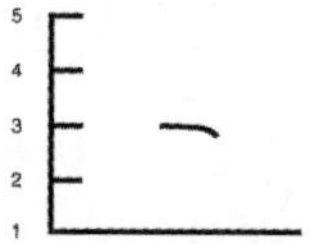 中短调，调值3

经过前面的学习，我们已经认识了上面八种声调中的五种，即低平调、高升调、低升调、高短调和中短调。有了声调符号之后，我们就可以在之前的基础上继续学习余下的中平调、高降调和中降调。

（1）中平调：

中、高、低辅音与长元音（以及特殊元音）相拼加第一调号 x่ 构成的音节读中平调，如下列音节：

ກ່າ ສີ່ ທີ່ ປູ່ ເຫຍື່ອ ໄຂ່ ເປື່ອ ຊົ່ວ ເຂ່ຍ ຢ່າ ເນົ່າ ຄ່ຳ

（2）高降调：

中、低辅音与长元音（以及特殊元音）相拼加第二调号 x້ 构成的音节读高降调，如下列音节：

ກ້າ ລ້າ ຕູ້ ເຈ້ຍ ໃກ້ ຮົ້ວ ຊີ້ ນ້ຳ ໃຕ້ ເຊື້ອ ໂມ້ ເປົ້າ

（3）中降调：

高辅音与长元音（以及特殊元音）相拼加第二调号 x້ 构成的音节读中降调，如下列音节：

ຂ້າ ຖ້າ ຂົ້ວ ໄສ້ ຫໍ້ ຫຍ້ຳ ເສົ້າ ໄໝ້ ໝໍ້ ເຫຼົ້າ ໝ້າ ຫຍໍ້

3.4 拼读练习

练习A

ເສຍໃຈ 失望　　ຕົວະຍົວະ 欺骗　　ເກືອໝູ 喂猪

ເບຍດຳ 黑啤　　ຊຳເໜືອ 桑怒（地名）　　ຜົວເມຍ 夫妻

ໃບບົວ 荷叶　　ກຳໄລ 利润　　ໝາໄນ 狼

ຫົວສີໄຄ 香茅　　ເຕົາໄຟ 炉灶　　ຫົວຂົວ 桥头

ໄທດຳ 黑泰人　　ຫົວບົວ 藕　　ໄຖນາ 犁田

ເຈຍລະໄນ 雕琢　ປົວະປະ 仓促　ລຳໄຍ 龙眼

ລຳເຮືອ 船只　ໄລຍະ 时期　ໄໝຄຳ 金丝线

ເກົາຫົວ 挠头　ເກົາຫຼີ 朝鲜　ກຳເຄືອ 相思豆

ກຳເດົາ 闷热　ເຂົາງົວ （黄）牛角　ເຂົາໄຟ 火斑鸠

ເຄືອເຂົາ 藤蔓　ເຍົາໄວ 童年

练习B

ໄກ່ເກ່ຍ 调解　ເກົ້າອີ້ 椅子　ຄຳຮູ້ （孩子）懂事的

ເສືອເຈ້ຍ （政治）纸老虎　ເສົາຄ້ຳ 支柱

ເສື້ອໄໝ 绸衣　ໜ້າກົວ 吓人的　ເຈ້ຍໄຂ 蜡纸

ເຂົ້າໃໝ່ 新米　ຊຳເຮື້ອ （医学）慢性的

ດຳນ້ຳ 潜水　ໄຕ່ເຕົ້າ 行进　ເຕົ້າຮູ້ 豆腐

ເຖົ້າແກ່ 老板　ທົ່ວໄປ 一般的　ເນື້ອໃນ 内容

ນ້ຳເຫື່ອ 汗水　ເບ້ຍໄມ້ 树苗　ເບື່ອເມົາ 毒害

ຜູ້ໃຫຍ່ 大人　ເຜົາໄໝ້ 燃烧　ໄພ່ຟ້າ 臣民

ເມືອໜ້າ 今后　ໄມ້ເທົ້າ 拐杖　ເລົ້າເຂົ້າ 谷仓

ລຳໄສ້ 肠　ເວົ້າໃສ່ 挖苦　ງູເຫົ່າ 眼镜蛇

ຫົວໜ້າ 首领　ເຫຼົ້າໄຫ 坛子酒　ຮ່ຳໄຮ 唠叨

ເອື້ອເຟື້ອເຜື່ອແຜ່ 慷慨大方的

3.5　思考与复习

（1）复合元音有哪些？它们读什么声调？

（2）特殊元音有哪些？它们读什么声调？

（3）老挝语的声调有几种？在每种声调下试写出三个发该种声调的不同音节。

3.6　日常用语

ເຈົ້າຊື່ຫຍັງ?　你叫什么名字？

ຂ້ອຍຊື່ຫຼີມິງ.　我叫李明。

ເຈົ້າເດ?　你呢？

ຂ້ອຍຊື່...　我叫……

ຍິນດີທີ່ໄດ້ຮູ້ຈັກ.　很高兴认识你。

ບົດທີ 4 ຕົວສະກົດ

第四课 尾辅音

4.1 尾辅音、闭音节及其书写规则

老挝语的辅音，有的可以做音节的主辅音，例如：ກາ、ຂໍ、ປ່າ 这几个音节中 ກ、ຂ、ປ 就是音节的主辅音；有的除了可以做音节的主辅音，还可以放在音节末尾做音节的尾辅音。尾辅音与各种类型的主辅音和长短元音按一定规则组合在一起就构成了闭音节。它们的存在使得老挝语词汇能够表达更为丰富的意义。

老挝语的尾辅音一共有八个，即 ກ、ດ、ບ、ງ、ຍ、ນ、ມ、ວ。当我们拼读包含有这些尾辅音的音节时，有时气流会受阻于口腔的某个位置且不能从鼻腔排出，这类音节就叫死闭音节，形成死闭音节的尾辅音叫死闭音节尾辅音；有时气流并不受阻，气流或从口腔排出，或从鼻腔排出，这类音节就叫活闭音节，形成活闭音节的尾辅音叫活闭音节尾辅音。老挝语死闭音节尾辅音有三个：ກ、ດ、ບ；活闭音节尾辅音有五个：ງ、ຍ、ນ、ມ、ວ。

书写闭音节时，在多数情况下，尾辅音可以直接加在音节末尾，如：ກາ + ງ = ກາງ，ຂາ + ບ = ຂາບ。但部分元音若不做变化，可能会造成音节辨识困难或产生歧义，所以老挝语语法中规定了这部分元音在与尾辅音组合成音节时的变形规则。下表以尾辅音 ກ 为例做一下简要介绍。

元音	组合	变形	示例
xະ	xະ + ກ	xັກ	ລັກ

续表

元音	组合	变形	示例
ເxະ	ເxະ + ກ	ເxັກ	ເດັກ
ແxະ	ແxະ + ກ	ແxັກ	ແຊັກ
ໂxະ	ໂxະ + ກ	xົກ	ກົກ
ເxາະ	ເxາະ + ກ	xັອກ	ລັອກ
xໍ	xໍ + ກ	xອກ	ຊອກ
ເxັຍ	ເxັຍ + ກ	xັຽກ	ກັຽກ
ເxຍ	ເxຍ + ກ	xຽກ	ປຽກ
xົວະ	xົວະ + ກ	xັວກ	ກັວກ
xົວ	xົວ + ກ	xວກ	ພວກ

另外，我们之前学习过，特殊元音的读音构成实际上已经包含了尾辅音，因此包含特殊元音的音节不能再加尾辅音。

4.2 死闭音节尾辅音

4.2.1 死闭音节尾辅音的发音方法

死闭音节尾辅音的作用是在音节发音完成之前阻塞气流，因而也被叫作塞音尾辅音。现代汉语中是没有死闭音节的，因而国人在学习老挝语的死闭音节时常常会遇到困难。顺利读出死闭音节的关键，在于弄清楚气流受阻塞的位置在哪里。下面我们以主辅音 ກ、长元音 າ 为音节构件，学习死闭音节尾辅音的发音方法。

（1）尾辅音 ກ /k/

发音时舌根与软腭迅速接触形成阻碍，气流在阻碍处受堵形成塞音。以 ກາກ 为例，先发出 ກາ 音，而后舌根迅速与软腭接触，同时软腭上抬，关闭鼻咽通道形成闭气状态，将气流完全阻塞在喉腔内即成音。

（2）尾辅音 ດ /d/

发音时舌尖抵住上齿龈形成阻碍，气流在阻碍处受堵形成塞音。以 ກາດ 为例，先发出 ກາ 音，而后舌尖迅速翘起抵住上齿龈，同时软腭上抬，关闭鼻咽通道形成闭气状态，将气流完全阻塞在口腔内即成音。

（3）尾辅音 ບ /b/

发音时双唇闭合形成阻碍，气流在阻碍处受堵形成塞音。以 ກາບ 为例，先发出 ກາ 音，而后双唇迅速闭合，同时软腭上抬，关闭鼻咽通道形成闭气状态，将气流完全阻塞在口腔内即成音。

4.2.2 死闭音节的声调

老挝语的死闭音节一般不加声调符号（只有极少数拟声词例外），其声调规律如下：

主辅音	元音	死闭音节尾辅音	声调
中辅音、高辅音	短	ກ / ດ / ບ	高短调
中辅音、高辅音	长	ກ / ດ / ບ	中降调
低辅音	短	ກ / ດ / ບ	中短调
低辅音	长	ກ / ດ / ບ	高降调

试拼读以下音节：

（1）ກັກ　ຈຸດ　ເສິກ　ໝັກ　ຕິບ　ຂຸດ　ໝຶກ

（2）ກາກ　ຈູດ　ເສກ　ໝາກ　ເຕີບ　ຂູດ　ເຜືອກ

（3）ຄັກ　ພຸດ　ຍຶດ　ນັກ　ທັບ　ຣັກ　ວັດ

（4）ລາກ ພູດ ຍຶດ ນາກ ທາບ ຣາກ ງາດ

4.3　活闭音节尾辅音

4.3.1　活闭音节尾辅音的发音方法

我们在拼读活闭音节时，气流从口腔或鼻腔排出。在ງ、ຍ、ນ、ມ、ວ 这几个活闭音节尾辅音中，除 ມ 以外，其他都能在汉语拼音中找到对应的韵尾，所以相对来说要好掌握些。下面我们仍以主辅音 ກ、长元音 າ 为音节构件，学习活闭音节尾辅音的发音方法。

（1）尾辅音 ງ /ŋ/

发音时舌根与软腭迅速接触形成阻碍，气流经由鼻腔排出。以 ກາງ 为例，先发出 ກາ 音，而后舌根迅速上抬与软腭接触，同时保持鼻咽通道通畅，气流从鼻腔排出即成音。ງ 在这里听起来类似于汉语拼音 gang（刚）的韵尾。

（2）尾辅音 ຍ /i/

发音时舌尖接触下齿背，舌面向硬腭抬起，上下齿接近闭合，气流经由上下齿之间的缝隙排出。以 ກາຍ 为例，先发出 ກາ 音，而后舌尖迅速接触下齿背，同时缩小口形张度，舌面向硬腭抬起，上下齿不闭合，留出缝隙，气流从缝隙排出即成音。ຍ 在这里听起来类似于汉语拼音 gai（该）的韵尾。

（3）尾辅音 ນ /n/

发音时舌尖与上齿龈接触形成阻碍，鼻咽通道保持通畅，气流经由鼻腔排出。以 ການ 为例，先发出 ກາ 音，而后舌尖迅速接触上齿龈，使口腔封闭，气流从鼻腔排出即成音。ນ 在这里听起来类似于汉语拼音 gan（干）的韵尾。

（4）尾辅音 ມ /m/

发音时双唇闭合形成阻碍，鼻咽通道保持通畅，气流经由鼻腔排出。以 ກາມ 为例，先发出 ກາ 音后双唇迅速闭合，气流从鼻腔排出即成音。现代汉语中没有类似的韵尾。

（5）尾辅音 ວ /u/

发音时双唇收拢成圆形，舌身后缩，舌后抬高，气流经由圆唇中间的空隙排出。以 ກາວ 为例，先发出 ກາ 音后双唇迅速收拢成圆形，收舌抬高，气流从圆唇中间的空隙排出即成音。ວ 在这里听起来类似于汉语拼音 gao（高）的韵尾。

4.3.2 活闭音节的声调

老挝语的活闭音节的声调规律是：不论其元音长短，声调都跟其主辅音与长元音相拼时的声调一致。举例如下：

ກັງ　ກາງ　ກັນ　ການ　ກົງ　ໂກງ—ກາ（低平调）

ຄັງ　ຄາງ　ຄັນ　ຄານ　ຄົງ　ໂຄງ—ຄາ（高升调）

ຂັງ　ຂາງ　ຂັນ　ຂານ　ຂົງ　ໂຂງ—ຂາ（低升调）

若活闭音节有声调符号，则其声调亦和其主辅音与长元音相拼并加该声调符号时的声调相同。举例如下：

ກັ່ງ　ກ່າງ—ກ່າ（中平调）

ກັ້ນ　ກ້ານ—ກ້າ（高降调）

ຄັ່ງ　ຄ່າງ—ຄ່າ（中平调）

ຄັ້ນ　ຄ້ານ—ຄ້າ（高降调）

ອັ່ງ ອ່າງ—ອ່າ（中平调）

ອັ້ນ ອ້ານ—ອ້າ（中降调）

关于活闭音节尾辅音，有一种特殊情况需要说明一下：短元音 Xະ 与尾辅音 ຍ、ມ、ວ 可以组成 Xັຍ（/ai/），Xັມ（/am/），Xັວ（/au/），但按老挝语语法的规定要写成特殊元音 ໄX（或 ໃX），Xໍາ，ເXົາ。

4.4 特殊尾辅音

当代老挝语中一般只使用前述这八个尾辅音，但随着社会的不断发展，老挝与世界各国的交流与合作也越来越多，因此需要在现有字母方案中增加一些特殊尾辅音，以准确转写来自外国语言的词语。在现行老挝语语法中，用于转写外文字母的特殊尾辅音有：

（1）ຈ、ສ、ຊ 用于转写外文音节中发/dʒ/、/tʃ/、/s/、/z/等音的尾音，转写后读音同尾辅音 ດ；

（2）ລ 用于转写外文音节中发/l/音的尾音，转写后读音同尾辅音ນ；

（3）ພ、ຟ 用于转写外文音节中发/pʰ/、/f/音的尾音，转写后读音同尾辅音 ບ。

例如：

ອັຟການິສຖານ 读作 ອັບ-ກາ-ນິດ-ສະ-ຖານ（Afghanistan 阿富汗）

ມົສກູ 读作 ມົດ-ສະ-ກູ（Moscow 莫斯科）

ອົສຕຣາລີ 读作 ອົດ-ສະ-ຕຣາ-ລີ（Australia 澳大利亚）

ບິລ ເກສ　　读作 ບິນ-ເກດ（Bill Gates 比尔·盖茨）

特殊尾辅音的拼读方法与普通尾辅音基本相同，但特殊之处在于特殊尾辅音能结合短元音 Xະ，作为整个词语内的独立音节来拼读——这时，特殊尾辅音既做前一音节的尾辅音，又做独立音节的主辅音。在当代老挝语语法中，这些特殊尾辅音不会用于原生老挝语词语和源自巴利语、梵语的词语。它们通常只在新闻媒体行业中使用，因此我们只需简单了解即可。

4.5 拼读练习

练习A

ຄັບແຄບ 狭窄的	ກັບແກ້ 蛤蚧	ຂັບຂີ່ 驾驶
ວັດແທກ 测量	ຮັກສາ 守护	ລົດຈັກ 摩托车
ຜັກກາດ 芥菜	ແປດສິບ 八十	ຄິດໄລ່ 计算
ຄຳສັບ 词	ນ້ຳໜັກ 重量	ດອກໄມ້ 花朵
ກັບໄຟ 火机	ໜ້າກາກ 面具	ທົດສອບ 检验
ເຈັບຫົວ 头痛	ໝາກນັດ 菠萝	ປະຢັດ 节约
ຕັກເຂົ້າ 盛饭	ອັດຕູ 关门	ງຶກຫົວ 连连点头
ງູພິດ 毒蛇	ຫຼອດໄຟ 灯管	ສັກສິດ 灵验的
ພະພຸດ 佛	ເຝິກຫັດ 练习	ມີດຕັດ 剪刀
ຍົກຍໍ 吹捧	ໝົດຈອກ 干杯	ອາຊີບ 职业
ໂຊກດີ 好运	ຟາດປາກ 掌嘴	ປົດເກີບ 脱鞋

练习B

ຊົນຊັ້ນ 阶级　ຢ້ານກົວ 害怕　ອຸດົມ 丰富

ກະກຽມ 准备　ປີກາຍ 去年　ສະແດງ 表示

ວັນຄານ 周二　ສາກົນ 国际　ໜັງສື 文字

ຄົນຊົ່ວ 坏人　ຖະໜົນ 马路　ໂຮງງານ 工厂

ເພື່ອນດີ 好朋友　ລ້ານຊ້າງ 澜沧王国（老挝古国名）

ຝົນຫ່າ 倾盆大雨　ຊ່າງໄມ້ 木匠　ສ້ອມແປງ 修理

ປີ້ງໄກ່ 烤鸡　ຮ້ອນເອົ້າ 闷热　ຂ້າມນ້ຳ 渡河

ດື່ມເຫຼົ້າ 喝酒　ງາມຫຼາຍ 很美　ຊ່ວຍເຫຼືອ 帮助

ພ້ອມກັນ 一起　ນ້ອງສາວ 妹妹　ໜ້າອາຍ 害羞的

ຄົ້ນຄວ້າ 研究　ຫ້ອງຮຽນ 教室　ຈອມພູ 山顶

ເມືອງຫຼວງ 首都　ຢັ້ງຢືນ 证明　ແຕະຕ້ອງ 触犯

练习C

ທັກທາຍ 寒暄　ຫັດກາຍ 锻炼身体　ສູງສຸດ 最高

ຕັກເຕືອນ 提醒　ຖ່າຍຮູບ 照相　ໝາກຄາຍ 桃子

ຕົ້ນສັກ 柚木　ດອກຝ້າຍ 棉花　ນົກແກ້ວ 八哥

ທົດແທນ 代替　ຊັກເຄື່ອງ 洗衣服　ຟອກເງິນ 洗钱

ໂຫດຮ້າຍ 凶恶的　ຫຼົບປີ້ນ 翻转　ຜັກດອງ 泡菜

ໂດດຈ້ອງ 跳伞　ຍອດຢ້ຽມ 最优的　ລູກຊາຍ 儿子

ຫົດຖອຍ 退缩　ອິດເມື່ອຍ 疲惫　ເຄື່ອງແບບ 制服

ຈອບອອຍ 诱惑　ສັນຊາດ 国籍　ຊຸກດັນ 促进

ບຶດດຽວ 一会儿　ປາບປາມ 镇压　ເພີດເພີນ 令人陶醉的

ຢາງລຶບ 橡皮擦　ແຊກແຊງ 干涉　ໜາວຈັດ 极冷的

ຕ່າງປະເທດ 外国　ປົດປ່ອຍ 解放　ເປັດຢ້າງ 烧鸭

ລົດເກັງ 轿车　ລັດຖະບານ 政府

4.6 思考与复习

（1）死闭音节尾辅音和活闭音节尾辅音各有哪些？试用每个尾辅音写出三个不同的音节。

（2）各类型的闭音节的声调是怎样的？请举例说明。

（3）闭音节都可以加声调符号吗？加声调符号的闭音节读什么声调？请举例说明。

4.7 日常用语

ມື້ນີ້ວັນຫຍັງ?　今天星期几？

ມື້ນີ້ວັນຈັນ.　今天星期一。

ດຽວນີ້ຈັກໂມງ?　现在几点？

ດຽວນີ້ເກົ້າໂມງ.　现在九点。

ບົດທີ 5 ພະຍັນຊະນະປະສົມ ສະຫຼຸບພາກອັກຂະຫຼະ

第五课 复合辅音 语音总结

5.1 复合辅音及其分类

复合辅音是由两个辅音糅合而成的，发音时两个辅音快速接合，仿佛一个整体。这两个辅音中的第一个起主辅音的作用，第二个的作用类似汉语拼音中的介音（如 guang 中的 u）。由复合辅音构成的音节，其声调规律与主辅音的声调规律相同。如果音节带声调符号，需要将声调符号标在第二个辅音之上。

并不是所有的辅音都能作为主辅音参与构成复合辅音，可以起“介音”作用的辅音数量就更少了。我们以不同的第二个辅音作为划分标准的话，可以把复合辅音分成下面三种类型：

（1）主辅音与 ວ 复合，共有十四个复合辅音：ກວ ຈວ ຕວ ອວ ຂວ ສວ ຖວ ຜວ ຄວ ງວ ຊວ ທວ ລວ ຮວ

（2）主辅音与 ລ 复合：ປລ

（3）主辅音与 ຣ 复合：ຟຣ ບຣ

第一种类型在老挝语中是比较常见的，第二和第三种类型则只用于外国人名、地名等。

5.2 拼读练习

ກວາງ 鹿　　ກ້ວາງ 广阔　　ກວ່າ 更

ໄກວ 摇摆　　ແກວ່ງ 甩　　ກວາດ 打扫

ຈວ່ານ 渗开的　　ຈວາບ （猪的）咀嚼声

ຕວ່າ 当然……啰（用在句末，表示强调、肯定）

ອວ່າຍ 掉头　　ອວານ 引导　　ອ້ວານ 集结

ຄວັກ 掏出　　ຄວັດ 雕琢　　ຄວາກ 撕裂声

ຄວ່າງ （用力地）扔　　ຄວາຍ 水牛　　ແຄ້ວນ 地区

ງວາກ 回头看　　ງວ່ຳ 盖上　　ຊວາດຕື່ນ 醒来

ຊວານ （烟花在空中）爆炸　　ຊ້ວານ 铲子

ທວາຍ 猜　　ທວານ 出入口

ທວ່າມ 扑通（重物落水声）　　ລວາ 驴

ລວ່າ 哄骗　　ລວາດ 漫溢　　ຣວາດ 串儿

ຣວາຍ 丙（天干第三位）

ຣວ່າຍ 香喷喷的（指刚煮出来的食物）

5.3 语音总结

5.3.1 辅音

我们按类型将辅音列出如下：

（1）中辅音（八个）：

ກ ຈ ດ ຕ ບ ປ ຢ ອ

（2）高辅音（十二个）：

ຂ ສ ຖ ຜ ຝ ຫ ຫງ ຫຍ ໜ ໝ ຫຼ ຫວ

（3）低辅音（十三个）：

ຄ ຊ ທ ພ ຟ ຣ ງ ຍ ນ ມ ລ ວ ຣ

（4）复合辅音（十七个）：

ກວ ຈວ ຕວ ອວ ຂວ ສວ ຖວ ຜວ ຄວ ງວ ຊວ

ທວ ລວ ຣວ ປລ ຟຣ ບຣ

注意：ປລ、ຟຣ、ບຣ 一般只用于外国人名、地名。

（5）尾辅音（八个）：

死闭音节尾辅音：ກ ດ ບ

活闭音节尾辅音：ງ ຍ ນ ມ ວ

（6）只用于新闻媒体行业的特殊尾辅音（六个）：

ຈ ສ ຊ ລ ພ ຟ

我们在查老挝语词典时，需要按单词首音节主辅音的顺序查找。主辅音顺序如下：

ກ ຂ ຄ ງ ຈ ສ ຊ ຍ ດ ຕ ຖ ທ ນ ບ ປ ຜ ຝ ພ ຟ ມ ຢ ລ ວ ຫ ຫງ ຫຍ ໜ ໝ ຫຼ ຫວ ອ ຮ ຣ

一般来说，以复合辅音音节作为词首的单词，会被安排在相应主辅音词条的最后。

5.3.2 元音

我们按类型将元音列出如下：

（1）单元音（十八个）：

Xະ Xາ Xິ Xີ Xຶ Xື Xຸ Xູ ເXະ ເX ແXະ ແX ໂXະ ໂX ເXາະ Xໍ ເXິ ເXີ

（2）复合元音（六个）：

ເXັຍ ເXຍ Xົວະ Xົວ ເXຶອ ເXືອ

（3）特殊元音（四个）：

ໄX ໃX ເXົາ Xໍາ

上面讲到，查词典时要先按单词首音节主辅音的顺序查找，找到该主辅音构成的词条后，下一步再从中按元音顺序查找。元音顺序按单元音、复合元音、特殊元音的顺序排序如下：

Xະ Xາ Xິ Xີ Xຶ Xື Xຸ Xູ ເXະ ເX ແXະ ແX ໂXະ ໂX ເXາະ Xໍ ເXິ ເXີ ເXັຍ ເXຍ Xົວະ Xົວ ເXຶອ ເXືອ ໄX ໃX ເXົາ Xໍາ

5.3.3 声调

（1）声调符号（四个）：

第一调号 X່

第二调号 X້

第三调号 X໊

第四调号 X໋

第一、第二调号是常用调号，第三、第四调号一般只用在感叹词、拟声词中。

（2）声调

老挝语有八个声调，分别是：低平调、中平调、高升调、低升调、高降调、中降调、高短调、中短调。我们用表格来归纳老挝语的声调系统：

调序	调类	五度标记法图示	中辅音例字（ກ）	高辅音例字（ຂ）	低辅音例字（ຄ）
1	低平调 (ສຽງຕ່ຳ)	低平调，调值22	ກາ　ກັງ ກາງ		
2	中平调 (ສຽງກາງ)	中平调，调值33	ກ່າ　ກັ່ງ ກ່າງ	ຂ່າ　ຂັ່ງ ຂ່າງ	ຄ່າ　ຄັ່ງ ຄ່າງ
3	高升调 (ສຽງສູງ)	高升调，调值45	ກ໊າ　ກັ໊ງ ກ໊າງ①		ຄາ　ຄັງ ຄາງ
4	低升调 (ສຽງຕ່ຳຂຶ້ນ)	低升调，调值24	ກ໋າ　ກັ໋ງ ກ໋າງ	ຂາ　ຂັງ ຂາງ	
5	高降调 (ສຽງສູງຕົກ)	高降调，调值41	ກ້າ　ກັ້ງ ກ້າງ　ກ໊າດ		ຄ້າ　ຄັ້ງ ຄ້າງ　ຄາດ

① 关于中辅音加长元音、中辅音加长/短元音加活闭音节尾辅音再加第三调号的声调，老挝国内学者仍存有不同意见。这里展示的是老挝国立大学老挝语专家的意见。

续表

调序	调类	五度标记法图示	中辅音例字（ກ）	高辅音例字（ຂ）	低辅音例字（ລ）
6	中降调 (ສຽງກາງຕົກ)	中降调，调值31	ກາດ	ຂ້າ ຂາດ	
7	高短调 (ສຽງສູງອັດ)	高短调，调值4	ກະ ກັດ	ຂະ ຂັດ	
8	中短调 (ສຽງກາງອັດ)	中短调，调值3	ກິ໊ດ		ລະ ລັດ

从表中我们可以看到，由中辅音参与构成的音节包含了所有八种声调，中辅音是唯一可以做到这点的一类辅音。

关于老挝文字的书写

老挝文的字母一般都有一个小圆圈，有的在上（如 ງ、ທ），有的在下（如 ລ、ກ），有的在中间（如 ຈ）。不管圆圈在什么位置，这个字母总是从这个圆圈开始写的。只有 ມ 这个字母需要注意一下，这里是印刷体，圆圈位于左下角线条中间，而不是字母的起笔之处，我们需要从左上角开始写。通常，手写体与印刷体的字形会有一些差异，我们可以通过下面的句子大致了解一下这种差异。

印刷体：ເຈົ້າຮຽນຢູ່ໂຮງຮຽນໃດ? ຂ້ອຍຮຽນຢູ່ມະຫາວິທະຍາໄລແຫ່ງຊາດລາວ.

手写体：ເຈົ້າຮຽນຢູ່ ໂຮງຮຽນ ໃດ? ຂ້ອຍຮຽນຢູ່ ມະຫາວິທະຍາໄລແຫ່ງຊາດລາວ.

5.4　思考与复习

（1）常见的复合辅音有哪些？

（2）辅音和元音有排序吗？它们的顺序是怎样的？什么时候会用到这些顺序？

（3）你认为学习老挝语语音的难点在哪里？你将怎样攻克这些难点？

5.5　日常用语

ມື້ນີ້ອາກາດເປັນແນວໃດ?　今天天气怎么样？

ມື້ນີ້ອາກາດສົດໃສ.　今天天气晴朗。

ມື້ນີ້ຟ້າບົດ.　今天是阴天。

ມື້ນີ້ຝົນຕົກ.　今天下雨。

ບົດທີ 6 ທັກທາຍແລະແນະນຳ

第六课 打招呼和介绍

ໜຶ່ງ. ໂຄງສ້າງປະໂຫຍກທີ່ສຳຄັນ 重点句式

1. ສະບາຍດີ/ທ່ານ/ພວກເຈົ້າ!

nǐ hǎo nín hǎo nǐ men hǎo
你好/您好/你们好！

2. ສະບາຍດີທ່ານຍິງ/ທ່ານຊາຍ/ທຸກຄົນ!

nǚ shì xiān sheng dà jiā hǎo
女士/先生/大家好！

3. ດີໃຈຫຼາຍທີ່ໄດ້ພົບເຈົ້າ/ຮູ້ຈັກເຈົ້າ.

hěn gāo xìng jiàn dào nǐ rèn shi nǐ
很高兴见到你/认识你。

4. ດົນແລ້ວທີ່ບໍ່ໄດ້ພົບກັນ, ເຈົ້າສະບາຍດີບໍ?

hěn jiǔ méi yǒu jiàn miàn le nǐ hǎo ma
很久没有见面了，你好吗？

5. ຫວ່າງມໍ່ໆມານີ້ເຈົ້າສະບາຍດີບໍ?

nǐ jìn lái hǎo ma
你近来好吗？

6. ໄລຍະນີ້ເຈົ້າເປັນແນວໃດ?

nǐ zuì jìn guò de zěn me yàng
你最近过得怎么样？

7. ຂ້ອຍສະບາຍດີຢູ່/ພໍໄປພໍມາ/ທຳມະດາ.

wǒ hěn hǎo hái xíng mǎ mǎ hū hū
我很好/还行/马马虎虎。

8. ສຸຂະພາບເຈົ້າແຂງແຮງດີບໍ?

nǐ shēn tǐ hǎo ma
你身体好吗？

9. ສຸຂະພາບຂອງຂ້ອຍແຂງແຮງດີຫຼາຍ/ກໍຍັງແຂງແຮງດີຢູ່/ພໍໄປພໍມາ.

wǒ de shēn tǐ hǎo jí le bù cuò hái guò de qù
我的身体好极了/不错/还过得去。

10. ໄລຍະນີ້ຫຍຸ້ງວຽກບໍ?

nǐ zuì jìn máng ma
你最近忙吗？

11. ຫຍຸ້ງວຽກຫຼາຍ/ບໍ່ຫຍຸ້ງວຽກ/ຫຍຸ້ງນຳວຽກຫຼາຍ.

hěn máng bù máng tǐng máng de
很忙/不忙/挺忙的。

12. ສະບາຍດີຕອນເຊົ້າ/ຕອນທ່ຽງ/ຕອນບ່າຍ/ຕອນແລງ!

zǎo shang zhōng wǔ xià wǔ wǎn shang hǎo
早上/中午/下午/晚上好！

13. ຂ້ອຍຊື່ເສີນຢິງ/ຫຼີວ້ານຫາວ/ສຸພາລັກ.

wǒ jiào chén yíng lǐ wàn háo sū pà lā
我叫陈莹/李万豪/苏帕拉。

14. ຂ້ອຍແມ່ນນັກຮຽນ/ລັດຖະກອນ/ຜູ້ນຳທ່ຽວ.

wǒ shì yī míng xué shēng gōng wù yuán dǎo yóu
我是一名学生/公务员/导游。

15. ຂ້ອຍແມ່ນຄົນໝານໜິງກວາງຊີ/ຄຸນໝິງຢຸນນານ/ວຽງຈັນປະເທດລາວ.

wǒ shì guǎng xī nán níng rén yún nán kūn míng rén lǎo wō wàn xiàng rén
我是广西南宁人/云南昆明人/老挝万象人。

16. ຂ້ອຍມາຈາກວຽງຈັນປະເທດລາວ/ປັກກິ່ງປະເທດຈີນ/ບາງກອກປະເທດໄທ.

wǒ lái zì lǎo wō wàn xiàng zhōng guó běi jīng tài guó màn gǔ
我来自老挝万象/中国北京/泰国曼谷。

17. ນີ້ແມ່ນພັນລະຍາ (ເມຍ)/ມານດາ (ແມ່)/ໝູ່ (ເພື່ອນ) ຂອງຂ້ອຍ.

zhè shì wǒ de qī zi ài ren mǔ qīn mā ma péng you
这是我的妻子（爱人）/母亲（妈妈）/朋友。

18. ຂ້ອຍຂໍແນະນຳ, ນີ້ແມ່ນນາງຫວາງສຽວແຢ້ນ. ລາວແມ່ນເພື່ອນຮ່ວມງານຂອງຂ້ອຍ.

qǐng yǔn xǔ wǒ jiè shào yī xià zhè wèi shì wáng xiǎo yàn tā shì wǒ de tóng shì
请允许我介绍一下，这位是王晓燕。她是我的同事。

ຂໍ້ສະຫຼຸບ 语言点归纳

1. ສະບາຍດີ 意为“你好”，为问候语，老挝语口语中一般不强调具体时间段，无论什么时间段都说ສະບາຍດີ，极少说 ສະບາຍດີຕອນເຊົ້າ/ຕອນບ່າຍ/ຕອນແລງ. 早上好/下午好/晚上好。

2. ບໍ意为“吗，否，没”，是疑问语气助词，一般用于疑问句句末。例如：ເຈົ້າກິນເຂົ້າເຊົ້າແລ້ວບໍ? 你吃早饭了没？注意其与

"ບໍ່"一词的区别，ບໍ່ 是否定副词，意为"不，没"，一般用于陈述句中。例如：ມື້ນີ້ຂ້ອຍບໍ່ໄດ້ໄປໂຮງຮຽນເພາະເປັນໄຂ້. 今天，我发烧了，没能去学校。

3. ຫວ່າງມໍ່ໆມານີ້ 意为"近来"。在口语中常用于表示"近来"的短语还有 ຫວ່າງບໍ່ດົນມານີ້, ຫວ່າງບໍ່ເທົ່ງມານີ້, ຫວ່າງໄວໆມານີ້, ຫວ່າງແລ້ວນີ້，ໄລຍະນີ້。

4. ເປັນແນວໃດ意为"怎么样，如何"，用于疑问句中。例如：ທິວທັດທຳມະຊາດຂອງວັງວຽງເປັນແນວໃດ? 万荣的自然风光怎么样？与 ເປັນແນວໃດ 相似的表达还有 ເປັນຈັ່ງໃດ，意为"怎么样，怎样"。

ສອງ. ເຝິກການສົນທະນາ 会话训练

ການສົນທະນາທີ 1

情景会话 1

ກ: ສະບາຍດີ, ທ່ານຫວາງ!

jiǎ nín hǎo wáng xiān sheng
甲：您 好， 王 先 生 ！

ຂ: ສະບາຍດີ, ສຽວຫຼີ!

yǐ nǐ hǎo xiǎo lǐ
乙：你 好， 小 李!

ກ: ດີໃຈທີ່ໄດ້ພົບທ່ານ!

jiǎ　hěn gāo xìng jiàn dào nín
甲：很 高 兴 见 到 您！

ຂ: ໄດ້ພົບທ່ານຂ້ອຍກໍດີໃຈເຊັ່ນກັນ!

yǐ　jiàn dào nǐ wǒ yě hěn gāo xìng
乙：见 到 你 我 也 很 高 兴！

ກ: ໄລຍະນີ້ທ່ານສຸຂະພາບແຂງແຮງດີບໍ?

jiǎ　nín zuì jìn shēn tǐ hǎo ma
甲：您 最 近 身 体 好 吗？

ຂ: ພໍໄປພໍມາ. ຂອບໃຈ! ເຈົ້າເດ?

yǐ　hái guò de qù　xiè xie nǐ　nǐ ne
乙：还 过 得 去。谢 谢 你！你 呢？

ກ: ຂ້ອຍສະບາຍດີຢູ່. ຂອບໃຈທ່ານຫຼາຍໆ! ລາກ່ອນ.

jiǎ　wǒ hěn hǎo　xiè xie nín　zài jiàn
甲：我 很 好 。谢 谢 您！再 见 。

ຂ: ພົບກັນໃໝ່.

yǐ　zài jiàn
乙：再 见 。

ໝາຍເຫດ 注释

1. “ດີໃຈທີ່ໄດ້...” 意为“很高兴可以/能……”，相似的表达有“ຍິນດີທີ່ໄດ້...”。例如：ດີໃຈທີ່ໄດ້/ຍິນດີທີ່ໄດ້ພົບເຫັນໝູ່ເພື່ອນຢູ່ນະຄອນຫຼວງວຽງຈັນຂອງປະເທດລາວ. 很高兴能在老挝首都万象遇

见我的朋友。

2. ລາກ່ອນ 一般在告别、辞别的时候使用，等于 ລາໄປກ່ອນ，意为“先走了，告辞了，先告辞了”，是由先要离开的一方说的。例如：ຂ້ອຍຕ້ອງໄປຊື້ອາຫານຢູ່ຕະຫຼາດ, ລາກ່ອນເດີ. 我得去市场买菜，先走了。这时另一方会说“ພົບກັນໃໝ່”，即“再见”。

ການສົນທະນາທີ 2

情景会话 2

ກ: ດົນແລ້ວບໍ່ໄດ້ພົບກັນ, ໄລຍະນີ້ຫຍຸ້ງຫຍັງບໍ?

jiǎ hǎo jiǔ bù jiàn zuì jìn zài máng shén me
甲：好久不见，最近在忙什么？

ຂ: ໃກ້ຈະຮອດປີໃໝ່ແລ້ວ, ຫຼາຍມື້ມານີ້ຫາຊື້ເຄື່ອງໃຊ້ໃນປີໃໝ່. ເຈົ້າເດ?

yǐ xīn nián kuài dào le zhè jǐ tiān máng zhe mǎi nián huò ne nǐ ne
乙：新年快到了，这几天忙着买年货呢。你呢？

ກ: ຂ້ອຍຫຍຸ້ງນຳຕົບແຕ່ງເຮືອນ, ຈັດການງານດອງ (ງານວິວາ) ລູກຊາຍ.

jiǎ wǒ máng zhe zhuāng xiū fáng zi zhāng luo ér zi de hūn shì ne
甲：我忙着装修房子，张罗儿子的婚事呢。

ຂ: ຍິນດີນຳເດີ! ຊັ້ນເຈົ້າກໍຄົງຫຍຸ້ງວຽກຫຼາຍ.

yǐ gōng xǐ la nà kě yǒu nǐ máng de le
乙：恭喜啦！那可有你忙的了。

ກ: ແມ່ນແລ້ວ, ຂ້ອຍໄປວຽກກ່ອນເດີ!

jiǎ shì ya wǒ děi xiān máng qù la
甲：是呀，我得先忙去啦！

ຂ: ເຈົ້າ. ຂ້ອຍກໍຈະໄປຊຸບເປີມາເກັດຄືກັນ, ລາກ່ອນ!

yǐ hǎo de wǒ yě yào qù chāo shì le zài jiàn
乙：好的。我也要去超市了，再见！

ກ: ພົບກັນໃໝ່!

jiǎ zài jiàn
甲：再见！

ໝາຍເຫດ 注释

1. ເດ意为“吧，呢”，是表示疑问的语气助词，通常放在句末。例如：ຂ້ອຍແມ່ນລັດຖະກອນ, ເຈົ້າເດ? 我是公务员，你呢？注意与ແດ່区分，ແດ່意为“些许，一些，一点”，一般放在句末，表示请求或催促。例如：ເຈົ້າຍ່າງໄວໜ້ອຍໜຶ່ງແດ່! 你走快一点！

2. ເດີ意为“啊，呀，吧”，是叹词，通常放在句尾，表示嘱咐、劝告、警告、邀请等。例如：ລະວັງເດີ! 注意呀！

ການສົນທະນາທີ 3

情景会话 3

ກ: ສະບາຍດີຕອນແລງ, ທ່ານຫຼີ!

jiǎ wǎn shang hǎo lǐ xiān sheng
甲：晚上好，李先生！

ຂ: ສະບາຍດີຕອນແລງ, ທ່ານຫຼິນ!

yǐ wǎn shang hǎo lín xiān sheng
乙：晚上好，林先生！

ກ: ຂ້ອຍຂໍແນະນຳ, ນີ້ແມ່ນດວງມາລາພັນລະຍາຂ້ອຍ. ລາວແມ່ນຄົນວຽງຈັນຂອງປະເທດລາວ.

jiǎ qǐng yǔn xǔ wǒ jiè shào yī xià zhè shì wǒ de qī zi dōng mǎ lā tā shì lǎo wō wàn róng rén
甲：请允许我介绍一下，这是我的妻子冬玛拉。她是老挝万荣人。

ຂ: ພັນລະຍາຂອງທ່ານງາມແທ້! ວັງວຽງພູຜາສາຍນ້ຳສວຍງາມ, ຄົນຍິ່ງງາມ.

yǐ nín de qī zi zhēn piào liang wàn róng guǒ rán shì shān shuǐ měi rén gèng měi
乙：您的妻子真漂亮！万荣果然是山水美，人更美。

ກ: ຂອບໃຈທ່ານ!

jiǎ xiè xie nín
甲：谢谢您！

ຂ: ພັນລະຍາ (ເມຍ) ຂອງທ່ານເຮັດວຽກຫຍັງ?

yǐ nín de qī zi shì zuò shén me gōng zuò de
乙：您的妻子是做什么工作的？

ກ: ລາວເປັນຜູ້ນຳທ່ຽວ.

jiǎ tā shì yī míng dǎo yóu
甲：她是一名导游。

ຂ: ໂອ, ຜູ້ນຳທ່ຽວດີຫຼາຍ, ເປັນຄົນມີຄວາມຮູ້ຄວາມສາມາດຫຼາຍ.

yǐ　ò　dǎo yóu bù cuò a　jiàn shi guǎng
乙：哦，导游不错啊，见识广。

ໝາຍເຫດ 注释

1. ຂໍ 意为“请求，祝愿”，表示对他人的乞求、要求时，一般放在句首；表示对他人的祝福时，可以放在动词前，含有尊敬意味。例如：ຂໍຄວາມຊ່ວຍເຫຼືອແດ່.请帮帮我。ຂໍອວຍພອນໃຫ້ທ່ານມີສຸຂະພາບແຂງແຮງ. 祝您身体健康。ຂໍອວຍພອນໃຫ້ທ່ານປະສົບຜົນສຳເລັດໃນໜ້າທີ່ການງານ. 祝您事业有成。ຂໍຂອບໃຈ! 谢谢！（另见本书第208页做敬辞用法）

2. “...ເຮັດວຽກຫຍັງ？”意为“……做什么工作？”，相似的表达有“ອາຊີບ...ແມ່ນຫຍັງ？”，一般用于询问他人的职业。例如：ພໍ່ຂອງເຈົ້າເຮັດວຽກຫຍັງ? 你的父亲做什么工作？这句话还可以这样表达：ອາຊີບຂອງພໍ່ເຈົ້າແມ່ນຫຍັງ?

3. ເປັນ 意为“是，为”，通常用于表述人或者事物等的性质、情况、状态等。例如：ລາວເປັນຄົນຈີນ. 他是中国人。此外，还有“当，做，充当，担当，作为”等意思，一般用于表述某人的职业。例如：ລາວເປັນອາຈານ. 他是老师。

ສາມ. ຄຳສັບແລະວະລີ 单词与短语

nǐ hǎo
ສະບາຍດີ 你好

nín hǎo
ສະບາຍດີທ່ານ 您好

nǐ men hǎo
ສະບາຍດີພວກເຈົ້າ 你们好

nǚ shì
ທ່ານຍິງ 女士

xiān sheng
ທ່ານຊາຍ 先生

dà jiā
ທຸກຄົນ 大家

gāo xìng
ດີໃຈ 高兴

nǐ
ເຈົ້າ 你

rèn shi
ຮູ້ຈັກ 认识

jiàn miàn
ພົບກັນ 见面

ma
ບໍ 吗（用于疑问句句末）

wǒ
ຂ້ອຍ 我

hěn hǎo
ດີຢູ່ 很好

hái xíng hái guò de qù
ພໍໄປພໍມາ 还行；还过得去

mǎ mǎ hū hū yī bān bān
ທຳມະດາ 马马虎虎；一般般

jiàn kāng
ສຸຂະພາບ （身体）健康

hǎo jí le
ແຂງແຮງດີຫຼາຍ （身体）好极了

bù cuò
ກໍຍັງແຂງແຮງດີຢູ່ （身体）不错

zuì jìn
ໄລຍະນີ້ 最近

máng
ຫຍຸ້ງ 忙

hěn duō
ຫຼາຍ 很；多

bù
ບໍ່ 不

zǎo shang shàng wǔ
ຕອນເຊົ້າ 早上；上午

zhōng wǔ
ຕອນທ່ຽງ 中午

xià wǔ
ຕອນບ່າຍ 下午

wǎn shang
ຕອນແລງ 晚上

wǒ jiào
ຂ້ອຍຊື່ 我 叫

xué shēng
ນັກຮຽນ 学 生

dǎo yóu
ຜູ້ນຳທ່ຽວ 导 游

lái zì
ມາຈາກ 来 自

qī zi
ພັນລະຍາ 妻 子

mǔ qīn
ມານດາ 母 亲

péng you
ໝູ່ (ເພື່ອນ) 朋 友

qǐng qiú zhù yuàn
ຂໍ 请 求；祝 愿

tóng shì
ເພື່ອນຮ່ວມງານ 同 事

zài jiàn xiān gào cí
ລາກ່ອນ 再 见；先 告 辞

xīn nián
ປີໃໝ່ 新 年

nián huò
ເຄື່ອງໃຊ້ໃນປີໃໝ່ 年 货

fáng zi
ເຮືອນ 房 子

hūn shì
ງານດອງ (ງານວິວາ) 婚 事

chāo shì
ຊຸບເປີມາເກັດ 超 市

zhēn dí què
ແທ້ 真；的 确

gèng gèng jiā
ຍິ່ງ 更；更 加

wǒ shì
ຂ້ອຍແມ່ນ 我 是

gōng wù yuán
ລັດຖະກອນ 公 务 员

rén
ຄົນ 人

zhè shì
ນີ້ແມ່ນ 这 是

ài ren
ເມຍ 爱 人

mā ma
ແມ່ 妈 妈

wǒ de
ຂອງຂ້ອຍ 我 的

jiè shào
ແນະນຳ 介 绍

xiè xie
ຂອບໃຈ 谢 谢

zài jiàn
ພົບກັນໃໝ່ 再 见

mǎi
ຊື້ 买

zhuāng xiū
ຕົບແຕ່ງ 装 修

zhāng luo
ຈັດການ 张 罗

ér zi
ລູກຊາຍ 儿 子

piào liang měi
ງາມ 漂 亮；美

shān shuǐ
ພູຜາສາຍນ້ຳ 山 水

ສີ່. ເຝິກຫັດນອກໂມງຮຽນ　课后练习

1. ແປປະໂຫຍກດັ່ງລຸ່ມນີ້ເປັນພາສາລາວ. **把下列句子翻译成老挝语。**

（1）早上好，李老师。

（2）你能介绍一下你的职业吗？

（3）这是我的好朋友邓佳。

（4）你近来可好？

2. ອີງຕາມຄວາມໝາຍພາສາຈີນຕື່ມຄຳສັບໃສ່ປະໂຫຍກໃຫ້ຄົບຖ້ວນ.

根据中文意思补全句子。

（1）你爷爷的身体怎么样？

ສຸຂະພາບຂອງປູ່ເຈົ້າ ______________________?

（2）我给你介绍一下我的父亲和母亲。

ຂ້ອຍຂໍແນະນຳ ______________________.

（3）春节即将到来，你家买年货了吗？

ໃກ້ຈະຮອດບຸນກຸດຈີນແລ້ວ, ______________________?

（4）你的丈夫是做什么工作的？

ຜົວຂອງເຈົ້າ ______________________?

3. ຟັງສຽງອັດ, ເລືອກຄຳສັບທີ່ໄດ້ຍິນ. 听录音，选出听到的词语。

（1）A. ແຂງແຮງ　　B. ພໍໃຊ້ໄດ້　　C. ພໍໄປພໍມາ

（2）A. ວຽງຈັນປະເທດລາວ　　B. ປັກກິ່ງປະເທດຈີນ

C. ບາງກອກປະເທດໄທ

（3）A. ຊີ້ນງົວ　　B. ຜັກກາດຂາວ

C. ເຄື່ອງໃຊ້ໃນປີໃໝ່

（4）A. ກວາງຊີ　　B. ກວາງໂຈວ　　C. ຫູນານ

ບົດທີ 7 ເວລາແລະມາດຕະຖານວັດແທກຄວາມຍາວ, ນ້ຳໜັກແລະບໍລິມາດ (ລວມທັງຕົວເລກແລະອື່ນໆ)

第七课　时间与度量衡（包含数字等）

ໜຶ່ງ. ໂຄງສ້າງປະໂຫຍກທີ່ສຳຄັນ　重点句式

1. ມື້ນີ້ແມ່ນວັນທີເທົ່າໃດເດືອນໃດ/ວັນທີເທົ່າໃດ?

jīn tiān shì jǐ yuè jǐ rì hào jǐ hào
今天是几月几日（号）/几号？

2. ມື້ນີ້ແມ່ນວັນທີ 28 ເດືອນ 12/ວັນທີ 6 ເດືອນ 3/ວັນທີ 18.

jīn tiān shì yuè rì yuè hào hào
今天是12月28日/3月6号/18号。

3. ມື້ອື່ນແມ່ນວັນຫຍັງ?

míng tiān shì xīng qī jǐ
明天是星期几?

4. ມື້ອື່ນແມ່ນວັນເສົາ.

míng tiān shì xīng qī liù
明天是星期六。

5. ປະຈຸບັນນີ້ແມ່ນລະດູຫຍັງ?

xiàn zài shì shén me jì jié
现在是什么季节?

6. ດຽວນີ້ແມ່ນລະດູຝົນ/ລະດູແລ້ງ.

xiàn zài shì yǔ jì hàn jì
现在是雨季/旱季。

7. ດຽວນີ້ຈັກໂມງແລ້ວ/ເວລາຈັກໂມງ/ເວລາໃດ?

xiàn zài jǐ diǎn le shì jǐ diǎn zhōng shì shén me shí jiān
现在几点了/是几点钟/是什么时间？

8. ດຽວນີ້ແມ່ນຕອນເຊົ້າ 8 ໂມງ 15 ນາທີ/ທ່ຽງ 12 ໂມງຕົງ/ຕອນບ່າຍ 5 ໂມງເຄິ່ງ.

xiàn zài shì shàng wǔ diǎn fēn zhōng wǔ diǎn zhěng xià wǔ diǎn bàn
现在是上午8点15分/中午12点整/下午5点半。

9. ດຽວນີ້ 6 ໂມງຍັງ 5 (ນາທີ).

xiàn zài hái chà fēn zhōng dào diǎn
现在还差5分钟到6点。

10. ໝາກໂມໜ່ວຍນີ້ນ້ຳໜັກ 1 ກິໂລ/ກິໂລກຼາມ.

zhè ge xī guā zhòng qiān kè gōng jīn
这个西瓜重1千克/公斤。

11. ລາວມີນ້ຳໜັກ 60 ກິໂລ/ກິໂລກຼາມ.

tā tǐ zhòng qiān kè gōng jīn
她体重60千克/公斤。

12. ລາວສູງ 1,75 ແມັດ.

tā shēn gāo mǐ
他身高1.75米。

13. ເຊືອກເສັ້ນນີ້ຍາວ 30 ຊັງຕີແມັດ.

zhè gēn shéng zi cháng lí mǐ
这根绳子长30厘米。

14. ຈາກສະຖານີລົດໄຟຮອດບ່ອນນີ້/ຈາກປັກກິ່ງຮອດຊຽງໄຮ/ຈາກວຽງຈັນຮອດຫຼວງພະບາງໄກສໍ່າໃດ?

cóng huǒ chē zhàn dào zhè lǐ cóng běi jīng dào shàng hǎi cóng wàn xiàng
从火车站到这里/从北京到上海/从万象
dào láng bó lā bāng yǒu duō yuǎn
到琅勃拉邦有多远？

15. ປະມານ 500 ແມັດ/ປະມານ 1200 ກິໂລແມັດ/ມີ 400 ກວ່າກິໂລແມັດ.

dà gài mǐ dà yuē qiān mǐ yǒu duō gōng lǐ
大概500米/大约1200千米/有400多公里。

ຂໍ້ສະຫຼຸບ 语言点归纳

1. ວັນທີເທົ່າໃດ 意为“几号”，用于询问日期。例如：ມື້ນີ້ແມ່ນວັນທີເທົ່າໃດ? 今天是几号？回答为：ມື້ນີ້ແມ່ນວັນທີ 5. 今天是5号。ມື້ນີ້ແມ່ນວັນທີ 9 ເດືອນມີນາ. 今天是3月9日。

2. ວັນຫຍັງ 意为“星期几”。例如：ມື້ນີ້ແມ່ນວັນຫຍັງ? 今天是星期几？回答为：ມື້ນີ້ແມ່ນວັນຈັນ. 今天是星期一。（注意区分ວັນທີເທົ່າໃດ 与 ວັນຫຍັງ）

3. ລະດູຝົນ 雨季，ລະດູແລ້ງ 旱季。老挝一年只有两个季节，即雨季和旱季。一年中的5月至10月为雨季，11月至次年4月为旱季。

4. “...ໂມງ...ນາທີ” 意为“……时……分”。例如：9 ໂມງ 25 ນາທີ. 9时25分。“...ໂມງຕົງ” 表示整点。例如：ດຽວນີ້ແມ່ນ 9 ໂມງຕົງ. 现在是9点整。“...ໂມງຍັງ...ນາທີ” 表示“差……几分钟

（一般小于或等于20分）到……点”。例如：14 ໂມງຍັງ 10 ນາທີ. 差10分钟到14时（13时50分）。“... ໂມງເຄິ່ງ”表示“……点半”。例如：8 ໂມງເຄິ່ງ. 8点半。

5. ກິໂລ/ກິໂລກຼາມ 意为“千克，公斤”，口语中常常简称为ໂລ。常用的重量单位还有：ກຼາມ 克，ໂຕນ 吨。

常用的长度单位有：ແມັດ 米，ກິໂລແມັດ 千米。常用的面积单位有：ຕາແມັດ 平方米，ກິໂລຕາແມັດ 平方千米，ເຮັກຕາ 公顷。

ສອງ. ເຝິກການສົນທະນາ 会话训练

ການສົນທະນາທີ 1

情景会话 1

ກ: ມື້ນີ້ແມ່ນວັນທີເທົ່າໃດເດືອນໃດ, ວັນຫຍັງ?

jiǎ jīn tiān shì jǐ yuè jǐ hào xīng qī jǐ
甲：今天是几月几号， 星期几?

ຂ: ວັນທີ 19 ເດືອນ 10, ວັນສຸກ.

yǐ yuè rì xīng qī wǔ
乙：10月19日， 星期五。

ກ: ເວລາຜ່ານໄປໄວຫຼາຍ! ອາທິດໜຶ່ງໃກ້ຈະໝົດອີກແລ້ວ.

jiǎ shí jiān guò de tài kuài le yī gè xīng qī jiù yào jié shù le
甲：时间过得太快了！一个星期就要结束了。

ຂ: ເປັນແບບນີ້ແທ້! ແມ່ນແລ້ວ, ດຽວນີ້ຈັກໂມງແລ້ວ?

yǐ què shí rú cǐ duì le xiàn zài jǐ diǎn le
乙：确实如此！对了，现在几点了？

ກ: ຍັງ 5 ນາທີຮອດ 10 ໂມງ.

jiǎ chà fēn zhōng dào diǎn
甲：差5分钟到10点。

ຂ: ໂອ້, ຊັ້ນຂ້ອຍຕ້ອງໄປແລ້ວ. 10 ໂມງເຄິ່ງມີການສໍາພາດທີ່ສໍາຄັນ, ໄປຊ້າບໍ່ໄດ້.

yǐ à nà wǒ bì xū zǒu le diǎn bàn yǒu yī gè zhòng yào de miàn shì
乙：啊，那我必须走了。10点半有一个重要的面试，
wǒ kě bù néng chí dào
我可不能迟到。

ກ: ຊັ້ນເຈົ້າຮີບໄປເທາະ, ຂໍໃຫ້ເຈົ້າລາບລື່ນ!

jiǎ nà nǐ kuài qù ba zhù nǐ shùn lì
甲：那你快去吧，祝你顺利！

ຂ: ຂອບໃຈ!

yǐ xiè xie
乙：谢谢！

ໝາຍເຫດ 注释

ດຽວນີ້意为“现在，此时，此刻，如今”（多用于口语），相似的表达有 ປະຈຸບັນນີ້（多用于书面语）。例如：ດຽວນີ້/ປະຈຸບັນນີ້ເຈົ້າຢູ່ໃສ? 你现在在哪里?

ການສົນທະນາທີ 2

情景会话 2

ກ: ເບິ່ງແມ້, ຂ້ອຍຊື້ໝາກທຸລຽນໜ່ວຍ 1.

jiǎ kàn wǒ mǎi le yī gè liú lián
甲：看，我买了一个榴梿 。

ຂ: ໃຫຍ່ແທ້! ມັນໜັກປານໃດ?

yǐ hǎo dà ya tā yǒu duō zhòng
乙：好大呀！它有多重？

ກ: ໜັກ 8 ກິໂລໄດ໋! ພວກເຮົາກິນນຳກັນ, ເອົາບໍ?

jiǎ yǒu qiān kè zhòng ne wǒ men yī qǐ chī hǎo bù hǎo
甲：有8千克重呢！我们一起吃，好不好？

ຂ: ໄດ້ແລ້ວ, ຂອບໃຈ! ໄລຍະນີ້ຂ້ອຍຫຼຸດນໍ້າໜັກ.

yǐ bù le xiè xie wǒ zuì jìn yào jiǎn féi
乙：不了，谢谢！我最近要减肥。

ກ: ຫຼຸດນໍ້າໜັກ? ເບິ່ງແລ້ວເຈົ້າກໍບໍ່ຕຸ້ຍ!

jiǎ jiǎn féi nǐ kàn qǐ lái bù pàng a
甲：减肥？你看起来不胖啊！

ຂ: ນໍ້າໜັກຂ້ອຍເກີນ 60 ກິໂລແລ້ວ! ຂ້ອຍຢາກຫຼຸດລົງຮອດ 50 ກິໂລ.

yǐ wǒ de tǐ zhòng yǐ jīng chāo guò gōng jīn le wǒ xī wàng jiǎn dào gōng jīn
乙：我的体重已经超过60公斤了！我希望减到50公斤。

ກ: ຄັນຊັ້ນ, ຂໍໃຫ້ເຈົ້າຫຼຸດນໍ້າໜັກໃຫ້ໄດ້!

jiǎ nà jiù zhù nǐ jiǎn féi chéng gōng
甲：那就祝你减肥成功！

ຂ: ຂອບໃຈ! ເຈົ້າພັດຈ່ອຍໂພດ, ຄວນກິນຫຼາຍໆເດີ.

yǐ xiè xie nǐ dào shì tài shòu le yīng gāi duō chī diǎn

乙：谢谢！你倒是太瘦了，应该多吃点。

ກ: ແມ່ນແລ້ວ, ຂ້ອຍກໍາລັງພະຍາຍາມເພີ່ມນໍ້າໜັກຢູ່.

jiǎ shì de wǒ zhèng zài nǔ lì zēng féi

甲：是的，我正在努力增肥。

ຂ: ໄດ້ຜົນບໍ?

yǐ yǒu chéng xiào ma

乙：有成效吗？

ກ: ເດືອນນີ້ນໍ້າໜັກຂ້ອຍເພີ່ມຂຶ້ນແລ້ວ 1 ກິໂລ. ເປົ້າໝາຍຂອງຂ້ອຍແມ່ນເພີ່ມຂຶ້ນຮອດ 45 ກິໂລ.

jiǎ zhè ge yuè wǒ yǐ jīng zēng le gōng jīn wǒ de mù biāo shì zēng dào gōng jīn

甲：这个月我已经增了1公斤。我的目标是增到45公斤。

ໝາຍເຫດ 注释

1. ໜ່ວຍ 一般作为水果、蛋、帽子、钟表、山等物体的量词，可译为“个，只，座”等。例如：ໝາກມ່ວງ 5 ໜ່ວຍ. 5个杧果。ໄຂ່ໄກ່ 5 ໜ່ວຍ. 5个鸡蛋。

2. ກໍາລັງ 意为“正在”，表示现在进行时。例如：ລາວກໍາລັງຊັກເຄື່ອງຢູ່. 她正在洗衣服。ແລ້ວ 意为“已经”，表示过去时或完成时。例如：ລາວຮຽນຈົບຈາກມະຫາວິທະຍາໄລ 5 ປີແລ້ວ. 他大学毕

业已经5年了。ຊິ/ຈະ 意为“将，将要”，表示将来时。例如：ລາວຈະໄປເຮັດວຽກຢູ່ປະເທດລາວໃນອາທິດໜ້ານີ້. 他下周要去老挝工作了。

ການສົນທະນາທີ 3

情景会话 3

ກ: ຈາກບ້ານເຈົ້າຮອດຫ້ອງການໄກສໍ່າໃດ?

jiǎ cóng nǐ jiā dào gōng sī yǒu duō yuǎn

甲：从你家到公司有多远？

ຂ: ປະມານ 10 ກິໂລແມັດ.

yǐ dà gài gōng lǐ

乙：大概10公里。

ກ: ເວລາໄປການເຈົ້າຂັບລົດໄປເອງຫຼືຂີ່ລົດເມສາທາລະນະ?

jiǎ nǐ qù shàng bān shì zì jǐ kāi chē hái shi zuò gōng gòng qì chē

甲：你去上班是自己开车，还是坐公共汽车？

ຂ: ໂດຍທົ່ວໄປແລ້ວຂ້ອຍຈະຂັບລົດເອງ, ບາງເທື່ອກໍຈະຂີ່ລົດເມສາທາລະນະ.

yǐ wǒ tōng cháng zì jǐ kāi chē ǒu ěr yě zuò gōng gòng qì chē

乙：我通常自己开车，偶尔也坐公共汽车。

ກ: ຂັບລົດໃຊ້ເວລາດົນປານໃດ?

jiǎ kāi chē yào duō cháng shí jiān

甲：开车要多长时间？

ຂ: ຖ້າລົດບໍ່ຕິດ, ກໍປະມານ 20 ນາທີ.

yǐ rú guǒ bù dǔ chē jiù zhǐ yào fēn zhōng zuǒ yòu

乙：如果不堵车，就只要20分钟左右。

ກ: ຂີ່ລົດເມສາທາລະນະເດ?

jiǎ　zuò gōng gòng qì chē ne
甲：坐 公 共 汽 车 呢？

ຂ: ປະມານ 40 ນາທີ.

yǐ　dà yuē yào　fēn zhōng
乙：大 约 要 40 分 钟 。

ກ: ກໍຍັງດີຢູ່.

jiǎ　nà hái hǎo
甲：那 还 好 。

ໝາຍເຫດ 注释

1. ປະມານ意为“大概，大约，估计”，表概数。例如：ປາໂຕນີ້ນໍ້າໜັກປະມານ 1 ກິໂລ. 这条鱼重大约1千克。

2. ໂດຍທົ່ວໄປແລ້ວ意为“在通常情况下，一般来说”，相似的表达有 ຕາມທຳມະດາແລ້ວ。例如：ໂດຍທົ່ວໄປແລ້ວ/ຕາມທຳມະດາແລ້ວ, ຄົນລາວມັກຂີ່ລົດຈັກຫຼືລົດເກງໄປການ. 在通常情况下，老挝人喜欢骑摩托车或者开小汽车去上班。

ສາມ. ຄຳສັບແລະວະລີ 单词与短语

ວັນ 日 rì

ເດືອນ 月 yuè

ລະດູ (ລະດູການ) 季节 jì jié

ລະດູຝົນ 雨季 yǔ jì

ລະດູແລ້ງ 旱季 hàn jì

ໂມງ 点 diǎn

ເວລາ 时间 shí jiān

ນາທີ 分 fēn

ໝາກໂມ 西瓜 xī guā

ໜ່ວຍ 个 gè

ນ້ຳໜັກ 重量 zhòng liàng

ກິໂລ (ກິໂລກຣາມ) 千克；公斤 qiān kè; gōng jīn

ສູງ 高 gāo

ແມັດ 米 mǐ

ເຊືອກ 绳子 shéng zi

ເສັ້ນ 根（量词）gēn

ຍາວ 长 cháng

ຊັງຕີແມັດ 厘米 lí mǐ

ຈາກ...ຮອດ... 从……到…… cóng dào

ສະຖານີລົດໄຟ 火车站 huǒ chē zhàn

ບ່ອນນີ້ 这里 zhè lǐ

ໄກສ່ຳໃດ 有多远 yǒu duō yuǎn

ປະມານ 大概；大约 dà gài; dà yuē

ກິໂລແມັດ 千米；公里 qiān mǐ; gōng lǐ

ໄວຫຼາຍ 很快 hěn kuài

ເປັນແບບນີ້ແທ້ 确实如此 què shí rú cǐ

ສຳພາດ 面试 miàn shì

ສຳຄັນ 重要 zhòng yào

ຊ້າ 迟到 chí dào

ຂໍໃຫ້ເຈົ້າລາບລື່ນ 祝你顺利 zhù nǐ shùn lì

ໝາກທຸລຽນ 榴梿 liú lián

chī
ກິນ 吃

hǎo bù hǎo
ເອົາບໍ 好 不 好

kàn qǐ lái
ເບິ່ງແລ້ວ 看 起 来

chāo guò
ເກີນ 超 过

shòu
ຈ່ອຍ 瘦

zēng féi
ເພີ່ມນ້ຳໜັກ 增 肥

shàng bān
ໄປການ 上 班

gōng gòng qì chē
ລົດເມສາທາລະນະ 公 共 汽 车

yī qǐ
ນຳກັນ 一起

jiǎn féi
ຫຼຸດນ້ຳໜັກ 减 肥

pàng
ຕຸ້ຍ 胖

xiǎng xiǎng yào
ຢາກ 想 ； 想 要

nǔ lì
ພະຍາຍາມ 努 力

chéng xiào
ຜົນ 成 效

kāi chē
ຂັບລົດ 开 车

dǔ chē
ລົດຕິດ 堵 车

ສີ່. ເຝິກຫັດນອກໂມງຮຽນ 课后练习

1. ແປປະໂຫຍກດັ່ງລຸ່ມນີ້. 翻译下列句子。

（1）今天是10月1号。

（2）今天是星期三。

（3）现在是9点半。

（4）下午3点50分开会。

2. ອີງຕາມຄວາມໝາຍພາສາຈີນຕື່ມຄຳສັບໃສ່ປະໂຫຍກໃຫ້ຄົບຖ້ວນ.

根据中文意思补全句子。

（1）老挝一年有两个季节，雨季和旱季。

ປະເທດລາວປີໜຶ່ງມີສອງລະດູ, ______________________

ແລະ ______________________.

（2）这个西瓜重5千克。

ໝາກໂມໜ່ວຍນີ້ ___________________________.

（3）从小王的家到学校有10公里远。

ຈາກບ້ານສ້ຽວຫວາງໄປຮອດໂຮງຮຽນມີ ______________.

3. ຟັງສຽງອັດ, ເລືອກຄຳສັບທີ່ໄດ້ຍິນ. **听录音，选出听到的词语。**

（1）A. ລະດູຮ້ອນ　　B. ລະດູໃບໄມ້ປົ່ງ

C. ລະດູໜາວ

（2）A. ສຳພາດ　　B. ກອງປະຊຸມ

C. ພິທີເປີດ

（3）A. ລົດໄຟໃຕ້ດິນ　　B. ລົດເກງ

C. ລົດເມສາທາລະນະ

（4）A. ກິໂລແມັດ　　B. ຕາແມັດ

C. ກິໂລ

ບົດທີ 8　ຂໍຄວາມຊ່ວຍເຫຼືອແລະສະແດງຄວາມຂອບໃຈ

第八课　求助和感谢

ໜຶ່ງ. ໂຄງສ້າງປະໂຫຍກທີ່ສຳຄັນ　重点句式

1. ຂໍຄວາມຊ່ວຍເຫຼືອແລະຄຳຕອບ 求助与应答

（1）ຂໍໂທດ, ທ່ານຊ່ວຍຂ້ອຍແດ່ໄດ້ບໍ?

qǐng wèn nín kě yǐ bāng wǒ yī gè máng ma
请问您可以帮我一个忙吗？

（2）ກະລຸນາຊ່ວຍຂ້ອຍແດ່, ໄດ້ບໍ?

qǐng bāng wǒ yī xià kě yǐ ma
请帮我一下，可以吗？

（3）ກະລຸນາຖືຫີບຊ່ວຍຂ້ອຍແດ່.

qǐng bāng wǒ ná yī xià xiāng zi
请帮我拿一下箱子。

（4）ບໍ່ມີບັນຫາ/ໄດ້ແນ່ນອນ (ໄດ້ແທ້)/ຍິນດີທີ່ໄດ້ຮັບໃຊ້ທ່ານ.

méi wèn tí dāng rán kě yǐ hěn lè yì wèi nín xiào láo
没问题/当然可以/很乐意为您效劳。

（5）ຂໍໂທດຫຼາຍໆເດີ, ຂ້ອຍຊ່ວຍເຈົ້າບໍ່ໄດ້.

hěn bào qiàn wǒ bāng bù liǎo nǐ
很抱歉，我帮不了你。

(6) ຂໍຖາມແດ່, ສະຖານີລົດເມໄປຈັ່ງໃດ?

qǐng wèn qì chē zhàn zěn me zǒu
请 问 汽 车 站 怎 么 走?

(7) ຂໍໂທດຫຼາຍໆ, ຂ້ອຍກໍບໍ່ຮູ້ຄືກັນ.

hěn bào qiàn wǒ yě bù zhī dào
很 抱 歉,我 也 不 知 道。

(8) ເຈົ້າສາມາດນຳທາງດ້ວຍແອັບມືຖື Tencent Map (ແຜນທີ່ເທນເຊນ)/Baidu Map (ແຜນທີ່ປາຍຕູ້)/Amap (ແຜນທີ່ເອແມັບ).

nǐ kě yǐ yòng shǒu jī li de téng xùn bǎi dù gāo dé dì tú dǎo háng
你 可 以 用 手 机 里 的 腾 讯/百 度/高 德 地 图 导 航。

2. ການສະແດງຄວາມຂອບໃຈແລະຄຳຕອບ 感谢与应答

(1) ຂອບໃຈ/ຂອບໃຈຫຼາຍໆ!

xiè xie duō xiè le fēi cháng gǎn xiè
谢 谢/多 谢 了(非 常 感 谢)!

(2) ຂອບໃຈທ່ານ/ຂອບໃຈພວກເຈົ້າ/ຂອບໃຈທຸກຄົນ!

xiè xie nín nǐ men dà jiā
谢 谢 您/你 们/大 家!

(3) ຂອບໃຈທ່ານທີ່ຊ່ວຍເຫຼືອ/ຂອບໃຈທ່ານທີ່ຊ່ວຍວຽກຂ້ອຍ.

xiè xie nín de bāng zhù nín bāng wǒ zhè ge máng
谢 谢 您 的 帮 助/您 帮 我 这 个 忙。

(4) ຂອບໃຈທີ່ທ່ານໃຫ້ການຕ້ອນຮັບຢ່າງອົບອຸ່ນ!

xiè xie nín de rè qíng kuǎn dài
谢 谢 您 的 热 情 款 待!

(5) ບໍ່ເປັນຫຍັງ/ບໍ່ຕ້ອງເກງໃຈ.

bù yòng xiè bù yòng kè qi
不 用 谢/不 用 客 气。

(6) ນີ້ແມ່ນສິ່ງທີ່ຂ້ອຍ/ພວກຂ້ອຍຄວນເຮັດ.
zhè shì wǒ wǒ men yīng gāi zuò de
这 是 我/我 们 应 该 做 的。

ຂໍ້ສະຫຼຸບ 语言点归纳

1. ຂໍໂທດ 意为“请原谅，对不起”，为道歉用语，对应的回答一般为：ບໍ່ເປັນຫຍັງ. 没关系。例如：ຂໍໂທດ, ຂ້ອຍເອົາປຶ້ມຜິດ. 抱歉，我拿错了书。有时也用作向对方请求帮助或给与方便时的礼貌用语。例如：ຂໍໂທດ, ປະຕູໄຊໄປແນວໃດ? 请问凯旋门怎么走?

2. ກະລຸນາ 意为“请，敬请，劳驾”，用于请求他人帮忙。例如：ກະລຸນາຊ່ວຍຂ້ອຍຊື້ໝາກມ່ວງ 1 ກິໂລ. 请帮我买1公斤杧果。

3. ຄືກັນ 意为“相同的，一样的，也”，用于表达自己与他人在某些方面相似或者相同，相似的表达有ເຊັ່ນກັນ。例如：ມື້ນີ້ຂ້ອຍບໍ່ໄປຕະຫຼາດ, ເຈົ້າເດ? 今天我不去市场，你呢？回答为：ຂ້ອຍກໍບໍ່ໄປຄືກັນ/ເຊັ່ນກັນ. 我也不去。

4. ຂອບໃຈ 意为“谢谢，感谢”，常用在口语中，用于表达对他人的谢意。对应的回答为：ບໍ່ເປັນຫຍັງ/ບໍ່ຕ້ອງເກງໃຈ. 不用谢/不用客气。

ສອງ. ເຝິກການສົນທະນາ 会话训练

ການສົນທະນາທີ 1

情景会话 1

ກ: ຂໍໂທດ, ທ່ານຊ່ວຍຍ້າຍປຶ້ມແກັດນີ້ແດ່ໄດ້ບໍ?

jiǎ qǐng wèn nín kě yǐ bāng wǒ bān yī xià zhè xiāng shū ma
甲：请 问 您 可 以 帮 我 搬 一 下 这 箱 书 吗？

ຂ: ໄດ້ແນ່ນອນ. ໃຫ້ຍ້າຍໄປໄວ້ໃສ (ບ່ອນໃດ)?

yǐ dāng rán kě yǐ bān dào nǎ lǐ ne
乙：当 然 可 以。搬 到 哪 里 呢？

ກ: ກະລຸນາຍ້າຍໄປຫ້ອງການ 203.

jiǎ qǐng bān dào bàn gōng shì
甲：请 搬 到 203 办 公 室 。

ຂ: ໄດ້.

yǐ hǎo de
乙：好 的。

ກ: ຂອບໃຈ!

jiǎ xiè xie nǐ
甲：谢 谢 你！

ຂ: ບໍ່ຕ້ອງເກງໃຈ, ມັນເປັນເລື່ອງງ່າຍໆ.

yǐ bù yòng kè qi zhè zhǐ shì jǔ shǒu zhī láo
乙：不 用 客 气，这 只 是 举 手 之 劳。

ໝາຍເຫດ 注释

1. ໄດ້ບໍ 意为"可以吗"，一般在问句中使用，用于征求他人的意见。例如：ຊ່ວຍເອົາເອກະສານມາໃຫ້ຂ້ອຍແດ່ໄດ້ບໍ? 可以帮我把文件拿来吗?

2. ໄດ້ແນ່ນອນ 意为"当然可以"，用于回应他人的请求，为肯定回答。否定回答为：ບໍ່ໄດ້. 不可以。例如：ຂາຍປຶ້ມຫົວນີ້ໃຫ້ຂ້ອຍໄດ້ບໍ? 可以把这本书卖给我吗? 肯定回答：ໄດ້ແນ່ນອນ. 当然可以。否定回答：ບໍ່ໄດ້. 不可以。

ການສົນທະນາທີ 2
情景会话 2

(ບ່ອນຕ້ອນຮັບແຂກຂອງໂຮງແຮມ)

（在酒店前台）

ກ: ນ້ອງ, ກະລຸນາເອີ້ນລົດແທັກຊີຄັນ 1 ໃຫ້ຂ້ອຍແດ່, ໄດ້ບໍ?

jiǎ　fú wù yuán　qǐng bāng wǒ jiào yī liàng chū zū chē　kě yǐ ma
甲：服务员，请帮我叫一辆出租车，可以吗？

ຂ: ບໍ່ມີບັນຫາ, ຂໍຖາມແດ່, ທ່ານຈະໄປໃສ?

yǐ　méi wèn tí　qǐng wèn nín yào qù nǎ lǐ ne
乙：没问题，请问您要去哪里呢?

ກ: ຂ້ອຍຢາກໄປສະໜາມບິນ.

jiǎ　wǒ xiǎng qù jī chǎng
甲：我想去机场。

ຂ: ໄດ້, ກະລຸນາລໍຖ້າບຶດໜຶ່ງ, ຂ້ອຍຊິໂທເອີ້ນລົດໃຫ້ທ່ານ... ໄດ້ແລ້ວ, ເອີ້ນໃຫ້ແລ້ວ.

yǐ　hǎo de　qǐng shāo děng　wǒ dǎ gè diàn huà bāng nín jiào chē　hǎo le　jiào dào le
乙：好的，请稍等，我打个电话帮您叫车……好了，叫到了。

ກ: ເລກປ້າຍລົດເທົ່າໃດ?

jiǎ　chē pái hào shì duō shao
甲：车牌号是多少？

ຂ: ກຸ້ຍ AWJ5678.

yǐ　guì
乙：桂 AWJ5678。

ກ: ລົດສີຫຍັງ?

jiǎ　shì shén me yán sè de chē
甲：是什么颜色的车？

ຂ: ສີເຫຼືອງ. ຫັ້ນເດ! ລົດມາແລ້ວ.

yǐ　huáng sè de　kàn　chē guò lái le
乙：黄色的。看！车过来了。

ກ: ຊັ້ນຂ້ອຍໄປກ່ອນເດີ. ຂອບໃຈທີ່ເອີ້ນລົດໃຫ້ຂ້ອຍ!

jiǎ　nà wǒ zǒu le　xiè xie nín bāng wǒ jiào chē
甲：那我走了。谢谢您帮我叫车！

ຂ: ບໍ່ເປັນຫຍັງ, ນີ້ແມ່ນສິ່ງທີ່ຂ້ອຍຄວນເຮັດ.

yǐ　bù yòng xiè　zhè shì wǒ yīng gāi zuò de
乙：不用谢，这是我应该做的。

ໝາຍເຫດ 注释

ຫຍັງ 意为“什么”，是疑问代词，常置于疑问句句末。例如：ນີ້ແມ່ນຫຍັງ? 这是什么？ເຈົ້າຢາກກິນຫຍັງ? 你想吃什么？

ການສົນທະນາທີ 3

情景会话 3

(ຢູ່ເດີ່ນຈອດລົດ)

（在停车场）

(ກ: ເຈົ້າຂອງລົດ; ຂ: ພະນັກງານເດີ່ນຈອດລົດ)

（甲：车主；乙：停车场工作人员）

ກ: ສະບາຍດີທ່ານ, ຂໍລົບກວນແນ່! ມືຖືຂ້ອຍແບັດໝົດແລ້ວ, ບໍ່ສາມາດສະແກນໂຄດຈ່າຍຄ່າຝາກລົດໄດ້, ຈ່າຍເງິນສົດໄດ້ບໍ?

jiǎ nín hǎo dǎ rǎo yī xià wǒ de shǒu jī méi diàn le méi fǎr sǎo mǎ
甲：您好，打扰一下！我的手机没电了，没法儿扫码
jiǎo tíng chē fèi qǐng wèn kě yǐ fù xiàn jīn ma
缴停车费。请问可以付现金吗？

ຂ: ຄ່າຈອດລົດແມ່ນ 10 ຢວນ. ທ່ານມີເງິນສົດ 10 ຢວນບໍ?

yǐ tíng chē fèi shì yuán qián nín yǒu yuán xiàn jīn ma
乙：停车费是10元钱。您有10元现金吗？

ກ: ຂໍໂທດ, ຂ້ອຍມີແຕ່ໃບ 100 ຢວນ. ຂໍຖາມແດ່, ທ່ານມີເງິນໃບນ້ອຍທອນບໍ?

jiǎ bù hǎo yì si wǒ zhǐ yǒu yuán miàn é de qǐng wèn néng zhǎo
甲：不好意思，我只有100元面额的。请问能找

líng ma
零吗？

ຂ: ຂໍໂທດຫຼາຍໆ, ຂ້ອຍບໍ່ມີເງິນໃບນ້ອຍທອນໃຫ້ທ່ານ, ແຕ່ໃຫ້ທ່ານໄປ
ຖາມຮ້ານຂາຍເຄື່ອງຍ່ອຍທາງຂ້າງເດີ ວ່າປ່ຽນເງິນໃບນ້ອຍບໍ.

yǐ hěn bào qiàn wǒ méi yǒu líng qián zhǎo gěi nín bù guò nín kě yǐ dào
乙：很抱歉，我没有零钱找给您，不过您可以到
páng biān de biàn lì diàn wèn wen néng bù néng huàn líng qián
旁边的便利店问问能不能换零钱。

ກ: ເຈົ້າ, ຂອບໃຈ!

jiǎ hǎo de xiè xie
甲：好的，谢谢！

(ຢູ່ຮ້ານຂາຍເຄື່ອງຍ່ອຍ)

（在便利店）

(ຄ: ພະນັກງານຂອງຮ້ານຂາຍເຄື່ອງຍ່ອຍ)

（丙：便利店店员）

ກ: ສະບາຍດີທ່ານ! ຂໍຖາມແດ່, ຂ້ອຍຂໍປ່ຽນເງິນນ້ອຍນຳທ່ານໄດ້ບໍ?

jiǎ nín hǎo qǐng wèn wǒ kě yǐ gēn nín huàn yī xiē líng qián ma
甲：您好！请问我可以跟您换一些零钱吗？

ຄ: ທ່ານຕ້ອງການປ່ຽນເທົ່າໃດ?

bǐng nín yào huàn duō shao
丙：您要换多少？

ກ: ຂ້ອຍຂໍປ່ຽນໃບ 100 ຢວນເປັນໃບ 10 ຢວນ 10 ໃບ.

jiǎ wǒ xiǎng yòng yī zhāng yuán huàn shí zhāng yuán
甲：我想用一张 100 元，换十张 10 元。

ຂ: ໄດ້, ກະລຸນາລໍຖ້າບຶດໜຶ່ງ...ເອົາ, 10 ປອນ 10 ໃບ, ທ່ານນັບເບິ່ງ.

bǐng hǎo de qǐng shāo děng gěi shí zhāng yuán nín shǔ yī shǔ
丙：好的，请 稍 等……给，十 张 10 元，您 数 一 数。

ກ: ຂອບໃຈຫຼາຍໆ!

jiǎ fēi cháng gǎn xiè
甲：非 常 感 谢!

ຂ: ບໍ່ເປັນຫຍັງ.

bǐng bù yòng xiè
丙：不 用 谢。

ໝາຍເຫດ 注释

1. ລົບກວນ 意为“打扰，打搅”，是麻烦他人时的委婉说法。例如：ລົບກວນແດ່. 打扰一下。

2. ແຕ່ວ່າ 意为“但是，然而”，是转折连词。例如：ຂ້ອຍຮູ້ທາດຫຼວງຂອງປະເທດລາວ, ແຕ່ວ່າຂ້ອຍບໍ່ເຄີຍໄປທ່ຽວຊົມ. 我知道老挝的塔銮，但是我没有去游览过。

3. ເທົ່າໃດ 意为“多少”，通常用于询问数量。例如：ເສື້ອຜືນນີ້ລາຄາເທົ່າໃດ? 这件衣服多少钱?

ສາມ. ຄໍາສັບແລະວະລີ 单词与短语

bào qiàn
ຂໍໂທດ 抱 歉

bāng
ຊ່ວຍ 帮

kě yǐ
ໄດ້ 可以

dāng rán
ແນ່ນອນ 当然

xiào láo
ຮັບໃຊ້ 效劳

qǐng wèn
ຂໍຖາມແດ່ 请问

zěn me zǒu
ໄປຈັ່ງໃດ 怎么走

yī yàng
ຄືກັນ 一样

shǒu jī
ມືຖື 手机

duō xiè fēi cháng gǎn xiè
ຂອບໃຈຫຼາຍໆ 多谢；非常感谢

rè qíng
ອົບອຸ່ນ 热情

bù yòng kè qi
ບໍ່ຕ້ອງເກງໃຈ 不用客气

shū
ປຶ້ມ 书

bàn gōng shì
ຫ້ອງການ 办公室

xiǎo shì yī zhuāng jǔ shǒu zhī láo
ເລື່ອງງ່າຍໆ 小事一桩；举手之劳

fú wù yuán
ນ້ອງ 服务员（服务场所直呼用）

qù
ໄປ 去

shāo děng
ລໍຖ້າບຶດໜຶ່ງ 稍等

jiào chē
ເອີ້ນລົດ 叫车

méi wèn tí
ບໍ່ມີບັນຫາ 没问题

lè yì
ຍິນດີ 乐意

bāng bù liǎo
ຊ່ວຍບໍ່ໄດ້ 帮不了

qì chē zhàn
ສະຖານີລົດເມ 汽车站

bù zhī dào
ບໍ່ຮູ້ 不知道

dǎo háng
ນຳທາງ 导航

kuǎn dài
ຕ້ອນຮັບ 款待

bù yòng xiè
ບໍ່ເປັນຫຍັງ 不用谢

yīng gāi
ຄວນ 应该

xiāng
ແກັດ 箱（量词）

chū zū chē
ລົດແທັກຊີ 出租车

jī chǎng
ສະໜາມບິນ 机场

dǎ gè diàn huà
ໂທ 打个电话

chē pái hào
ເລກປ້າຍລົດ 车牌号

ສີ 颜色 yán sè

ເດີ່ນຈອດລົດ 停车场 tíng chē chǎng

ສະແກນ 扫码 sǎo mǎ

ຖາມ 问问 wèn wen

ປ່ຽນ 换 huàn

ນັບ 数一数 shǔ yī shǔ

ສີເຫຼືອງ 黄色 huáng sè

ລົບກວນ 打扰 dǎ rǎo

ເງິນສົດ 现金 xiàn jīn

ຮ້ານຂາຍເຄື່ອງຍ່ອຍ 便利店 biàn lì diàn

ເງິນນ້ອຍ 零钱 líng qián

ສີ່. ເຝິກຫັດນອກໂມງຮຽນ 课后练习

1. ແປປະໂຫຍກດັ່ງລຸ່ມນີ້ເປັນພາສາລາວ. **把下列句子翻译成老挝语。**

（1）请问汽车站怎么走？

（2）很抱歉，我也不知道。

（3）请搬到203办公室。

（4）谢谢您的帮助。

2. ອີງຕາມຄວາມໝາຍພາສາຈີນຕື່ມຄຳສັບໃສ່ປະໂຫຍກໃຫ້ຄົບຖ້ວນ. **根据中文意思补全句子。**

（1）请帮我叫一辆出租车，可以吗？

__________ ເອີ້ນແທັກຊີ 1 ຄັນໃຫ້ຂ້ອຍແດ່__________?

（2）当然可以，搬到哪里呢？

________________________, ໃຫ້ຍ້າຍໄປໄວ້ຢູ່ໃສ?

（3）不用客气，这只是举手之劳。

ບໍ່ຕ້ອງເກງໃຈ, ________________________.

3. ຟັງສຽງອັດ, ພິຈາລະນາຖືກຜິດ (ຖືກໃຫ້ຂຽນ T, ຜິດໃຫ້ຂຽນ F). 听录音，判断正误（正确的写T，错误的写F）。

（1）ຂໍໂທດຫຼາຍໆເດີ, ຂ້ອຍຊ່ວຍເຈົ້າບໍ່ໄດ້.

（2）ກະລຸນາຍ້າຍໄປຫ້ອງການ 206.

（3）ຂ້ອຍຢາກໄປສະຖານີລົດໄຟ.

（4）ຂ້ອຍຂໍປ່ຽນໃບ 100 ຢວນເປັນໃບ 20 ຢວນ 5 ໃບ.

（5）ເຈົ້າໄປຖາມຮ້ານຂາຍເຄື່ອງຍ່ອຍທາງຂ້າງກະໄດ້.

ບົດທີ 9　ຄົມມະນາຄົມ, ອາກາດ

第九课　交通出行、天气

ໜຶ່ງ. ໂຄງສ້າງປະໂຫຍກທີ່ສຳຄັນ　重点句式

1. ຂ້ອຍຢາກໄປໃຈກາງເມືອງ/ຊຸບເປີມາເກັດ/ຮ້ານຂາຍປຶ້ມ.

wǒ dǎ suàn qù shì zhōng xīn　chāo shì　shū diàn
我打算去市中心/超市/书店。

2. ເຈົ້າຈະໄປຫໍພິພິທະພັນແນວໃດ?

nǐ dǎ suàn zěn me qù bó wù guǎn
你打算怎么去博物馆？

3. ຂ້ອຍຈະຍ່າງ/ຂີ່ລົດຖີບ/ຂີ່ລົດເມ/ຂີ່ລົດແທັກຊີ/ຂີ່ລົດໄຟໃຕ້ດິນໄປຫໍພິພິທະພັນ.

wǒ dǎ suàn zǒu lù　qí zì xíng chē　zuò gōng gòng qì chē　zuò chū zū chē
我打算走路/骑自行车/坐公共汽车/坐出租车/
chéng dì tiě qù bó wù guǎn
乘地铁去博物馆。

4. ຂ້ອຍຢາກຈອງປີ້ຍົນຖ້ຽວດຽວ 2 ໃບ/ປີ້ຍົນໄປກັບ 2 ໃບ.

wǒ xiǎng dìng liǎng zhāng dān chéng　wǎng fǎn jī piào
我想订两张单程/往返机票。

5. ຍົນອອກ/ຮອດ/ບິນເວລາໃດ?

fēi jī shén me shí hou chū fā　dào dá　qǐ fēi
飞机什么时候出发/到达/起飞？

6. ອາກາດມື້ນີ້ດີແທ້ (ດີຫຼາຍ) / ຂີ້ຮ້າຍ (ຂີ້ຮ້າຍຫຼາຍ).

jīn tiān tiān qì zhēn hǎo hěn hǎo zhēn zāo gāo hěn zāo gāo
今天天气真好（很好）/ 真糟糕（很糟糕）。

7. ມື້ນີ້ໜາວແທ້ (ໜາວຫຼາຍ) / ຮ້ອນແທ້ (ຮ້ອນຫຼາຍ).

jīn tiān zhēn lěng hěn lěng zhēn rè hěn rè
今天真冷（很冷）/ 真热（很热）。

8. ມື້ນີ້/ມື້ອື່ນ ອາກາດຢູ່ວຽງຈັນ/ປັກກິ່ງເປັນແນວໃດ?

jīn tiān míng tiān wàn xiàng běi jīng tiān qì zěn me yàng
今天 / 明天万象 / 北京天气怎么样？

9. ມື້ນີ້ຢູ່ວຽງຈັນຝົນຕົກ/ຟ້າບົດ/ທ້ອງຟ້າປອດໂປ່ງ.

jīn tiān wàn xiàng xià yǔ yīn tiān qíng tiān
今天万象下雨 / 阴天 / 晴天。

10. ມື້ອື່ນອາກາດຢູ່ປັກກິ່ງອາດເຢັນລົງ/ຮ້ອນຂຶ້ນ/ມີຫິມະຕົກ.

míng tiān běi jīng kě néng jiàng wēn shēng wēn xià xuě
明天北京可能降温 / 升温 / 下雪。

11. ຢູ່ນອກ ກຳລັງລົມແຮງ/ຝົນແຮງ/ແດດອອກ/ຟ້າຮ້ອງ.

wài miàn zhèng zài guā dà fēng xià dà yǔ chū tài yáng dǎ léi
外面正在刮大风 / 下大雨 / 出太阳 / 打雷。

12. ມື້ນີ້ອຸນຫະພູມຈັກອົງສາ?

jīn tiān qì wēn duō shao shè shì dù
今天气温多少摄氏度?

13. 18 ຫາ 25 ອົງສາ.

shè shì dù
18—25 摄氏度。

ຂໍ້ສະຫຼຸບ 语言点归纳

1. “ເຈົ້າຈະໄປ...ແນວໃດ? ”意为“你要如何去……? /你打算怎么去……? ”。对应回答为：ຂ້ອຍຈະຂີ່...ໄປ... 我乘坐……（交通工具）去……（某地）。例如：ເຈົ້າຈະໄປຫໍສະໝຸດແນວໃດ? 你打算怎么去图书馆?

2. ຂີ່ 意为“乘坐，骑，搭”。例如：ຂີ່ລົດໄຟ 坐火车；ຂີ່ລົດຖີບ 骑自行车；ມື້ນີ້ຂ້ອຍຂີ່ລົດເມໄປການ. 今天我坐公交车去上班。

3. “ເວລາໃດ? ”意为“什么时候? ”，一般用于询问时间。例如：ເຈົ້າຂັບລົດເປັນໃນເວລາໃດ? 你什么时候学会开车的? 回答为：ໃນເດືອນທັນວາ ປີ 2020. 2020年12月。

4. “ມື້ນີ້ອາກາດເປັນແນວໃດ? ”意为“今天天气如何? ”，用于询问天气状况。对应回答一般为：ມື້ນີ້ອາກາດຮ້ອນ/ໜາວ/ເຢັນສະບາຍ. 今天天气热/冷/凉爽。

ສອງ. ເຝິກການສົນທະນາ 会话训练

ການສົນທະນາທີ 1

情景会话 1

ກ: ສະບາຍດີທ່ານ! ຂໍຖາມແດ່, ໄປສະຖານີລົດໄຟໝານໜິງຕ່ຽງຈ້ານ

ຕ້ອງຂີ່ລົດເມໝາຍເລກໃດ?

jiǎ nín hǎo qǐng wèn qù nán níng huǒ chē dōng zhàn yīng gāi zuò nǎ lù gōng
甲：您好！请问去南宁火车东站应该坐哪路公
jiāo chē
交车？

ຂ: ໝາຍເລກ B17 ຫຼືໝາຍເລກ B01 ກໍໄດ້.

yǐ lù huò lù dōu kě yǐ
乙：B17路或B01路都可以。

ກ: ໝາຍເລກໃດໄວກວ່າ?

jiǎ nǎ lù gèng kuài
甲：哪路更快？

ຂ: ສໍ່າໆກັນ, ໄປສະຖານີຕົ່ງຈ້ານຢ່າງໜ້ອຍໃຊ້ເວລາ 1 ຊົ່ວໂມງ.

yǐ dōu chà bu duō dào dōng zhàn zhì shǎo xū yào yī gè xiǎo shí
乙：都差不多，到东站至少需要一个小时。

ກ: ຊັ້ນຊ່າງເທາະ, ຂ້ອຍຈະເອີ້ນລົດເອົາ, ຂ້ອຍຟ້າວໄປ.

jiǎ nà suàn le wǒ hái shi jiào liàng chē ba wǒ gǎn shí jiān
甲：那算了，我还是叫辆车吧，我赶时间。

ຂ: ຂ້ອຍຂໍແນະນຳໃຫ້ເຈົ້າຂີ່ລົດໄຟໃຕ້ດິນ. ລົດໄຟໃຕ້ດິນໄວ, ແລະບໍ່ມີລົດຕິດອີກ, ຈາກນີ້ໄປຫາສະຖານີຕົ່ງຈ້ານໃຊ້ເວລາປະມານເຄິ່ງຊົ່ວໂມງເທົ່ານັ້ນ.

yǐ wǒ jiàn yì nǐ chéng dì tiě dì tiě bù dàn sù dù kuài ér qiě bù huì dǔ
乙：我建议你乘地铁。地铁不但速度快，而且不会堵
chē cóng zhè lǐ dào dōng zhàn zhǐ yào bàn gè xiǎo shí zuǒ yòu
车，从这里到东站只要半个小时左右。

ກ: ດີ, ຊັ້ນຂ້ອຍຈະຂີ່ລົດໄຟໃຕ້ດິນເອົາ. ຂໍຖາມແດ່, ສະຖານີລົດໄຟໃຕ້ດິນໄປທາງໃດ?

jiǎ hǎo de nà wǒ hái shi chéng dì tiě ba qǐng wèn dì tiě zhàn zěn me zǒu ne
甲：好的，那我还是乘地铁吧。请问地铁站怎么走呢？

ຂ: ຍ່າງໄປຊື່ໆປະມານ 300 ແມັດກໍຮອດແລ້ວ.

yǐ wǎng qián zǒu dà yuē mǐ jiù dào le
乙：往前走大约300米就到了。

ກ: ເຈົ້າ. ຂອບໃຈເດີ!

jiǎ hǎo de xiè xie nín de bāng máng
甲：好的。谢谢您的帮忙！

ຂ: ບໍ່ເປັນຫຍັງ.

yǐ bù yòng kè qi
乙：不用客气。

ໝາຍເຫດ 注释

1. "...ກວ່າ" 意为"更……"，是程度副词。例如：ລາວໜັກກວ່າຂ້ອຍ. 他比我重。

2. ຢ່າງໜ້ອຍ 意为"不少于，至少"，相似的表达有 ບໍ່ໜ້ອຍກວ່າ。相反的表达有：ຢ່າງຫຼາຍ/ບໍ່ຫຼາຍກວ່າ不多于，至多。例如：ທຸກມື້ຂ້ອຍຂີ່ລົດໄຟໃຕ້ດິນໄປການຢ່າງໜ້ອຍໃຊ້ເວລາ 1 ຊົ່ວໂມງ/ທຸກມື້ຂ້ອຍຂີ່ລົດໄຟໃຕ້ດິນໄປການໃຊ້ເວລາບໍ່ໜ້ອຍກວ່າ 1 ຊົ່ວໂມງ. 我每天坐地铁去上班的时间不少于1个小时。

3. ເທົ່ານັ້ນ 意为"仅仅，而已"，是表示程度的关联词，通常用于句末。例如：ມື້ນີ້ຂ້ອຍໃຊ້ເງິນ 8 ປອນເທົ່ານັ້ນ. 今天我仅仅花了8元钱。

4. ໄປທາງໃດ 意为“怎么走”。例如：ຂໍຖາມແດ່, ໂຮງແຮມຊິນຮວາໄປທາງໃດ? 请问新华大酒店怎么走?

ການສົນທະນາທີ 2

情景会话 2

ກ: ສະບາຍດີທ່ານ! ຂໍຖາມແດ່, ຖ້ຽວບິນໄປໜານໜິງແມ່ນແຈ້ງໜັງສືຂຶ້ນຍົນຢູ່ບ່ອນນີ້ບໍ?

jiǎ nín hǎo qǐng wèn dào nán níng de háng bān shì zài zhè lǐ bàn lǐ dēng jī shǒu xù ma

甲：您好！请问到南宁的航班是在这里办理登机手续吗？

ຂ: ແມ່ນແລ້ວ. ເອົາໜັງສືຜ່ານແດນອອກມາໃຫ້ເບິ່ງແດ່.

yǐ shì de qǐng chū shì yī xià nín de hù zhào

乙：是的。请出示一下您的护照。

ກ: ນີ້ເດ. ຂໍບ່ອນນັ່ງແຖວໜ້າແດ່, ໄດ້ບໍ? ຂ້ອຍເມົາຍົນ.

jiǎ gěi qǐng gěi wǒ kào qián de zuò wèi kě yǐ ma wǒ yùn jī

甲：给。请给我靠前的座位，可以吗？我晕机。

ຂ: ໄດ້. ມີເຄື່ອງເດີນທາງຂຶ້ນຍົນບໍ?

yǐ hǎo de yǒu yào tuō yùn de xíng li ma

乙：好的。有要托运的行李吗？

ກ: ບໍ່ມີ.

jiǎ méi yǒu

甲：没有。

ຂ: ໄດ້ແລ້ວ. ຮຽບຮ້ອຍແລ້ວ, ນີ້ແມ່ນປີ້ຂຶ້ນຍົນຂອງທ່ານ.

yǐ hǎo de bàn hǎo le zhè shì nín de dēng jī pái
乙：好的。办好了，这是您的登机牌。

ກ: ຂອບໃຈ! ຂໍຖາມແດ່, ບ່ອນກວດຄວາມປອດໄພຢູ່ໃສ?

jiǎ xiè xie qǐng wèn zài nǎ lǐ ān jiǎn
甲：谢谢！请问在哪里安检？

ຂ: ຂີ່ລິບເບື້ອງຊ້າຍນີ້ຂຶ້ນໄປຊັ້ນສອງ.

yǐ chéng zuǒ bian de diàn tī shàng èr lóu
乙：乘左边的电梯上二楼。

ກ: ເຈົ້າ. ຂອບໃຈ!

jiǎ hǎo de xiè xie nín
甲：好的。谢谢您！

ຂ: ບໍ່ເປັນຫຍັງ.

yǐ bù kè qi
乙：不客气。

ໝາຍເຫດ 注释

ຢູ່ໃສ 意为"在哪里"，相似的表达还有 ຢູ່ບ່ອນໃດ，一般用于询问具体地点。例如：ຮ້ານສະບາຍດີຢູ່ໃສ/ຢູ່ບ່ອນໃດ? 萨拜迪餐厅在哪里?

ການສົນທະນາທີ 3

情景会话 3

ກ: ອາກາດມື້ນີ້ດີຫຼາຍ, ອຸນຫະພູມພໍດີ.

jiǎ jīn tiān tiān qì zhēn hǎo qì wēn shū shì yí rén
甲：今天天气真好，气温舒适宜人。

ຂ: ແມ່ນ. ກ່ອນໜ້ານີ້ຫຼາຍມື້ແລ້ວບໍ່ເຫັນຕາເວັນ.

yǐ shì a zhī qián yǒu hǎo jǐ tiān bù jiàn tài yáng le
乙：是啊。之前有好几天不见太阳了。

ກ: ຢູ່ໜານໜິງຝົນຕົກຫຼາຍບໍ?

jiǎ nán níng yīn yǔ tiān duō ma
甲：南宁阴雨天多吗？

ຂ: ຕາມທຳມະດາແລ້ວ, ໄລຍະບຸນຊິງໝິງຝົນຕົກຫຼາຍ, ໄລຍະອື່ນຈະມີແດດຫຼາຍ.

yǐ yī bān zài měi nián de qīng míng jié qián hòu huì duō yī diǎn qí tā shí hou qíng tiān bǐ jiào duō
乙：一般在每年的清明节前后会多一点，其他时候晴天比较多。

ກ: ເບິ່ງແລ້ວວ່າດິນຟ້າອາກາດຂອງໜານໜິງຍັງດີຢູ່, ແລະຂ້ອຍຮູ້ສຶກວ່າອາກາດທີ່ນີ້ສົດຊື່ນ, ຖະໜົນຫົນທາງກໍສະອາດຮຽບຮ້ອຍ.

jiǎ kàn lái nán níng de zhěng tǐ qì hòu hái bù cuò ér qiě wǒ jué de zhè lǐ kōng qì qīng xīn jiē dào yě hěn zhěng jié
甲：看来南宁的整体气候还不错。而且，我觉得这里空气清新，街道也很整洁。

ຂ: ແມ່ນແລ້ວ, ໝານໜິງໄດ້ຮັບນາມມະຍົດວ່າ "ເມືອງສີຂຽວຂອງຈີນ" .

yǐ shì de nán níng yǒu zhōng guó lǜ chéng de chēng hào
乙：是的，南宁有“中国绿城”的称号。

ກ: ສຸດຍອດ, ຂ້ອຍຮັກໝານໜິງ.

jiǎ zhēn liǎo bu qǐ wǒ ài nán níng
甲：真了不起，我爱南宁。

ໝາຍເຫດ 注释

"...ຫຼາຍ" 意为“很……，非常……，真……”，一般与形容词搭配使用。例如：ໂຮງຮຽນຂອງເຈົ້າໃຫຍ່ຫຼາຍ. 你的学校很大。

ການສົນທະນາທີ 4

情景会话 4

ກ: ອາທິດໜ້າຂ້ອຍຊິໄປເຮັດວຽກຢູ່ວຽງຈັນປະເທດລາວ.

jiǎ wǒ xià xīng qī yào qù lǎo wō wàn xiàng chū chāi
甲：我下星期要去老挝万象出差。

ຂ: ຫວະ? ໄດ້ຍິນວ່າປະເທດລາວຮ້ອນຫຼາຍ.

yǐ ó tīng shuō lǎo wō mán rè de
乙：哦？听说老挝蛮热的。

ກ: ຂ້ອຍເບິ່ງຂ່າວພະຍາກອນອາກາດແລ້ວ, ອາທິດໜ້າອຸນຫະພູມຢູ່ຫັ້ນແມ່ນ 26 ຫາ 33 ອົງສາ.

jiǎ wǒ kàn guò tiān qì yù bào le xià xīng qī nà lǐ de wēn dù wéi
甲：我看过天气预报了，下星期那里的温度为26—33
shè shì dù
摄氏度。

ຂ: ຍັງໄຊຢູ່. ມີຝົນຕົກບໍ?

yǐ nà hái hǎo huì xià yǔ ma
乙：那还好。会下雨吗？

ກ: ພະຍາກອນອາກາດບອກວ່າມີຝົນຟ້າຄະນອງ, ບໍ່ຮູ້ວ່າຈະເຮັດໃຫ້ຍົນມາຊ້າຫຼືບໍ່.

jiǎ tiān qì yù bào yǒu léi yǔ bù zhī dào fēi jī huì bù huì yīn cǐ wǎn diǎn
甲：天气预报有雷雨，不知道飞机会不会因此晚点。

ຂ: ຊັ້ນເຈົ້າຕ້ອງໄດ້ເອົາຄັນຮົ່ມໄປນຳເດີ! ຂໍໃຫ້ເຈົ້າຈົ່ງເດີນທາງດ້ວຍຄວາມສະດວກແລະປອດໄພ!

yǐ nà nǐ jì de dài shàng yǔ sǎn a zhù nǐ lǚ tú shùn lì yī lù píng ān
乙：那你记得带上雨伞啊！祝你旅途顺利，一路平安！

ກ: ຂອບໃຈ! ໄດ້ຍິນວ່າອີກ 2 ມື້ເຈົ້າຈະໄປປະຊຸມຢູ່ປັກກິ່ງບໍ?

jiǎ xiè xie nǐ tīng shuō nǐ guò liǎng tiān yào qù běi jīng kāi huì
甲：谢谢你！听说你过两天要去北京开会？

ຂ: ແມ່ນແລ້ວ, ຂ້ອຍຈະຂີ່ລົດໄຟໄປ.

yǐ shì de wǒ zuò huǒ chē qù
乙：是的，我坐火车去。

ກ: ຂໍອວຍພອນໃຫ້ເຈົ້າເດີນທາງຢ່າງປອດໄພເຊັ່ນກັນ!

jiǎ yě zhù nǐ yī lù shùn fēng
甲：也祝你一路顺风！

ຂ: ຂອບໃຈ!

yǐ xiè xie
乙：谢谢！

ໝາຍເຫດ 注释

1. ໄດ້ຍິນວ່າ意为“听说”。例如：ໄດ້ຍິນວ່າເຈົ້າເຄີຍຮຽນຢູ່ມະຫາວິທະຍາໄລແຫ່ງຊາດລາວ. 听说你曾经就读于老挝国立大学。

2. ເດີນທາງດ້ວຍຄວາມປອດໄພ 意为“一路平安”，为祝福语。

ສາມ. ຄຳສັບແລະວະລີ 单词与短语

ຢາກ (ຈະ) 打算 dǎ suàn

ຮ້ານຂາຍປຶ້ມ 书店 shū diàn

ແນວໃດ 怎么 zěn me

ຂີ່ລົດຖີບ 骑自行车 qí zì xíng chē

ຂີ່ລົດໄຟໃຕ້ດິນ 乘地铁 chéng dì tiě

ປີ້ຍົນ 机票 jī piào

ໃບ 张 zhāng

ອາກາດ 天气 tiān qì

ໃຈກາງເມືອງ 市中心 shì zhōng xīn

ຫໍພິພິທະພັນ 博物馆 bó wù guǎn

ຍ່າງ 走路 zǒu lù

ຂີ່ລົດແທັກຊີ 坐出租车 zuò chū zū chē

ຈອງ 订 dìng

ຖ້ຽວດຽວ 单程 dān chéng

ໄປກັບ 往返 wǎng fǎn

ເປັນແນວໃດ 怎么样 zěn me yàng

ຝົນຕົກ 下雨 xià yǔ

ທ້ອງຟ້າປອດໂປ່ງ 晴天 qíng tiān

ເຢັນລົງ 降温 jiàng wēn

ຫິມະຕົກ 下雪 xià xuě

ກຳລັງ 正在 zhèng zài

ແດດອອກ 出太阳 chū tài yáng

ອຸນຫະພູມ 气温 qì wēn

ສໍ່າໆກັນ 差不多 chà bu duō

ຊົ່ວໂມງ 小时 xiǎo shí

ຖ້ຽວບິນ 航班 háng bān

ຂຶ້ນຍົນ 登机 dēng jī

ໜັງສືຜ່ານແດນ 护照 hù zhào

ແຖວໜ້າ 靠前 kào qián

ໄດ້ 好的 hǎo de

ກວດຄວາມປອດໄພ 安检 ān jiǎn

ເບື້ອງຊ້າຍ 左边 zuǒ bian

ບຸນຊິງໜິງ 清明节 qīng míng jié

ພະຍາກອນອາກາດ 天气预报 tiān qì yù bào

ຟ້າບົດ 阴天 yīn tiān

ອາດ 可能 kě néng

ຮ້ອນຂຶ້ນ 升温 shēng wēn

ຢູ່ນອກ 外面 wài miàn

ລົມແຮງ 刮大风 guā dà fēng

ຟ້າຮ້ອງ 打雷 dǎ léi

ອົງສາ 摄氏度 shè shì dù

ຢ່າງໜ້ອຍ 至少 zhì shǎo

ຟ້າວໄປ 赶时间 gǎn shí jiān

ແຈ້ງ 办理 bàn lǐ

ເອົາອອກມາໃຫ້ເບິ່ງ 出示 chū shì

ບ່ອນນັ່ງ 座位 zuò wèi

ເມົາຍົນ 晕机 yùn jī

ປີ້ຂຶ້ນຍົນ 登机牌 dēng jī pái

ລິບ 电梯 diàn tī

ຊັ້ນສອງ 二楼 èr lóu

ນາມມະຍົດ 称号 chēng hào

ຝົນຟ້າຄະນອງ 雷雨 (léi yǔ)　　ຄັນຮົ່ມ 雨伞 (yǔ sǎn)

ການເດີນທາງ 旅途 (lǚ tú)

ເດີນທາງດ້ວຍຄວາມປອດໄພ 一路平安 (yī lù píng ān); 一路顺风 (yī lù shùn fēng)

ປະຊຸມ 开会 (kāi huì)

ສີ່. ເຝິກຫັດນອກໂມງຮຽນ　课后练习

1. ແປປະໂຫຍກດັ່ງລຸ່ມນີ້ເປັນພາສາລາວ. **把下列句子翻译成老挝语。**

（1）你打算怎么去博物馆？

（2）我打算乘地铁去博物馆。

（3）飞机什么时候起飞？

（4）今天是晴天。

2. ອີງຕາມຄວາມໝາຍພາສາຈີນຕື່ມຄຳສັບໃສ່ປະໂຫຍກໃຫ້ຄົບຖ້ວນ.
根据中文意思补全句子。

（1）今天气温多少摄氏度？

ມື້ນີ້______________________？

（2）哪路公交车可以到达西蒙寺？

ລົດເມໝາຍເລກໃດໄປຮອດ______________________？

（3）从这里到老挝瓦岱机场至少需要一个小时。

ຈາກບ່ອນນີ້ໄປຮອດສະໜາມບິນວັດໄຕ________________.

3. ຟັງສຽງອັດ, ພິຈາລະນາຖືກຜິດ (ຖືກໃຫ້ຂຽນ T, ຜິດໃຫ້ຂຽນ F). 听录音，判断正误（正确的写T，错误的写F）。

（1）ຂ້ອຍຢາກໄປໃຈກາງເມືອງ.

（2）ຂ້ອຍຢາກຈອງປີ້ຍົນຖ້ຽວດຽວ 5 ໃບ.

（3）ມື້ນີ້ຢູ່ວຽງຈັນມີຝົນຕົກ.

（4）ໄປສະຖານີຕັ່ງຈ້ານຢ່າງຫຼາຍໃຊ້ເວລາ 1 ຊົ່ວໂມງ.

（5）ໜານໜິງຍາມຮ້ອນທີ່ສຸດແມ່ນເດືອນ 5 ຫາເດືອນ 6.

ບົດທີ 10　ຄອບຄົວ

第十课　家　庭

ໜຶ່ງ. ໂຄງສ້າງປະໂຫຍກທີ່ສຳຄັນ　重点句式

1. ແມ່ຂອງພໍ່ເອີ້ນວ່າຫຍັງ?

bà ba de mā ma jiào shén me
爸爸的妈妈叫什么？

2. ແມ່ຂອງພໍ່ເອີ້ນວ່າ "ຍ່າ".

bà ba de mā ma jiào nǎi nai
爸爸的妈妈叫"奶奶"。

3. ຂ້ອຍຄິດຮອດບ້ານຫລາຍ.

wǒ hǎo xiǎng jiā
我好想家。

4. ຄອບຄົວຂອງເຈົ້າມີຈັກຄົນ?

nǐ jiā yǒu jǐ kǒu rén
你家有几口人？

5. ຄອບຄົວຂອງຂ້ອຍມີແຕ່ 3 ຄົນ.

wǒ jiā zhǐ yǒu kǒu rén
我家只有3口人。

6. ພໍ່ຂອງເຈົ້າເຮັດວຽກຫຍັງ?

nǐ bà ba shì zuò shén me gōng zuò de
你爸爸是做什么工作的？

7. ພໍ່ຂອງຂ້ອຍແມ່ນຄົນຂັບລົດແທັກຊີ/ທ່ານໝໍ/ຄູອາຈານ.

wǒ bà ba shì chū zū chē sī jī yī shēng jiào shī
我爸爸是出租车司机/医生/教师。

8. ພໍ່ແມ່ຂອງເຈົ້າອາຍຸຈັກປີແລ້ວ?

nǐ fù mǔ yǒu duō dà nián jì le
你父母有多大年纪了?

9. ແມ່ຂ້ອຍອາຍຸ 50 ກວ່າປີແລ້ວ./ພໍ່ຂ້ອຍອາຍຸເກືອບ 60 ປີແລ້ວ.

wǒ mā ma duō suì le wǒ bà ba kuài suì le
我妈妈50多岁了。/我爸爸快60岁了。

10. ສຸຂະພາບຂອງປູ່ເຈົ້າແຂງແຮງດີຢູ່ບໍ?

nǐ yé ye shēn tǐ hǎo ma
你爷爷身体好吗?

11. ລາວຍັງແຂງແຮງດີຫລາຍ/ສຸຂະພາບແຂງແຮງດີຢູ່/ມີບັນຫານ້ອຍໜຶ່ງ.

tā hái hěn jiàn kāng shēn tǐ hái hǎo yǒu diǎn xiǎo máo bìng
他还很健康/身体还好/有点小毛病。

12. ເນື້ອທີ່ເຮືອນຂອງເຈົ້າໃຫຍ່ບໍ?

nǐ jiā miàn jī dà ma
你家面积大吗?

13. ໃຫຍ່ສົມຄວນ/ມີເນື້ອທີ່ປະມານ 150 ຕາແມັດ/ແຄບຫຼາຍ.

tǐng dà de dà yuē yǒu píng fāng mǐ hěn zhǎi
挺大的/大约有150平方米/很窄。

14. ມີຈັກຫ້ອງ?

yǒu jǐ gè fáng jiān
有几个房间?

15. ມີ 5 ຫ້ອງນອນ/2 ຫ້ອງນອນແລະ 1 ຫ້ອງຮັບແຂກ/4 ຫ້ອງນອນແລະ 2 ຫ້ອງຮັບແຂກ.

yǒu wǔ gè fáng jiān liǎng fáng yī tīng sì fáng liǎng tīng
有五个房间/两房一厅/四房两厅。

ຂໍ້ສະຫຼຸບ 语言点归纳

1. ເອີ້ນວ່າຫຍັງ意为“叫作什么，称为什么”，一般用于询问某个人的称呼或者某种物品的名称。例如：ໝາກໄມ້ນີ້ເອີ້ນວ່າຫຍັງ? 这个水果叫什么？ເຈົ້າເອີ້ນພໍ່ຂອງແມ່ເອີ້ນວ່າຫຍັງ? 你管妈妈的爸爸叫什么？

2. 问对方家庭成员的工作情况，可以说：ຊື່ຂອງສະມາຊິກຄອບຄົວ+(ຂອງ) ເຈົ້າ+ເຮັດວຽກຫຍັງ? 你（的）+家庭成员称谓+是做什么工作的？回答可以说：ຊື່ຂອງສະມາຊິກຄອບຄົວ+(ຂອງ) ຂ້ອຍ+ແມ່ນ+ອາຊີບ. 我（的）+家庭成员称谓+是+职业。

3. ອາຍຸຈັກປີ 意为“多大年纪”，用于询问人的年龄。相似的表达还有ອາຍຸເທົ່າໃດ。例如：ນາງອາຍຸຈັກປີ/ເທົ່າໃດແລ້ວ? 她有多大年纪了？回答根据具体情况而定。例如：ນາງອາຍຸ 20 ປີຕົ້ນໆເທົ່ານັ້ນ. 她也就20出头。ນາງອາຍຸປະມານ 30 ປີ. 她30岁左右。

4. ເກືອບ意为“将近，几乎，差不多”，表示概数。例如：ແມ່ເຖົ້າຂອງຂ້ອຍເກືອບ 80 ປີແລ້ວ. 我的外婆将近80岁了。

5. ສຸຂະພາບແຂງແຮງດີຢູ່ບໍ 意为“身体好吗”，一般用于询问他人的身体健康状况。例如：ສຸຂະພາບຂອງແມ່ເຖົ້າເຈົ້າແຂງແຮງດີຢູ່ບໍ? 你的奶奶身体还好吗？

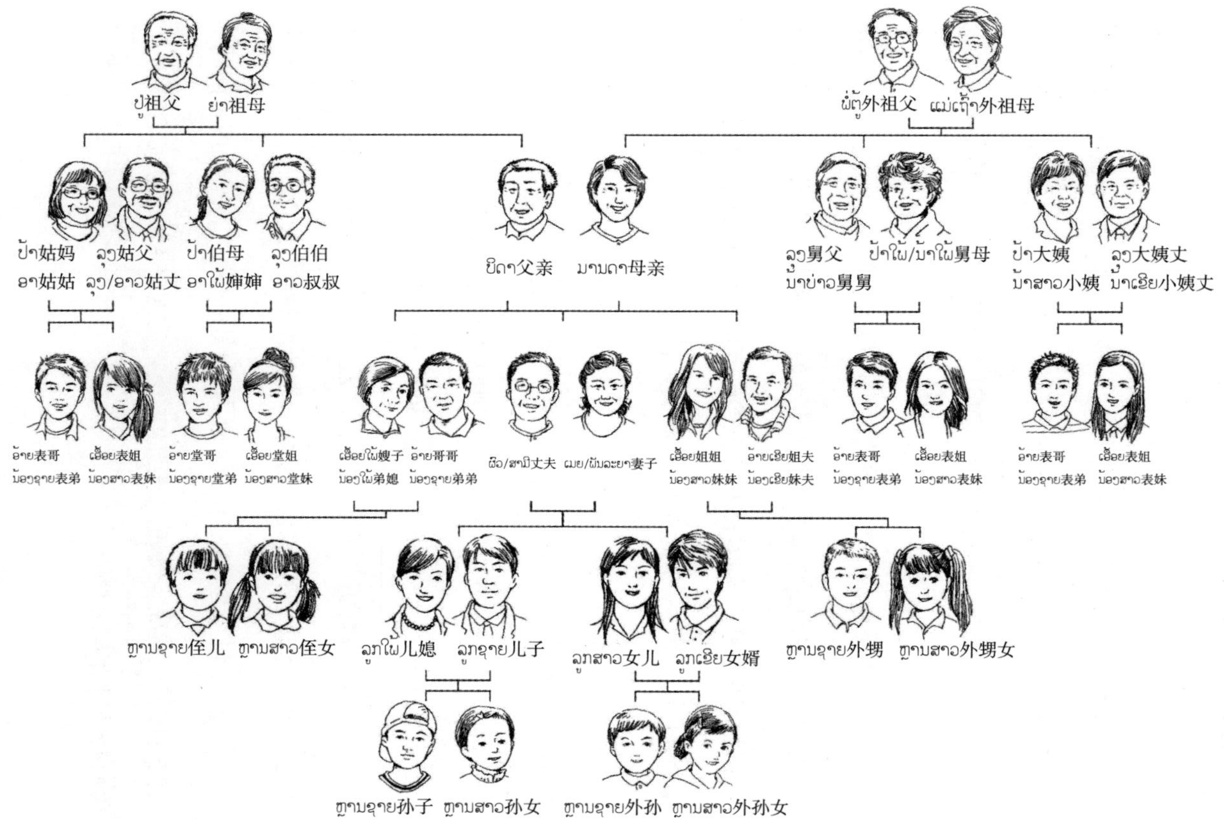
ປູ່祖父 ຍ່າ祖母
ພໍ່ຕູ້外祖父 ແມ່ເຖົ້າ外祖母
ປ້າ姑妈 ອາ姑姑
ລຸງ姑父 ລຸງ/ອາວ姑丈
ປ້າ伯母 ອາໃພ້婶婶
ລຸງ伯伯 ອາວ叔叔
ບິດາ父亲
ມານດາ母亲
ລຸງ舅父 ນ້າບ່າວ舅舅
ປ້າໃພ້/ນ້າໃພ້舅母
ປ້າ大姨 ນ້າສາວ小姨
ລຸງ大姨丈 ນ້າເຂີຍ小姨丈
ອ້າຍ表哥 ນ້ອງຊາຍ表弟
ເອື້ອຍ表姐 ນ້ອງສາວ表妹
ອ້າຍ堂哥 ນ້ອງຊາຍ堂弟
ເອື້ອຍ堂姐 ນ້ອງສາວ堂妹
ເອື້ອຍໃພ້嫂子 ນ້ອງໃພ້弟媳
ອ້າຍ哥哥 ນ້ອງຊາຍ弟弟
ຜົວ/ສາມີ丈夫
ເມຍ/ພັນລະຍາ妻子
ເອື້ອຍ姐姐 ນ້ອງສາວ妹妹
ອ້າຍເຂີຍ姐夫 ນ້ອງເຂີຍ妹夫
ອ້າຍ表哥 ນ້ອງຊາຍ表弟
ເອື້ອຍ表姐 ນ້ອງສາວ表妹
ອ້າຍ表哥 ນ້ອງຊາຍ表弟
ເອື້ອຍ表姐 ນ້ອງສາວ表妹
ຫຼານຊາຍ侄儿
ຫຼານສາວ侄女
ລູກໃພ້儿媳
ລູກຊາຍ儿子
ລູກສາວ女儿
ລູກເຂີຍ女婿
ຫຼານຊາຍ外甥
ຫຼານສາວ外甥女
ຫຼານຊາຍ孙子
ຫຼານສາວ孙女
ຫຼານຊາຍ外孙
ຫຼານສາວ外孙女

ສອງ. ເຝິກການສົນທະນາ 会话训练

ການສົນທະນາທີ 1

情景会话 1

(ກ: ຄົນລາວ; ຂ: ຄົນຈີນ)

（甲：老挝人；乙：中国人）

ກ: ຄົນຈີນເອີ້ນພໍ່ຂອງພໍ່ວ່າແນວໃດ?

jiǎ zhōng guó rén zěn me chēng hu fù qīn de fù qīn
甲：中国人怎么称呼父亲的父亲？

ຂ: ເອີ້ນວ່າ "ປູ່" .

yǐ jiào yé ye
乙：叫"爷爷"。

ກ: ແມ່ຂອງແມ່ເອີ້ນວ່າແນວໃດລະ?

jiǎ mǔ qīn de mǔ qīn ne
甲：母亲的母亲呢?

ຂ: ເອີ້ນວ່າ "ແມ່ເຖົ້າ" . ຊູ່ມື້ນີ້ພວກເຮົາບໍ່ໄດ້ເອີ້ນພໍ່ວ່າ "ບິດາ", ເອີ້ນແຕ່ "ພໍ່" ; ບໍ່ໄດ້ເອີ້ນແມ່ວ່າ "ມານດາ", ເອີ້ນແຕ່ "ແມ່".

yǐ jiào wài pó wǒ men xiàn zài yī bān chēng hu fù qīn shí bù jiào fù qīn jiào bà ba chēng hu mǔ qīn bù jiào mǔ qīn jiào mā ma
乙：叫"外婆"。我们现在一般称呼父亲时不叫"父亲"，叫"爸爸"；称呼母亲不叫母亲，叫"妈妈"。

ກ: ເຂົ້າໃຈແລ້ວ. ຂອບໃຈ!

jiǎ míng bai le xiè xie
甲：明白了。谢谢!

ໝາຍເຫດ 注释

ແນວໃດ意为"如何，怎样"，为疑问词。例如：ຂຽນແນວໃດ? 怎么写呢?

ການສົນທະນາທີ 2

情景会话 2

(ກ: ຄົນລາວ; ຂ: ຄົນຈີນ)

（甲：老挝人；乙：中国人）

ກ: ມາຮຽນຢູ່ນີ້ໄດ້ເຄິ່ງປີແລ້ວ, ຂ້ອຍຄິດຮອດບ້ານຫຼາຍ!

jiǎ lái zhè lǐ dú shū yǐ jīng bàn nián le wǒ zhēn xiǎng jiā a
甲：来这里读书已经半年了，我真想家啊！

ຂ: ສ້ຽວກ່າງ, ຂ້ອຍກໍຄິດຮອດບ້ານຄືກັນ. ຄອບຄົວຂອງເຈົ້າມີຈັກຄົນ?

yǐ xiǎo gāng wǒ yě hěn xiǎng jiā nǐ jiā yǒu jǐ kǒu rén
乙：小刚，我也很想家。你家有几口人？

ກ: ຄອບຄົວຂອງຂ້ອຍມີຫົກຄົນ, ພໍ່, ແມ່, ປູ່, ຍ່າ, ເອື້ອຍແລະຂ້ອຍ.

jiǎ wǒ jiā yǒu liù kǒu rén bà ba mā ma yé ye nǎi nai jiě jie hé wǒ
甲：我家有六口人，爸爸、妈妈、爷爷、奶奶、姐姐和我。

ຂ: ພໍ່ແມ່ຂອງເຈົ້າເຮັດວຽກຫຍັງ?

yǐ nǐ bà ba mā ma shì zuò shén me gōng zuò de
乙：你爸爸妈妈是做什么工作的?

ກ: ພໍ່ຂອງຂ້ອຍແມ່ນພະນັກງານຂອງລັດວິສາຫະກິດ, ແມ່ຂອງຂ້ອຍແມ່ນພະຍາບານ.

jiǎ wǒ bà ba shì yī jiā guó qǐ de yuán gōng wǒ mā ma shì hù shi
甲：我爸爸是一家国企的员工，我妈妈是护士。

ຂ: ປູ່ຍ່າຂອງເຈົ້າອາຍຸເທົ່າໃດແລ້ວ?

yǐ nǐ yé ye nǎi nai duō dà nián jì le
乙：你爷爷奶奶多大年纪了？

ກ: ປູ່ມີອາຍຸ 78 ປີ, ຍ່າມີອາຍຸ 75 ປີ.

jiǎ yé ye suì nǎi nai suì
甲：爷爷78岁，奶奶75岁。

ຂ: ສຸຂະພາບຂອງພວກເຂົາເຈົ້າ/ພວກເພິ່ນຍັງແຂງແຮງດີຢູ່ບໍ?

yǐ tā men shēn tǐ hái hǎo ba
乙：他们身体还好吧？

ກ: ສຸຂະພາບຂອງພວກເຂົາເຈົ້າ/ພວກເພິ່ນຍັງແຂງແຮງດີຢູ່, ຄອບຄົວພວກເຮົາ/ພວກຂ້ອຍມີຄວາມສຸກຫຼາຍ.

jiǎ tā men shēn tǐ hái hěn jiàn kāng wǒ men yī jiā guò de hěn xìng fú
甲：他们身体还很健康，我们一家过得很幸福。

ຂ: ເປັນຕາສະອອນແທ້ເດ!

yǐ zhēn ràng rén xiàn mù a
乙：真让人羡慕啊！

ໝາຍເຫດ 注释

1. ແລ້ວ 意为“已经”。例如: ແມ່ຂອງຂ້ອຍອາຍຸ 50 ປີແລ້ວ. 我妈妈已经50岁了。ຂ້ອຍກິນອາຫານແລງແລ້ວ. 我已经吃过晚饭了。

2. ມີຈັກຄົນ 意为“几口人”，一般用于询问家庭成员的数量。例如: ຄອບຄົວຂອງລາວມີຈັກຄົນ? 她家有几口人? 根据具体情况回答。例如: ຄອບຄົວຂອງລາວມີຫ້າຄົນ. 她家有5口人。

3. “ເປັນຕາ...” 意为“令（人）……，惹（人）……”，常用在动词或形容词前，用来表达说话人对所指的人或事物的某种心情，或认为某事值得尝试去做。例如：ເປັນຕາຮັກ/ເປັນຕາແພງ用于形容儿童时表示说话人认为所指的儿童惹人爱、可爱，ເປັນຕາກິນ形容食物时指食物值得一吃，ເປັນຕາແຊບ指食物看起来好吃或值得一尝。

ການສົນທະນາທີ 3
情景会话 3

(ກ: ຄົນຈີນ; ຂ: ຄົນລາວ)

（甲：中国人；乙：老挝人）

ກ: ສະພາບເຮືອນເຊົ່າຂອງຂ້ອຍໃນປະຈຸບັນຂີ້ຮ້າຍຫຼາຍ, ຂ້ອຍເລີຍຄິດຮອດຊີວິດໃນແຕ່ກ່ອນ/ເມື່ອກ່ອນທີ່ພັກຢູ່ເຮືອນຂອງຕົນ.

jiǎ xiàn zài zū zhù de fáng zi tiáo jiàn hěn bù hǎo wǒ yǒu diǎn xiǎng niàn yǐ
甲：现在租住的房子条件很不好，我有点想念以
qián zài jiā zhù de rì zi le
前在家住的日子了。

ຂ: ເນື້ອທີ່ເຮືອນຂອງເຈົ້າໃຫຍ່ບໍ?

yǐ nǐ jiā miàn jī dà ma
乙：你家面积大吗？

ກ: ບໍ່ໃຫຍ່ປານໃດ, ມີປະມານ 120 ຕາແມັດ.

jiǎ bù suàn dà dà yuē yǒu píng fāng mǐ
甲：不算大，大约有120平方米。

ຂ: ມີຈັກຫ້ອງ?

yǐ yǒu jǐ gè fáng jiān
乙：有几个房间？

ກ: ສີ່ຫ້ອງ. ສາມຫ້ອງນອນ, ໜຶ່ງຫ້ອງຮັບແຂກ.

jiǎ sì gè sān gè wò shì yī gè kè tīng
甲：四个。三个卧室，一个客厅。

ຂ: ດຳລົງຊີວິດຢູ່ຕົວເມືອງ, ເຮືອນຂອງເຈົ້າຖືວ່າເປັນເຮືອນໃຫຍ່ຢູ່ແລ້ວ.

yǐ zài chéng shì shēng huó nǐ de jiā suàn mán dà le ba
乙：在城市生活，你的家算蛮大了吧。

ກ: ອາດຈະແມ່ນຢູ່.

jiǎ yīng gāi shì ba
甲：应该是吧。

ຂ: ພວກເຈົ້າມັກປູກດອກໄມ້ແລະຫຍ້າຢູ່ລະບຽງບໍ?

yǐ nǐ men xǐ huan zài yáng tái zhòng huā zhòng cǎo ma
乙：你们喜欢在阳台种花种草吗？

ກ: ມັກໄດ, ເຮືອນຂອງຂ້ອຍໄດ້ປູກດອກເຈ້ຍ, ຍັງມີດອກເຜີ້ງຈຳນວນໜຶ່ງ.

jiǎ xǐ huan a wǒ jiā jiù zhòng yǒu sān jiǎo méi hái yǒu yī xiē lán huā
甲：喜欢啊，我家就种有三角梅，还有一些兰花。

ໝາຍເຫດ 注释

1. ໃນແຕ່ກ່ອນ/ໃນເມື່ອກ່ອນ意为“从前，以前”，表示过去时态。例如：ບ່ອນນີ້ໃນແຕ່ກ່ອນ/ໃນເມື່ອກ່ອນແມ່ນໂຮງຮຽນແຫ່ງໜຶ່ງ. 这里从前是一所学校。

2. ຍັງມີ 意为“还有”。例如：ຂ້ອຍຍັງມີປຶ້ມສອງຫົວທີ່ຕ້ອງອ່ານ. 我还有两本书要读。ຂ້ອຍຍັງມີປູ່ຍ່າທີ່ຕ້ອງໄດ້ເບິ່ງແຍງດູແລ. 我还有爷爷奶奶要照顾。

ສາມ. ຄຳສັບແລະວະລີ 单词与短语

ຄອບຄົວ jiā tíng; jiā 家庭；家

ເອີ້ນວ່າ jiào 叫

ມີ yǒu 有

ມີແຕ່ zhǐ yǒu 只有

ຄົນຂັບລົດ sī jī 司机

ພໍ່ bà ba 爸爸

ຍ່າ nǎi nai 奶奶

ຈັກຄົນ jǐ kǒu 几口

ຄົນ rén 人

ທ່ານໝໍ yī shēng 医生

ຄູອາຈານ 教师 jiào shī

ອາຍຸຈັກປີ 多大年纪 duō dà nián jì

ເກືອບ 60 ປີ 快60岁 kuài suì

ແຂງແຮງດີ 健康 jiàn kāng

ມີໜ້ອຍໜຶ່ງ 有点 yǒu diǎn

ເນື້ອທີ່ 面积 miàn jī

ຕາແມັດ 平方米 píng fāng mǐ

ຫ້ອງ 房间 fáng jiān

ຫ້ອງຮັບແຂກ 客厅 kè tīng

ພໍ່ແມ່ 父母 fù mǔ

ອາຍຸ 岁 suì

ປູ່ 爷爷 yé ye

ດີຢູ່ 还好 hái hǎo

ບັນຫາ 毛病 máo bìng

ໃຫຍ່ສົມຄວນ 挺大 tǐng dà

ແຄບຫລາຍ 很窄 hěn zhǎi

ຫ້ອງນອນ 卧室 wò shì

ສອງຫ້ອງນອນໜຶ່ງຫ້ອງຮັບແຂກ 两房一厅 liǎng fáng yī tīng

ສີ່ຫ້ອງນອນສອງຫ້ອງຮັບແຂກ 四房两厅 sì fáng liǎng tīng

ຄົນຈີນ 中国人 zhōng guó rén

ແມ່ເຖົ້າ 外祖母；外婆；姥姥 wài zǔ mǔ wài pó lǎo lao

ພວກເຮົາ 我们 wǒ men

ເຂົ້າໃຈ 明白 míng bai

ເຄິ່ງປີ 半年 bàn nián

ຄິດຮອດ 想念 xiǎng niàn

ພະນັກງານ 员工 yuán gōng

ເອີ້ນ 称呼 chēng hu

ຢູ່ນີ້ 现在（表示常态） xiàn zài

ບິດາ 父亲 fù qīn

ຢູ່ນີ້ 这里 zhè lǐ

ແລ້ວ 已经；了（表示已完成） yǐ jīng le

ເອື້ອຍ 姐姐 jiě jie

ລັດວິສາຫະກິດ 国企 guó qǐ

ພະຍາບານ 护士 hù shi	ຄວາມສຸກ 幸福 xìng fú
ສະອອນ 羡慕 xiàn mù	ເຮືອນ 房子 fáng zi
ເຊົ່າ 租住 zū zhù	ແຕ່ກ່ອນ 以前 yǐ qián
ພັກ 住 zhù	ຢູ່ເຮືອນ 在家 zài jiā
ມັກ 喜爱 xǐ ài	ປູກ 种 zhòng
ດອກໄມ້ 花 huā	ລະບຽງ 阳台 yáng tái
ດອກເຈັ້ຍ 三角梅 sān jiǎo méi	ຍັງມີ 还有 hái yǒu
ດອກເຜີ້ງ 兰花 lán huā	ຈຳນວນໜຶ່ງ 一些 yī xiē

ສີ່. ເຝິກຫັດນອກໂມງຮຽນ 课后练习

1. ແປປະໂຫຍກດັ່ງລຸ່ມນີ້ເປັນພາສາລາວ. **把下列句子翻译成老挝语。**

(1) 爸爸的妈妈叫什么?

(2) 你家有几口人?

(3) 我母亲快50岁了。

(4) 你爷爷的身体好吗?

2. ອີງຕາມຄວາມໝາຍພາສາຈີນຕື່ມຄຳສັບໃສ່ປະໂຫຍກໃຫ້ຄົບຖ້ວນ.

根据中文意思补全句子。

（1）我家大概有150平方米。

ເຮືອນຂອງຂ້ອຍ______________________________.

（2）你的爷爷有多大年纪了？

ປູ່ຂອງເຈົ້າ______________________________?

（3）我的爸爸是工程师。

ພໍ່ຂອງຂ້ອຍແມ່ນ______________________________.

3. ຕອບຄຳຖາມດັ່ງລຸ່ມນີ້. **回答下列问题。**

（1）ເຮືອນຂອງເຈົ້າມີຈັກຫ້ອງ?

（2）ອາຊີບຂອງແມ່ເຈົ້າແມ່ນຫຍັງ?

（3）ຄອບຄົວຂອງເຈົ້າມີຈັກຄົນ?

（4）ເຮືອນຂອງເຈົ້າໃຫຍ່ປານໃດ?

4. ຟັງສຽງອັດ, ເລືອກເອົາຄຳຕອບທີ່ຖືກຕ້ອງ. **听录音，选择正确答案。**

（1）A. ຄອບຄົວຂອງຂ້ອຍມີ 3 ຄົນ.

B. ຄອບຄົວຂອງຂ້ອຍມີ 6 ຄົນ.

C. ຄອບຄົວຂອງຂ້ອຍມີ 8 ຄົນ.

（2）A. ພໍ່ຂອງຂ້ອຍແມ່ນທ່ານໝໍ.

B. ແມ່ຂອງຂ້ອຍແມ່ນຄູອາຈານ.

C. ປູ່ຂອງຂ້ອຍແມ່ນນັກແຕ້ມຮູບ.

（3）A. ປູ່ຂອງຂ້ອຍສຸຂະພາບແຂງແຮງດີຫລາຍ.

B. ປູ່ຂອງຂ້ອຍສຸຂະພາບແຂງແຮງດີຢູ່.

C. ປູ່ຂອງຂ້ອຍສຸຂະພາບມີບັນຫາໜ້ອຍໜຶ່ງ.

ບົດທີ 11 ຊື້ເຄື່ອງ
第十一课 购 物

ໜຶ່ງ. ໂຄງສ້າງປະໂຫຍກທີ່ສຳຄັນ 重点句式

1. ຊື້ເຄື່ອງຢູ່ຮ້ານຄ້າຕົວຈິງ 实体店购物

（1）ຂໍຖາມແດ່, ທ່ານມີຫຍັງໃຫ້ຊ່ວຍບໍ?/ຂໍຖາມແດ່, ທ່ານຢາກຊື້ຫຍັງບໍ?

qǐng wèn nín xū yào bāng máng ma qǐng wèn nín xiǎng mǎi xiē shén me
请问您需要帮忙吗？/请问您想买些什么？

（2）ຂ້ອຍຢາກຊື້ຊີ້ນງົວໜ້ອຍໜຶ່ງ/ເຄື່ອງດື່ມແກັດໜຶ່ງ/ຜະລິດຕະພັນພື້ນເມືອງໜ້ອຍໜຶ່ງ.

wǒ xiǎng mǎi yī xiē niú ròu yī xiāng yǐn liào yī xiē tǔ tè chǎn
我想买一些牛肉/一箱饮料/一些土特产。

（3）ຂ້ອຍຢາກເບິ່ງເສື້ອ/ເກີບ/ເຄື່ອງບຳລຸງຜິວ/ເຄື່ອງສຳອາງ.

wǒ xiǎng kàn kan yī fu xié zi hù fū pǐn huà zhuāng pǐn
我想看看衣服/鞋子/护肤品/化妆品。

（4）ຂ້ອຍຂໍເບິ່ງຊື່ໆ.

wǒ zhǐ shì suí biàn kàn kan
我只是随便看看。

（5）ຂໍຖາມແດ່, ມີເສື້ອເຊີດຂະໜາດໃຫຍ່/ໂລຊັນກັນແດດ/ກາເຟຝຸ່ນບໍ?

qǐng wèn yǒu dà mǎ chèn shān fáng shài shuāng nóng suō kā fēi fěn ma
请问有大码衬衫/防晒霜/浓缩咖啡粉吗？

(6) ມີ, ຢູ່ພີ້.

yǒu zài zhè bian
有，在这边。

(7) ຂໍໂທດ, ຢູ່ໃນຮ້ານບໍ່ມີລະ. ຂາຍໝົດແລ້ວ.

duì bu qǐ diàn li méi yǒu yǐ jīng mài wán le
对不起，店里没有。已经卖完了。

(8) ອັນນີ້ລາຄາເທົ່າໃດ/ຂາຍແນວໃດ?

zhè ge duō shao qián zěn me mài
这个多少钱/怎么卖？

(9) ຊີ້ນງົວກິໂລໜຶ່ງ 100 ຢວນ.

niú ròu měi qiān kè yuán
牛肉每千克100元。

(10) ເກີບຄູ່ໜຶ່ງ 180 ຢວນ.

xié zi yuán yī shuāng
鞋子180元一双。

(11) ຫຼຸດໃຫ້ແດ່/ຖືກລົງແດ່/ຫຼຸດພິເສດໃຫ້ແດ່/ຫຼຸດເປີເຊັນໄດ້ບໍ?

néng shǎo yī diǎn pián yi yī diǎn yōu huì yī diǎn dǎ zhé ma
能少一点/便宜一点/优惠一点/打折吗？

(12) ຫຼຸດພິເສດໃຫ້ທ່ານ 10 ຢວນ.

kě yǐ gěi nín zài yōu huì kuài qián
可以给您再优惠10块钱。

(13) ຊື້ສອງຜືນຫຼຸດ 20%.

mǎi liǎng jiàn kě yǐ dǎ bā zhé
买两件可以打八折。

(14) ທ່ານຈະຈ່າຍດ້ວຍເງິນສົດຫຼືບັດທະນາຄານ?

qǐng wèn nín fù xiàn jīn hái shi shuā yín háng kǎ
请问您付现金还是刷银行卡?

(15) ຂ້ອຍຈະຈ່າຍເງິນດ້ວຍວິແຊັດຫຼືອາລິເພໄດ້ບໍ?

wǒ kě yǐ yòng wēi xìn huò zhī fù bǎo zhī fù ma
我可以用微信或支付宝支付吗?

(16) ຮ້ານເຮົາຊໍາລະເງິນດ້ວຍຫຼາຍວິທີໄດ້.

běn diàn zhī chí duō zhǒng zhī fù fāng shì
本店支持多种支付方式。

2. ຊື້ເຄື່ອງທາງອອນລາຍ 网上购物

(1) ຂ້ອຍມັກຊື້ເຄື່ອງຢູ່ເວັບໄຊຖາວປາວ/ຈິ່ງຕຸ່ງ/ຜິນຕົ່ວໆ.

wǒ xǐ huan zài táo bǎo jīng dōng pīn duō duō wǎng zhàn gòu wù
我喜欢在淘宝/京东/拼多多网站购物。

(2) ຜືນໜຶ່ງບໍ່ເສຍຄ່າສົ່ງ (ລວມຄ່າສົ່ງ)/ຊື້ເຕັມ 100 ຢວນບໍ່ເສຍຄ່າສົ່ງ (ລວມຄ່າສົ່ງ).

yī jiàn bāo yóu mǎn bǎi bāo yóu
一件包邮/满百包邮。

(3) ຈ່າຍເງິນປາຍທາງ/ສົ່ງເສີມການຊໍາລະເງິນອອນລາຍ.

zhī chí huò dào fù kuǎn jǐn zhī chí zài xiàn zhī fù
支持货到付款/仅支持在线支付。

（4）ສິ່ງສິນຄ້າຄືນພາຍໃນ 7 ມື້ໂດຍບໍ່ມີເຫດຜົນ.

qī tiān wú lǐ yóu tuì huò
七天无理由退货。

（5）ຊື້ເຄື່ອງທາງອອນລາຍແນວໃດ?

rú hé zài wǎng shàng gòu mǎi
如何在网上购买？

（6）ເຈົ້າສາມາດຊື້ຢູ່ແອັບໃນມືຖືກໍໄດ້.

nǐ kě yǐ zài shǒu jī de shang cāo zuò
你可以在手机的App上操作。

ຂໍ້ສະຫຼຸບ 语言点归纳

1. 购物时常用的表达有：ຂໍຖາມແດ່, ທ່ານຢາກຊື້ຫຍັງບໍ? 请问您想买些什么？ຂ້ອຍຢາກຊື້... 我想买……/ ຂ້ອຍຢາກເບິ່ງ... 我想看看……/ ຂ້ອຍຂໍເບິ່ງຊື່ໆ. 我只是随便看看。

2. “ລາຄາເທົ່າໃດ?”意为“多少钱？”，一般用于询问价格。回答为：ຈຳນວນ+ລາຄາທີ່ແນ່ນອນ 单位数量+具体价钱。例如：ແຕ່ລະອັນລາຄາ 20 ຢວນ. 每个20元。

3. ຫຼຸດໃຫ້ແດ່意为“少一点”，一般在买家与卖家进行讨价还价时使用，请求卖家把价格再降低一些。例如：ເກີບຄູ່ນີ້ແພງຫຼາຍ, ຫຼຸດໃຫ້ແດ່ໄດ້ບໍ? 这双鞋太贵了，可以少一点吗？

4. "ຫຼຸດ...ເປີເຊັນ（%）" 意为"打……折"，用以表示商品的优惠价格。例如：ຂອງຫຼິ້ນນີ້ຫຼຸດ 10%. 这个玩具打九折。

5. "ຈ່າຍເງິນດ້ວຍ..." 意为"用……支付"，表示付款的方式。ດ້ວຍ是介词，指工具、手段，意为"用，以，通过，借助于"。例如：ຈ່າຍເງິນດ້ວຍເງິນສົດ/ວີແຊັດ. 用现金/微信支付。

ສອງ. ເຝິກການສົນທະນາ 会话训练

ການສົນທະນາທີ 1

情景会话 1

(ຢູ່ຮ້ານຂາຍເຄື່ອງນຸ່ງ)

（在服装店）

ກ: ສະບາຍດີ! ເອື້ອຍ (ນ້ອງ) ຕ້ອງການຊື້ຫຍັງ?

jiǎ nín hǎo qǐng wèn nín yào mǎi xiē shén me
甲：您 好！ 请 问 您 要 买 些 什 么？

ຂ: ຂ້ອຍຢາກເບິ່ງກະໂປ່ງ... ກະໂປ່ງຜືນນີ້ງາມດີເນາະ. ຂ້ອຍຂໍລອງໄດ້ບໍ?

yǐ wǒ xiǎng kàn kan qún zi zhè tiáo qún zi kàn qǐ lái bù cuò wǒ néng shì yī xià ma
乙：我 想 看 看 裙 子……这 条 裙 子 看 起 来 不 错 。我 能 试 一 下 吗？

ກ: ໄດ້ແນ່ນອນ. ປົກກະຕິເອື້ອຍ (ນ້ອງ) ນຸ່ງຂະໜາດໃດ?

jiǎ dāng rán kě yǐ nín píng shí chuān shén me hào de
甲：当然可以。您平时穿什么号的？

ຂ: ຂ້ອຍນຸ່ງຂະໜາດກາງ.

yǐ wǒ yī bān chuān zhōng hào de
乙：我一般穿中号的。

ກ: ຜືນນີ້ພໍດີເປັນຂະໜາດກາງ. ເອື້ອຍ (ນ້ອງ) ລອງເບິ່ງໄດ້.

jiǎ zhè jiàn zhèng hǎo shì zhōng hào de nín kě yǐ shì chuān
甲：这件正好是中号的。您可以试穿。

ຂ: ແບບງາມຢູ່, ແຕ່ວ່າສີມືດໄປໜ້ອຍໜຶ່ງ... ຍັງມີສີອື່ນອີກບໍ?

yǐ suī rán kuǎn shì hěn hǎo dàn shì yán sè yǒu diǎn àn hái yǒu qí tā yán sè de ma
乙：虽然款式很好，但是颜色有点暗……还有其他颜色的吗？

ກ: ຍັງມີຜືນໜຶ່ງເປັນສີຟ້າ. ເອື້ອຍ (ນ້ອງ) ລອງເບິ່ງດູ. (ລອງແລ້ວ) ເອື້ອຍ (ນ້ອງ) ນຸ່ງຜືນນີ້ງາມຫຼາຍ. ກະໂປ່ງຜືນນີ້ຄືວ່າສັ່ງຕັດໃຫ້ເອື້ອຍ (ນ້ອງ) ເລີຍ.

jiǎ hái yǒu yī jiàn tiān lán sè de nín shì shi kàn nín chuān zhè jiàn zhēn hǎo kàn tā jiǎn zhí jiù shì wèi nín liáng shēn dìng zuò de
甲：还有一件天蓝色的。您试试看。（试穿后）您穿这件真好看。它简直就是为您量身定做的。

ຂ: ຜືນນີ້ລາຄາເທົ່າໃດ?

yǐ zhè jiàn duō shao qián
乙：这件多少钱？

ກ: 280 ຢວນ.

jiǎ yuán
甲：280元。

ຂ: ຫຼຸດລາຄາໃຫ້ແດ່ໄດ້ບໍ?

yǐ　néng zài pián yi yī diǎn ma
乙：能 再 便 宜 一 点 吗？

ກ: ຖ້າເອື້ອຍ (ນ້ອງ) ມັກ, 260 ຢວນກະໄດ້. ນີ້ແມ່ນລາຄາພິເສດທີ່ສຸດ.

jiǎ　rú guǒ nín xǐ huan　nà jiù　yuán ba　zhè shì zuì yōu huì de jià gé le
甲：如 果 您 喜 欢 ，那 就 260 元 吧。这 是 最 优 惠 的 价 格 了。

ຂ: ຕົກລົງ, ຂ້ອຍຊິເອົາອັນນີ້. ຈ່າຍເງິນດ້ວຍອາລີເພຫຼືວີແຊັດໄດ້ບໍ?

yǐ　hǎo ba　nà wǒ yào le　kě yǐ yòng zhī fù bǎo huò zhě wēi xìn fù kuǎn ma
乙：好 吧，那 我 要 了。可 以 用 支 付 宝 或 者 微 信 付 款 吗？

ກ: ໄດ້, ເຊີນມາທາງນີ້ສະແກນຄິວອາໂຄດຈ່າຍເງິນ. ຂອບໃຈ!

jiǎ　kě yǐ de　qǐng zài zhè biān sǎo èr wéi mǎ fù kuǎn　xiè xie
甲：可 以 的，　请 在 这 边 扫 二 维 码 付 款 。谢 谢！

ໝາຍເຫດ　注释

1. ຂະໜາດກາງ意为“中号”，ຂະໜາດໃຫຍ່意为“大号”，ຂະໜາດນ້ອຍ意为“小号”，用来表示物品的尺寸大小。

2. ລອງເບິ່ງ意为“试一试，试试看”，一般是顾客在购物时对商家说的。例如：ເສື້ອຜືນນີ້ງາມຫຼາຍ，ຂ້ອຍລອງເບິ່ງໄດ້ບໍ? 这件衣服很漂亮，我可以试一下吗？

3. “ແຕ່...”意为“但是……”，是连词，用来连接两个意思有转折关系的分句。例如：ຮູບນັ້ນງາມຫຼາຍ，ແຕ່ແພງໂພດ. 那幅画很漂亮，但是太贵了。

4. ທີ່ສຸດ意为“最，非常，极”，一般与形容词搭配使用。例如：ແພງທີ່ສຸດ 最贵；ປອດໄພທີ່ສຸດ 非常安全。

ການສົນທະນາທີ 2

情景会话 2

(ຢູ່ຮ້ານຄ້າໃຫຍ່ຜະລິດຕະພັນເອກະລັກພິເສດແຫ່ງໜຶ່ງຂອງລາວ)

（在老挝一家特产超市）

ກ: ສະບາຍດີ! ຂ້ອຍຢາກຊື້ຜະລິດຕະພັນເອກະລັກພິເສດຂອງລາວ. ຂໍຖາມແດ່, ມີຫຍັງແນະນຳໃຫ້ບໍ?

jiǎ nín hǎo wǒ xiǎng mǎi yī xiē lǎo wō tè chǎn qǐng wèn yǒu shén me tuī jiàn ma

甲：您好！我想买一些老挝特产。请问有什么推荐吗？

ຂ: ກາເຟແລະເຄື່ອງຫັດຖະກຳໄມ້ແກະສະຫຼັກຂອງລາວມີຊື່ສຽງຫຼາຍ. ທ່ານເບິ່ງແມ້, ກາເຟຊະນິດນີ້ທັງຖືກທັງແຊບ, ກຸ້ມຄ່າຫຼາຍ, ປະຊາຊົນທ້ອງຖິ່ນກໍມັກຊື້.

yǐ lǎo wō de kā fēi hé mù diāo gōng yì pǐn dōu hěn yǒu míng nín kàn zhè kuǎn kā fēi yòu pián yi yòu hǎo hē xìng jià bǐ hěn gāo běn dì rén dōu ài mǎi

乙：老挝的咖啡和木雕工艺品都很有名。您看，这款咖啡又便宜又好喝，性价比很高，本地人都爱买。

ກ: ໄດ້, ຂ້ອຍຂໍເບິ່ງກ່ອນ.

jiǎ hǎo wǒ zài kàn kan

甲：好，我再看看。

ຂ: ຍັງມີໄມ້ແກະສະຫຼັກຈານຮອງຈອກນ້ຳຊາແລະຈານໝາກໄມ້, ທັງປານີດທັງມີປະໂຫຍດຕົວຈິງ, ເອົາເປັນຂອງຂວັນຫຼືໃຊ້ເອງກໍດີ.

yǐ hái yǒu zhè xiē mù diāo chá tuō hé guǒ pán yòu jīng měi yòu shí yòng
乙：还有这些木雕茶托和果盘，又精美又实用，
sòng lǐ huò zì yòng dōu fēi cháng hǎo
送礼或自用都非常好。

ກ: ເຈົ້າ, ເບິ່ງແລ້ວເປັນເຄື່ອງທີ່ມີເອກະລັກພິເສດພໍສົມຄວນ.

jiǎ ǹg tā men kàn qǐ lái mán yǒu tè sè
甲：嗯，它们看起来蛮有特色。

ຂ: ປະຈຸບັນນີ້ພວກເຮົາກຳລັງຈັດກິດຈະກຳສົ່ງເສີມການຂາຍ. ຊື້ກາເຟ 5 ຖົງແຖມ 1 ຖົງ, ຈານໝາກໄມ້ລ້ວນແຕ່ໄດ້ຫຼຸດລາຄາ 20%. ແມ່ນໂອກາດທີ່ຫາຍາກ.

yǐ xiàn zài wǒ men zhèng zài gǎo cù xiāo huó dòng kā fēi mǎi bāo sòng
乙：现在我们正在搞促销活动。咖啡买5包送1
bāo guǒ pán quán bù dǎ bā zhé chū shòu jī huì nán dé yo
包，果盘全部打八折出售。机会难得哟。

ກ: ດີຫຼາຍ, ຊັ້ນຂ້ອຍເອົາກາເຟ 10 ຖົງແລະຈານໝາກໄມ້ແກະສະຫຼັກ 3 ອັນ.

jiǎ tài hǎo le nà wǒ yào bāo kā fēi hé gè mù diāo guǒ pán
甲：太好了，那我要10包咖啡和3个木雕果盘。

ຂ: ໄດ້, ຫໍ່ໃຫ້ແລ້ວ. ເຊີນໄປຊຳລະເງິນຢູ່ບ່ອນເກັບເງິນເດີ.

yǐ hǎo de bāo zhuāng hǎo le qǐng dào nà bian guì tái jié zhàng
乙：好的，包装好了。请到那边柜台结账。

ກ: ຂອບໃຈ!

jiǎ xiè xie
甲：谢谢!

ໝາຍເຫດ 注释

1. ຜະລິດຕະພັນເອກະລັກພິເສດ意为“特产”。例如：ເບຍລາວແມ່ນຜະລິດຕະພັນເອກະລັກພິເສດຂອງລາວຊະນິດໜຶ່ງ. 老挝啤酒是老挝的特产之一。

2. ມີຊື່ສຽງ意为“有名气的”，固定搭配有：ຊື່ສຽງ ໂດ່ງດັງ出名的，名声在外的。例如：ກາເຟດາວແມ່ນກາເຟທີ່ມີຊື່ສຽງ. 老挝的Dao咖啡是很有名的。

3. “ທັງ...ທັງ...”意为“又……又……”，用来表示两种状态或者情况同时存在。例如：ຜົມຂອງນາງທັງຍາວທັງດຳ. 她的头发又长又黑。（另见第187页表示两种活动同时进行的用法）

4. ເອກະລັກພິເສດ意为“特色”。例如：ສິ້ນຜືນນີ້ມີເອກະລັກພິເສດແບບລາວແທ້. 这条裙子具有老挝特色。

5. ພໍສົມຄວນ意为“相当，颇为”。例如：ເຄື່ອງປະດັບໃນເຮືອນຂອງຮ້ານນີ້ມີຄຸນນະພາບທີ່ດີພໍສົມຄວນ. 这家店的家具质量相当好。

6. ຫຼຸດລາຄາ意为“降价”，用来表示零售商品现在的价格低于原来的价格。例如：ໂສ້ງຜືນນີ້ຫຼຸດລາຄາ 30%. 这条裤子打七折（降价30%）。

ການສົນທະນາທີ 3

情景会话 3

(ຊື້ເຄື່ອງທາງອອນລາຍ)

（网购）

ກ: ຂ້ອຍຢາກຊື້ຢູເອສບີອັນໜຶ່ງທາງອອນລາຍ. ເຈົ້າສອນໃຫ້ແດ່ຂ້ອຍຕ້ອງເຮັດແນວໃດ?

jiǎ wǒ xiǎng zài wǎng shang mǎi yī gè pán nǐ néng jiāo wǒ zěn me cāo zuò ma
甲：我想在网上买一个U盘。你能教我怎么操作吗?

ຂ: ໄດ້ແນ່ນອນ. ເຈົ້າຢາກຊື້ຢູ່ຈິ່ງຕຸ່ງຫຼືເວັບໄຊຖາວປາວ?

yǐ dāng rán kě yǐ nǐ xiǎng zài jīng dōng shāng chéng hái shi táo bǎo wǎng mǎi
乙：当然可以。你想在京东商城还是淘宝网买？

ກ: ຊື້ຢູ່ເວັບໄຊໃດດີກວ່າ?

jiǎ zài nǎ ge píng tái mǎi bǐ jiào hǎo ne
甲：在哪个平台买比较好呢?

ຂ: ເວັບໄຊຖາວປາວມີທາງເລືອກຫຼາຍກວ່າ, ແຕ່ວ່າຈິ່ງຕຸ່ງ ສິນຄ້າຮອດແລ້ວຈຶ່ງຈ່າຍເງິນກໍໄດ້.

yǐ táo bǎo wǎng de xuǎn zé bǐ jiào duō dàn jīng dōng shāng chéng kě yǐ huò dào fù kuǎn
乙：淘宝网的选择比较多，但京东商城可以货到付款。

ກ: ຄັນຊັ້ນຂ້ອຍຊື້ຢູ່ຈິ່ງຕຸ່ງດີກວ່າ.

jiǎ nà wǒ hái shi zài jīng dōng shāng chéng mǎi ba
甲：那我还是在京东商城买吧。

ຂ: ເຈົ້າເຂົ້າເວັບໄຊທາງການຂອງຈິງຕຸ່ງ, ໃຊ້ໝາຍເລກໂທລະສັບລົງທະບຽນເລກບັນຊີກ່ອນ, ແລ້ວເຂົ້າສູ່ລະບົບ.

yǐ　nǐ jìn rù jīng dōng shāng chéng de guān fāng wǎng zhàn　xiān yòng shǒu jī hào mǎ zhù cè yī gè zhàng hào　rán hòu dēng lù

乙：你进入京东商城的官方网站，先用手机号码注册一个账号，然后登录。

ກ: ເຈົ້າ, ເຂົ້າສູ່ລະບົບໄດ້ແລ້ວ.

jiǎ　hǎo de　dēng lù chéng gōng le

甲：好的，登录成功了。

ຂ: ພິມຄຳວ່າ “ຢູເອສບີ” ໃສ່ປ່ອງຄົ້ນຫາສິນຄ້າ.

yǐ　zài sōu suǒ lán shū rù　pán

乙：在搜索栏输入“U盘”。

ກ: ໄດ້ໆ... ໂຮ, ມີຢູເອສບີຫຼາຍເນາະ!

jiǎ　hǎo de　wa　hǎo duō　pán

甲：好的……哇，好多U盘！

ຂ: ເລືອກເອົາໂຕທີ່ເຈົ້າມັກ, ໄວ້ໃນລົດຊື້ເຄື່ອງ, ແລ້ວກົດ “ຊຳລະເງິນ”. ວິທີຈ່າຍເງິນເລືອກເອົາ “ຈ່າຍເງິນປາຍທາງ” ກໍໄດ້ແລ້ວ.

yǐ　tiāo yī gè nǐ xǐ huan de　jiā rù gòu wù chē　rán hòu diǎn jī　qù jié suàn　fù kuǎn fāng shì xuǎn zé　huò dào fù kuǎn　jí kě

乙：挑一个你喜欢的，加入购物车，然后点击“去结算”。付款方式选择“货到付款”即可。

ກ: ຄັນສິນຄ້າສົ່ງຮອດແລ້ວພະນັກງານສົ່ງສິນຄ້າຈະໂທແຈ້ງຂ້ອຍເອງ, ແມ່ນຕວ່າ?

jiǎ shāng pǐn jì dào zhī hòu kuài dì yuán huì gěi wǒ dǎ diàn huà tōng zhī wǒ de duì ba
甲：商品寄到之后快递员会给我打电话通知我的，对吧？

ຂ: ແມ່ນແລ້ວ, ເຈົ້າມີແຕ່ຖ້າຮັບສິນຄ້າກໍໄດ້ລະ.

yǐ shì de nǐ děng zhe shōu huò jiù kě yǐ le
乙：是的，你等着收货就可以了。

ກ: ເຈົ້າ, ຂອບໃຈ!

jiǎ hǎo de xiè xie nǐ
甲：好的，谢谢你！

ຂ: ບໍ່ເປັນຫຍັງ.

yǐ bù yòng kè qi
乙：不用客气。

ໝາຍເຫດ 注释

"...ກ່ອນ, ແລ້ວ..." 意为"先……，然后/再……"，表示行为的先后顺序。例如：ຂ້ອຍໄປຊື້ເຂົ້າເຊົ້າກ່ອນ, ແລ້ວຈຶ່ງໄປການ. 我先去买早餐，再去上班。

ການສົນທະນາທີ 4

情景会话 4

(ການສົນທະນາລະຫວ່າງຜູ້ຊື້ອອນລາຍກັບຜູ້ຂາຍ)

（网络买家与商家的对话）

ກ: ສະບາຍດີ! ຂ້ອຍມັກຜ້າພັນຄໍຜືນໃນຮູບນີ້ຂອງຮ້ານເຈົ້າ. ຂໍຖາມແດ່, ຖ້າສັ່ງຊື້ໃນມື້ນີ້, ດົນປານໃດຈຶ່ງສົ່ງເຄື່ອງອອກ?

jiǎ nǐ hǎo wǒ kàn zhòng le nǐ men jiā de zhè kuǎn sī jīn qǐng wèn jīn
甲：你好！我看中了你们家的这款丝巾。请问今
tiān xià dān de huà dà gài shén me shí hou néng fā huò ne
天下单的话，大概什么时候能发货呢？

ຂ: ສະບາຍດີ, ຖ້າວ່າສັ່ງຊື້ເຄື່ອງກ່ອນຕອນທ່ຽງມື້ນີ້, ພວກເຮົາກໍສົ່ງເຄື່ອງໃຫ້ໃນມື້ນີ້ເລີຍ.

yǐ nǐ hǎo jīn tiān zhōng wǔ zhī qián xià dān de huà wǒ men dāng tiān jiù
乙：你好，今天中午之前下单的话，我们当天就
kě yǐ fā huò yo
可以发货哟。

ກ: ດີໆ. ຍົກເວັ້ນຄ່າສົ່ງໃຫ້ແດ່ ໄດ້ບໍ?

jiǎ hǎo de kě yǐ bāo yóu ma
甲：好的。可以包邮吗？

ຂ: ລູກຄ້າທີ່ຮັກແພງ, ຮ້ານພວກເຮົາແມ່ນຊື້ເຕັມ 100 ປອນຈຶ່ງຈະຍົກເວັ້ນຄ່າສົ່ງເດີ. ຜ້າພັນຄໍຜືນໜຶ່ງຍັງບໍ່ທັນຮອດລາຄາຍົກເວັ້ນຄ່າສົ່ງເດີ.

yǐ qīn wǒ men jiā shì mǎn bǎi bāo yóu yī tiáo sī jīn de jià qián méi yǒu
乙：亲，我们家是满百包邮。一条丝巾的价钱没有
dá dào bāo yóu jīn é ne
达到包邮金额呢。

ກ: ຮ້ານອື່ນລາຄາຖືກກວ່າພວກເຈົ້າ, ຍັງບໍ່ເສຍຄ່າສົ່ງ.

jiǎ lìng wài yī jiā mài de bǐ nǐ men pián yi hái bāo yóu
甲：另外一家卖得比你们便宜，还包邮。

ຂ: ຮ້ານພວກເຮົາແມ່ນຮ້ານຄ້າສະເພາະ, ຮັບປະກັນເລື່ອງຄຸນນະພາບ.

yǐ wǒ men jiā shì guān fāng qí jiàn diàn zhì liàng jué duì bǎo zhèng de yo
乙：我们家是官方旗舰店，质量绝对保证的哟。

ກ: ແຕ່ວ່າຄ່າສົ່ງແພງແທ້...

jiǎ kě shì yóu fèi zhēn de tǐng guì de
甲：可是邮费真的挺贵的……

ຂ: ດຽວນີ້ຮ້ານພວກເຮົາມີກິດຈະກຳຊື້ຜືນທີ 2 ຫຼຸດລາຄາ 50%. ຜ້າພັນຄໍຜືນໜຶ່ງ 68 ຢວນ, ສອງຜືນເປັນ 102 ຢວນ, ໃນນັ້ນແມ່ນລວມຄ່າສົ່ງໄດ້. ທ່ານພິຈາລະນາເບິ່ງດູ.

yǐ diàn li xiàn zài yǒu dì èr jiàn bàn jià de huó dòng yī tiáo sī jīn 68 yuán liǎng tiáo zhǐ yào 102 yuán ér qiě kě yǐ bāo yóu le nín kǎo lǜ yī xià
乙：店里现在有第二件半价的活动。一条丝巾68元，两条只要102元，而且可以包邮了。您考虑一下。

ກ: ຖ້າວ່າສິນຄ້າມີບັນຫາ, ສາມາດສົ່ງຄືນຫຼືປ່ຽນສິນຄ້າໄດ້ບໍ?

jiǎ rú guǒ dōng xi yǒu wèn tí kě yǐ tuì huò huò huàn huò ma
甲：如果东西有问题，可以退货或换货吗？

ຂ: ໄດ້, ທ່ານສາມາດສົ່ງສິນຄ້າຄືນພາຍໃນ 7 ມື້ໄດ້ໂດຍບໍ່ມີເຫດຜົນ.

yǐ kě yǐ de wǒ men zhī chí qī tiān wú lǐ yóu tuì huò
乙：可以的，我们支持七天无理由退货。

ກ: ດີໆ, ຂ້ອຍຄິດເບິ່ງກ່ອນ. ຂອບໃຈ.

jiǎ hǎo de wǒ zài kǎo lǜ yī xià xiè xie nǐ
甲：好的，我再考虑一下。谢谢你。

ຂ: ບໍ່ເປັນຫຍັງ.

yǐ bù kè qi yo
乙：不客气哟。

ໝາຍເຫດ 注释

ພາຍໃນ 意为“内部，在……之内”。例如：ພວກເຮົາຕ້ອງເຮັດວຽກນີ້ໃຫ້ສຳເລັດພາຍໃນໜຶ່ງອາທິດ. 我们要在一周内完成这项工作。

ສາມ. ຄຳສັບແລະວະລີ 单词与短语

ຊື້ເຄື່ອງ gòu wù 购物

ຮ້ານຄ້າຕົວຈິງ shí tǐ diàn 实体店

ຊີ້ນງົວ niú ròu 牛肉

ເຄື່ອງດື່ມ yǐn liào 饮料

ຜະລິດຕະພັນພື້ນເມືອງ tǔ tè chǎn 土特产

ເສື້ອ yī fu 衣服

ເກີບ xié zi 鞋子

ເຄື່ອງບຳລຸງຜິວ hù fū pǐn 护肤品

ເຄື່ອງສຳອາງ huà zhuāng pǐn 化妆品

ເສື້ອເຊີດ chèn shān 衬衫

ໂລຊັນກັນແດດ fáng shài shuāng 防晒霜

ກາເຟ kā fēi 咖啡

ຝຸ່ນ fěn 粉；fěn zhuàng wù 粉状物

ຂາຍໝົດ mài wán 卖完

ລາຄາເທົ່າໃດ 多少钱 (duō shao qián)

ຖືກລົງແດ່ 便宜一点 (pián yi yī diǎn)

ຫຼຸດເປີເຊັນ 打折 (dǎ zhé)

ຈ່າຍເງິນ 支付 (zhī fù)

ບໍ່ເສຍຄ່າສົ່ງ (ຍົກເວັ້ນຄ່າສົ່ງ) 包邮 (bāo yóu)

ຈ່າຍເງິນປາຍທາງ 货到付款 (huò dào fù kuǎn)

ຊຳລະເງິນອອນລາຍ 在线支付 (zài xiàn zhī fù)

ເຫດຜົນ 理由 (lǐ yóu)

ຂະໜາດກາງ 中号 (zhōng hào)

ສີ 颜色 (yán sè)

ສີຟ້າ 天蓝色 (tiān lán sè)

ຄືວ່າ 简直是；就像是 (jiǎn zhí shì; jiù xiàng shì)

ຄິວອາໂຄດ (QR code) 二维码 (èr wéi mǎ)

ຜະລິດຕະພັນເອກະລັກພິເສດ 特产 (tè chǎn)

ເຄື່ອງຫັດຖະກຳ 工艺品 (gōng yì pǐn)

ກຸ້ມຄ່າ 性价比 (xìng jià bǐ)

ຈານໝາກໄມ້ 果盘 (guǒ pán)

ມີປະໂຫຍດຕົວຈິງ 实用 (shí yòng)

ຂາຍແນວໃດ 怎么卖 (zěn me mài)

ຫຼຸດພິເສດ 优惠 (yōu huì)

ບັດທະນາຄານ 银行卡 (yín háng kǎ)

ເວັບໄຊ 网站 (wǎng zhàn)

ຄ່າ 金额 (jīn é)

ສົ່ງສິນຄ້າຄືນ 退货 (tuì huò)

ກະໂປ່ງ 裙子 (qún zi)

ແບບ 款式 (kuǎn shì)

ມືດ 暗 (àn)

ສັ່ງຕັດ 量身定做 (liáng shēn dìng zuò)

ໄມ້ແກະສະຫຼັກ 木雕 (mù diāo)

ຈານຮອງຈອກນ້ຳຊາ 茶托 (chá tuō)

ປານີດ 精美 (jīng měi)

ໃຫ້ຂອງຂວັນ 送礼 (sòng lǐ)

ໃຊ້ເອງ 自用 zì yòng

ໂອກາດທີ່ຫາຍາກ 机会难得 jī huì nán dé

ບ່ອນເກັບເງິນ 柜台 guì tái

ເວັບໄຊທາງການ 官方网站 guān fāng wǎng zhàn

ເລກບັນຊີ 账号 zhàng hào

ລົດຊື້ເຄື່ອງ 购物车 gòu wù chē

ເລືອກ 选择 xuǎn zé

ພະນັກງານສົ່ງສິນຄ້າ 快递员 kuài dì yuán

ຜ້າພັນຄໍ 丝巾 sī jīn

ສົ່ງເຄື່ອງ 发货 fā huò

ຮັບປະກັນ 保证 bǎo zhèng

ປ່ຽນສິນຄ້າ 换货 huàn huò

ສົ່ງເສີມການຂາຍ 促销 cù xiāo

ຊຳລະເງິນ 结账 jié zhàng

ຢູເອສບີ U盘 pán

ລົງທະບຽນ 注册 zhù cè

ເຂົ້າສູ່ລະບົບ 登录 dēng lù

ວິທີຈ່າຍເງິນ 付款方式 fù kuǎn fāng shì

ສິນຄ້າ 商品 shāng pǐn

ຮັບສິນຄ້າ 收货 shōu huò

ສັ່ງຊື້ (ເຄື່ອງ) 下单 xià dān

ຮ້ານຄ້າສະເພາະ 官方旗舰店 guān fāng qí jiàn diàn

ຄຸນນະພາບ 质量 zhì liàng

ສີ່. ເຝິກຫັດນອກໂມງຮຽນ 课后练习

1. ແປປະໂຫຍກດັ່ງລຸ່ມນີ້ເປັນພາສາລາວ. **把下列句子翻译成老挝语。**

（1）请问您想买什么东西?

（2）请问有大码衬衫吗?

（3）这个多少钱？

（4）能少一点/打折吗？

（5）请问您是付现金还是刷银行卡？

2. ອີງຕາມຄວາມໝາຍພາສາຈີນຕື່ມຄໍາສັບໃສ່ປະໂຫຍກໃຫ້ຄົບຖ້ວນ.

根据中文意思补全句子。

（1）支持货到付款。

ເຄື່ອງຮອດແລ້ວ______________________.

（2）虽然款式很好，但是颜色有点暗。

ແບບງາມຢູ່, ______________________.

（3）这条裙子简直就是为您量身定做的。

ກະໂປ່ງຜືນນີ້______________________.

3. ຕອບຄໍາຖາມດັ່ງລຸ່ມນີ້. **回答下列问题。**

（1）ປົກກະຕິທ່ານນຸ່ງເສື້ອຂະໜາດໃດ?

（2）ປົກກະຕິທ່ານຈ່າຍເງິນດ້ວຍວີແຊັດຫຼືອາລີເພ?

（3）ປະເທດລາວມີຜະລິດຕະພັນເອກະລັກພິເສດຫຍັງແດ່?

4. ຟັງສຽງອັດ, ເລືອກເອົາຄຳຕອບທີ່ຖືກຕ້ອງ. 听录音，选择正确答案。

（1）A. ຂ້ອຍຢາກຊື້ຊີ້ນງົວໜ້ອຍໜຶ່ງ.

B. ຂ້ອຍຢາກເບິ່ງເສື້ອ.

C. ຂ້ອຍຢາກຊື້ຜະລິດຕະພັນພື້ນເມືອງໜ້ອຍໜຶ່ງ.

（2）A. ເກີບຄູ່ໜຶ່ງ 180 ຢວນ.

B. ເກີບຄູ່ໜຶ່ງ 160 ຢວນ.

C. ເກີບຄູ່ໜຶ່ງ 150 ຢວນ.

（3）A. ຂ້ອຍຈ່າຍເງິນດ້ວຍເງິນສົດ.

B. ຂ້ອຍຈ່າຍເງິນດ້ວຍອາລີເພ.

C. ຂ້ອຍຈ່າຍເງິນດ້ວຍວີແຊັດ.

（4）A. ຂ້ອຍຢາກລອງກະໂປ່ງຜືນນີ້.

B. ຂ້ອຍນຸ່ງກະໂປ່ງຂະໜາດກາງ.

C. ກະໂປ່ງຜືນນີ້ງາມດີເນາະ.

ບົດທີ 12 ອາຫານການກິນ
第十二课 餐饮、美食

ໜຶ່ງ. ໂຄງສ້າງປະໂຫຍກທີ່ສຳຄັນ 重点句式

1. ເຈົ້າຢາກກິນຫຍັງ/ດື່ມຫຍັງ?

nǐ xiǎng chī hē shén me
你想吃/喝什么？

2. ຂ້ອຍຢາກກິນກະແລ້ມ/ດື່ມໂຄລາໂຄລາ.

wǒ xiǎng chī xuě gāo hē kě lè
我想吃雪糕/喝可乐。

3. ດຽວນີ້ຂ້ອຍຍັງບໍ່ທັນຫິວເຂົ້າ/ບໍ່ຫິວນ້ຳ, ບໍ່ຢາກກິນຫຍັງ/ດື່ມຫຍັງ.

wǒ xiàn zài hái bù è bù kě shén me yě bù xiǎng chī hē
我现在还不饿/不渴，什么也不想吃/喝。

4. ເຈົ້າມັກກິນອາຫານຈີນ/ອາຫານຕາເວັນຕົກ/ອາຫານລາວບໍ?

nǐ xǐ huan chī zhōng cān xī cān lǎo wō cài ma
你喜欢吃中餐/西餐/老挝菜吗？

5. ເຈົ້າມັກດື່ມນ້ຳຊາແດງ/ກາເຟ/ນົມບໍ?

nǐ xǐ huan hē hóng chá kā fēi niú nǎi ma
你喜欢喝红茶/咖啡/牛奶吗？

6. ຂ້ອຍມັກດື່ມນົມ, ບໍ່ມັກດື່ມນ້ຳໝາກໄມ້.

wǒ xǐ huan hē niú nǎi bù xǐ huan hē guǒ zhī
我喜欢喝牛奶，不喜欢喝果汁。

7. ຂ້ອຍມັກກິນອາຫານຍີ່ປຸ່ນ.

wǒ xǐ huan chī rì běn liào lǐ
我喜欢吃日本料理。

8. ຂ້ອຍມັກກິນສະເຕັກສຸກ 70%.

wǒ xǐ huan chī qī chéng shóu de niú pái
我喜欢吃七成熟的牛排。

9. ຂ້ອຍມັກກິນຂອງຫວານຫຼາຍກວ່າ.

wǒ piān ài tián shí
我偏爱甜食。

10. ອັນນີ້ແຊບບໍ?

zhè ge hǎo chī hǎo hē ma
这个好吃/好喝吗？

11. ແຊບຫຼາຍ.

hěn hǎo chī hěn hǎo hē
很好吃/很好喝。

12. ບໍ່ແຊບ.

bù hǎo chī bù hǎo hē
不好吃/不好喝。

13. ທຳມະດາ.

yī bān bān
一般般。

14. ຊີມແລ້ວເປັນແນວໃດ?

tā cháng qǐ lái zěn me yàng
它尝起来怎么样？

15. ແຊບຫຼາຍ/ລົດຊາດດີຫຼາຍ (ຖືກປາກ)/ຂົມໜ້ອຍໜຶ່ງ.

hěn měi wèi　hěn kě kǒu　yǒu diǎn kǔ
很美味/很可口/有点苦。

16. ລົດຊາດທຳມະດາ/ບໍ່ແຊບ/ລົດຊາດບໍ່ດີ.

wèi dào yī bān　hěn nán chī　kǒu gǎn hěn chà
味道一般/很难吃/口感很差。

17. ອາຫານເບື່ອງນີ້ເຜັດຫຼາຍ/ເຄັມຫຼາຍ/ຈືດຫຼາຍ (ຈາງຫຼາຍ).

zhè dào cài tài là　tài xián　tài dàn
这道菜太辣/太咸/太淡。

18. ໝາກໄມ້ຊະນິດນີ້ສົ້ມຫຼາຍ/ຫວານຫຼາຍ.

zhè zhǒng shuǐ guǒ hěn suān　hěn tián
这种水果很酸/很甜。

19. ຊີ້ນງົວປີ້ງນີ້ອ່ອນນຸ້ມຫຼາຍ.

zhè fèn kǎo niú ròu hěn nèn
这份烤牛肉很嫩。

20. ຊີ້ນແກະນີ້ຕົ້ມໄດ້ອ່ອນຫຼາຍ.

zhè yáng ròu dùn de hěn ruǎn
这羊肉炖得很软。

21. ຊີ້ນເອິກໄກ່ຕ່ອນນີ້ແຫ້ງຫຼາຍ.

zhè kuài jī xiōng ròu hěn chái
这块鸡胸肉很柴。

22. ຮ້ານນີ້ກິນຢູ່ຮ້ານໄດ້ແລະສົ່ງເຖິງທີ່.

běn diàn tí gōng táng shí hé wài mài
本店提供堂食和外卖。

23. ສັ່ງອາຫານສົ່ງເຖິງທີ່ທາງອອນລາຍຈັ່ງໃດ?

zěn yàng zài wǎng shang dìng wài mài
怎 样 在 网 上 订 外 卖？

24. ເຈົ້າສາມາດສັ່ງອາຫານສົ່ງເຖິງທີ່ໄດ້ໂດຍຜ່ານ "ແອັບເໝີຍຖວນ" ຫຼື "ແອັບເອີ້ເລີະເມີະ" ແລະແອັບອື່ນໆຂອງມືຖືທາງອອນລາຍ.

nǐ kě yǐ tōng guò shǒu jī shang wǎng shang de měi tuán huò è
你 可 以 通 过 手 机 上 / 网 上 的 "美 团 "或 "饿
le me děng dìng wài mài
了 么" 等 App 订 外 卖 。

ຂໍ້ສະຫຼຸບ 语言点归纳

1. "ເຈົ້າຢາກກິນຫຍັງ/ດື່ມຫຍັງ?"意为"你想吃/喝什么？"，一般用于询问他人的口味喜好。回答一般为：ຂ້ອຍຢາກກິນ/ດື່ມ... 我想吃/喝…… 或者 ຂ້ອຍບໍ່ຢາກກິນ/ດື່ມ... 我不想吃/喝……

2. "ຍັງບໍ່ທັນ...(ເທື່ອ)"意为"还没，尚未"，一般用于说明未做或者未完成的事情。例如：ຂ້ອຍຍັງບໍ່ທັນໄດ້ກິນອາຫານລາວ (ເທື່ອ). 我还没有吃过老挝菜肴。

3. "ມັກ...ຫຼາຍກວ່າ"意为"偏爱……，更喜欢……"，说明更加喜欢某种食物或者物品。ຫຼາຍກວ່າ意为"多于，大于"，一般用于比较。例如：ຂ້ອຍມັກນ້ຳໝາກມ່ວງຫຼາຍກວ່າ. 我偏爱杧果汁。

4. "ແຊບບໍ/ລົດຊາດເປັນແນວໃດ?"意为"好吃吗/好喝吗/味

道怎么样？”，回答为：ແຊບຫຼາຍ. 很好吃/很好喝。ບໍ່ແຊບ. 不好吃/不好喝。或者 ທຳມະດາ. 一般般。

ສອງ. ເຝິກການສົນທະນາ 会话训练

ການສົນທະນາທີ 1

情景会话 1

(ສົນທະນາອາຫານທີ່ມີເອກະລັກຂອງຈີນແລະລາວ. ກ: ນັກສຶກສາຈີນ; ຂ: ນັກສຶກສາລາວ)

（讨论中老特色美食。甲：中国学生；乙：老挝学生）

ກ: ເຈົ້າມາປະເທດຈີນໜຶ່ງເດືອນແລ້ວ, ລຶ້ງກິນອາຫານຈີນບໍ?

jiǎ nǐ lái zhōng guó yī gè yuè le chī de guàn zhōng cān ma
甲：你来中国一个月了，吃得惯中餐吗？

ຂ: ໄດ້ຢູ່, ອາຫານຈີນມີຫຼາກຫຼາຍຊະນິດ. ໄດ້ຍິນວ່າອາຫານຈີນມີແປດປະເພດ, ປະເພດໃດແດ່?

yǐ hái kě yǐ zhōng cān de pǐn zhǒng hěn fēng fù tīng shuō zhōng guó yǒu bā dà cài xì shì nǎ bā zhǒng ne
乙：还可以，中餐的品种很丰富。听说中国有八大菜系，是哪八种呢？

ກ: ແມ່ນອາຫານຊ່ານຕຸ່ງ, ອາຫານເສສວນ, ອາຫານກວາງຕຸ້ງ, ອາຫານຈ່ຽງຊູ່, ອາຫານຝູຈ້ຽນ, ອາຫານເຈີ້ຈ່ຽງ, ອາຫານຫູໜານ, ອາຫານອ່ານຮຸ່ຍ.

jiǎ shì lǔ cài chuān cài yuè cài sū cài mǐn cài zhè cài xiāng cài huī cài
甲：是鲁菜、川菜、粤菜、苏菜、闽菜、浙菜、湘菜、徽菜。

ຂ: ເຈົ້າມັກອາຫານປະເພດໃດທີ່ສຸດ?

yǐ nǐ zuì xǐ huan nǎ zhǒng ne
乙：你最喜欢哪种呢?

ກ: ຂ້ອຍມັກອາຫານກວາງຕຸ້ງຫຼາຍທີ່ສຸດ.

jiǎ wǒ zuì xǐ huan yuè cài
甲：我最喜欢粤菜。

ຂ: ໄກ່ຕົ້ມແມ່ນອາຫານກວາງຕຸ້ງບໍ?

yǐ bái qiē jī shǔ yú yuè cài ma
乙：白切鸡属于粤菜吗?

ກ: ແມ່ນແລ້ວ. ນັ້ນແມ່ນອາຫານທີ່ຂ້ອຍມັກທີ່ສຸດ.

jiǎ shì de nà shì wǒ de zuì ài
甲：是的。那是我的最爱。

ຂ: ໄດ້ຍິນວ່າຄົນເສສວນມັກກິນຊີ້ນຈຸ່ມແລະຊີ້ນຈຸ່ມຂອງເຂົາເຈົ້າທັງ

ຮ້ອນທັງເຜັດ, ແມ່ນບໍ?

yǐ tīng shuō sì chuān rén hěn ài chī huǒ guō ér qiě tā men de huǒ guō yòu
乙：听说四川人很爱吃火锅，而且他们的火锅又
má yòu là duì ma
麻又辣，对吗?

ກ: ແມ່ນແລ້ວ. ເວົ້າໄດ້ວ່າກິນອາຫານບໍ່ເຜັດຈະຮູ້ສຶກບໍ່ຄັກ. ຄົນລາວມັກ

ກິນອາຫານເຜັດບໍ?

jiǎ duì kě yǐ shuō shì wú là bù huān lǎo wō rén xǐ huan chī là ma
甲：对，可以说是无辣不欢。老挝人喜欢吃辣吗?

ຂ: ພວກຂ້ອຍມັກກິນອາຫານສົ້ມແລະເຜັດ, ເຊັ່ນ: ຕົ້ມຍຳກຸ້ງແລະຕຳໝາກຫຸ່ງ. ກວາງຊີມີອາຫານທີ່ມີເອກະລັກຫຍັງແດ່?

yǐ wǒ men xǐ huan chī suān là de cài bǐ rú dōng yīn gōng hé liáng bàn suān mù guā sī guǎng xī yǒu nǎ xiē tè sè měi shí ne
乙：我们喜欢吃酸辣的菜，比如冬阴功和凉拌酸木瓜丝。广西有哪些特色美食呢？

ກ: ມີຫຼາຍແທ້! ມີເຝີກຸ້ຍຫຼິນ, ເຝີຫອຍຫຼິວໂຈວ, ນ້ຳຊາມັນກຸ່ງເສິງ, ໝູຫອມປາໝ້າ, ເຂົ້າໜຽວຫ້າສີ, ເຝີຫຼາວໂຢວ, ໝີ່ຫຼາວໂຢວແລະອື່ນໆ.

jiǎ nà kě jiù duō le yǒu guì lín mǐ fěn liǔ zhōu luó sī fěn gōng chéng yóu chá bā mǎ xiāng zhū wǔ sè nuò mǐ fàn lǎo yǒu fěn hé lǎo yǒu miàn děng děng
甲：那可就多了！有桂林米粉、柳州螺蛳粉、恭城油茶、巴马香猪、五色糯米饭、老友粉和老友面等等。

ຂ: ໂອ່, ຟັງແລ້ວກໍນ້ຳລາຍໄຫຼແລ້ວ.

yǐ wa tīng zhe jiù ràng rén liú kǒu shuǐ le
乙：哇，听着就让人流口水了。

ໝາຍເຫດ 注释

ອາຫານທີ່ມີເອກະລັກ意为“特色美食”。例如：ຕຳໝາກຫຸ່ງແມ່ນອາຫານທີ່ມີເອກະລັກຂອງປະເທດລາວ. 春木瓜是老挝的特色美食。

ການສົນທະນາທີ 2

情景会话 2

(ຢູ່ຮ້ານອາຫານ. ກ: ຜູ້ບໍລິການ; ຂ: ລູກຄ້າຜູ້ຊາຍ; ຄ: ລູກຄ້າຜູ້ຍິງ)

（在餐馆。甲：服务员；乙：男顾客；丙：女顾客）

ກ: ຍິນດີຕ້ອນຮັບ! ຂໍຖາມແດ່, ທ່ານມານຳກັນຈັກຄົນ?

jiǎ huān yíng guāng lín qǐng wèn jǐ wèi yòng cān

甲：欢迎光临！请问几位用餐？

ຂ: ມີສອງຄົນ. ຂໍຖາມແດ່, ມີໂຕະທີ່ໃກ້ປ່ອງຢ້ຽມບໍ?

yǐ liǎng wèi qǐng wèn yǒu kào chuāng de zhuō zi ma

乙：两位。请问有靠窗的桌子吗？

ກ: ມີ, ເຊີນມາທາງນີ້. (ນັ່ງແລ້ວ) ເຊີນເບິ່ງລາຍການອາຫານ. ຖ້າຈັກໜ້ອຍຂ້ອຍຈະກັບມາ.

jiǎ yǒu zhè bian qǐng qǐng xiān kàn yī xià cài dān wǒ děng huìr jiù lái

甲：有，这边请。（入座后）请先看一下菜单。我等会儿就来。

ຂ: ເຈົ້າ, ຂອບໃຈ. (ເອົາລາຍການອາຫານໃຫ້ ຄ) ເຈົ້າເບິ່ງກ່ອນເດີ.

yǐ hǎo de xiè xie nǐ xiān kàn ba

乙：好的，谢谢。（把菜单递给丙）你先看吧。

ຄ: ມາເບິ່ງດູ...(ເຫັນ ກ ກຳລັງຍ່າງມາ, ຖາມ ກ) ມີອາຫານຫຍັງແນະນຳບໍ?

bǐng wǒ kàn kan yǒu shén me cài kě yǐ tuī jiàn de ma

丙：我看看……（看到甲走过来，问甲）有什么菜可以推荐的吗？

ກ: ກຸ້ງຂົ້ວໃສ່ກະທຽມແມ່ນອາຫານທີ່ເດັ່ນຂອງຮ້ານເຮົາ, ມີລູກຄ້າຫຼາຍຄົນສັ່ງ.

jiǎ suàn róng xiā shì wǒ men diàn de zhāo pái cài diǎn de rén hěn duō
甲：蒜蓉虾是我们店的招牌菜，点的人很多。

ຂ: ຄັນຊັ້ນພວກເຮົາກໍສັ່ງ 1 ຈານເທາະ.

yǐ nà wǒ men yě diǎn yī fèn ba
乙：那我们也点一份吧。

ຄ: ເອົາຂົ້ວຜັກບົ້ງຕື່ມ, ອົບເຕົ້າຮູ້ໜຶ່ງ, ດີບໍ?

bǐng zài lái yī fèn chǎo kōng xīn cài yī fèn hóng mèn dòu fu hǎo bù hǎo
丙：再来一份炒空心菜，一份红焖豆腐，好不好？

ຂ: ໄດ້, ຕາມໃຈເຈົ້າ.

yǐ dōu kě yǐ tīng nǐ de
乙：都可以，听你的。

ຄ: (ເອົາລາຍການອາຫານໃຫ້ ຂ) ເຈົ້າເບິ່ງແມ້ ຍັງຢາກເອົາຫຍັງອີກບໍ.

bǐng nǐ kàn kan hái xiǎng chī shén me
丙：（把菜单递给乙）你看看还想吃什么。

ຂ: ພວກເຮົາສັ່ງອາຫານເລີດລົດໜຶ່ງເຍື່ອງເທາະ. ເອົາໄກ່ສະອີ໊ວໂຕໜຶ່ງ, ວ່າຈັ່ງໃດ?

yǐ wǒ men zài diǎn yī dào yìng cài ba lái yī zhī jiàng yóu jī zěn me yàng
乙：我们再点一道硬菜吧。来一只酱油鸡，怎么样？

ຄ: ໂຕໜຶ່ງຫຼາຍໂພດບໍ? ເຄິ່ງໂຕກໍພໍແລ້ວຕີ?

bǐng yī zhī huì bù huì tài duō le bàn zhī jiù gòu le ba
丙：一只会不会太多了？半只就够了吧？

ຂ: ກະໄດ້, ຄັນຊັ້ນເອົາໄກ່ສະອີ້ວເຄິ່ງໂຕ, ເອົາເຂົ້າຈ້າວສອງຖ້ວຍ
ແລະເບຍໜຶ່ງແກ້ວເນາະ.

yǐ　yě xíng　nà jiù yào bàn zhī jiàng yóu jī　zài lái liǎng wǎn mǐ fàn hé yī
乙：也 行，那 就 要 半 只 酱 油 鸡，再 来 两 碗 米 饭 和 一
píng pí jiǔ ba
瓶 啤 酒 吧。

ກ: ຍັງຊິສັ່ງຫຍັງອີກບໍ?

jiǎ　hái yào diǎn bié de ma
甲：还 要 点 别 的 吗？

ຂ: ໄດ້ແລ້ວ, ຂອບໃຈ!

yǐ　bù yòng le　xiè xie
乙：不 用 了，谢 谢！

ກ: ເຈົ້າ, ຄັນຊັ້ນຂ້ອຍອອກບິນໃຫ້ພວກທ່ານເລີຍ.

jiǎ　hǎo de　nà wǒ gěi nǐ men xià dān le
甲：好 的，那 我 给 你 们 下 单 了。

ຂ: ຂອບໃຈ. ກະລຸນາເອົາອາຫານມາໄວແດ່ເດີ.

yǐ　xiè xie　má fan kuài yī diǎn shàng cài
乙：谢 谢。麻 烦 快 一 点 上 菜。

(1 ຊົ່ວໂມງຕໍ່ມາ)

（一个小时后）

ຂ: ກິນອີ່ມແລ້ວບໍ?

yǐ　chī bǎo le ma
乙：吃 饱 了 吗？

ຄ: ກິນອີ່ມແລ້ວ. ພວກເຮົາໄປກັນເທາະ!

bǐng　chī bǎo la　wǒ men zǒu ba
丙：吃饱啦。我们走吧!

ຂ: ນ້ອງ, ໄລ່ເງິນແດ່!

yǐ　fú wù yuán　mǎi dān
乙：服务员，买单！

ກ: ພວກທ່ານກິນທັງໝົດ 168 ຢວນ, ກະລຸນາກວດຄືນກ່ອນ.

jiǎ　nǐ men yī gòng xiāo fèi le　yuán　qǐng hé duì yī xià
甲：你们一共消费了168元，请核对一下。

ຂ: ໄດ້ແລ້ວ, ບໍ່ມີບັນຫາ.

yǐ　hǎo le　méi wèn tí
乙：好了，没问题。

ກ: ຈ່າຍເງິນດ້ວຍບັດ, ວີແຊັດຫຼືອາລີເພ?

jiǎ　shuā kǎ　wēi xìn hái shi zhī fù bǎo ne
甲：刷卡、微信还是支付宝呢?

ຂ: ດ້ວຍບັດສະ.

yǐ　shuā kǎ ba
乙：刷卡吧。

ກ: ໄດ້ແລ້ວ. ຢ່າລືມໃບບິນຂອງທ່ານເດີ. ເທື່ອໜ້າມາໃໝ່ເດີ!

jiǎ　kě yǐ le　qǐng ná hǎo nín de xiǎo piào　huān yíng xià cì guāng lín
甲：可以了。请拿好您的小票。欢迎下次光临!

ໝາຍເຫດ 注释

1. ຍິນດີຕ້ອນຮັບ意为“欢迎”，一般在迎宾时使用。例如：ຍິນດີຕ້ອນຮັບນາຍົກລັດຖະມົນຕີຂອງປະເທດລາວຢ້ຽມຢາມປະເທດຈີນ. 欢迎老挝总理访华。

2. ເຊີນ意为“请，敬请”，为敬辞。例如：ເຊີນນັ່ງ. 请坐。

3. ວ່າຈັ່ງໃດ意为“怎么说的，怎么样，如何”，相似的表达还有ວ່າແນວໃດ。例如：ຕອນແລງພວກເຮົາໄປສວນສັດ, ວ່າຈັ່ງໃດ/ວ່າແນວໃດ? 我们下午去动物园，怎么样?

ການສົນທະນາທີ 3
情景会话 3

(ສັ່ງອາຫານດ່ວນ. ກ: ພະນັກງານຂອງບໍລິສັດ; ຂ: ພະນັກງານທີ່ຮ່ວມງານຂອງຄົນ ກ)

（订外卖。甲：公司员工；乙：甲的同事）

ກ: ແຜນການນີ້ຕ້ອງສົ່ງໃນຕອນເຊົ້າມື້ອື່ນ, ຄືນນີ້ພວກເຮົາຄືຊິໄດ້ເຮັດວຽກກາຍເວລາ. ສັ່ງອາຫານສົ່ງເຖິງທີ່ນຳກັນບໍ?

jiǎ zhè ge jì huà shū míng zǎo jiù yào tí jiāo kàn lái wǒ men jīn wǎn yào jiā
甲：这个计划书明早就要提交，看来我们今晚要加
bān le yào bù yào yī qǐ dìng wài mài
班了。要不要一起订外卖？

ຂ: ດີ. ໂທສັ່ງອາຫານນຳຮ້ານອາຫານບໍ?

yǐ　kě yǐ ya　shì gěi cān guǎn dǎ diàn huà dìng cān ma
乙：可以呀。是给餐馆打电话订餐吗？

ກ: ບໍ່, ທຳມະດາຂ້ອຍສັ່ງອາຫານທາງອອນລາຍດ້ວຍມືຖື, ສະດວກຫຼາຍ, ສັ່ງອາຫານໄດ້ທຸກທີ່ທຸກເວລາ.

jiǎ　bù　wǒ yī bān shì yòng shǒu jī zài wǎng shang dìng cān hěn fāng biàn
甲：不，我一般是用手机在网上订餐，很方便，
suí shí suí dì kě yǐ xià dān
随时随地可以下单。

ຂ: ຂ້ອຍຍັງບໍ່ເຄີຍສັ່ງອາຫານທາງອອນລາຍ, ຕ້ອງເຮັດແນວໃດ?

yǐ　wǒ hái méi yǒu shì guo zài wǎng shang dìng cān　yào zěn me cāo zuò ne
乙：我还没有试过在网上订餐，要怎么操作呢？

ກ: ຂ້ອຍເຮັດໃຫ້ເຈົ້າເບິ່ງ. ເຂົ້າ “ເວັບໄຊເໝີຍຖວນ” ກ່ອນ, ແລ້ວເຂົ້າຫາຊ່ອງ “ອາຫານສົ່ງເຖິງທີ່” , ຄົ້ນຫາອາຫານທີ່ຢາກກິນ.

jiǎ　wǒ cāo zuò gěi nǐ kàn　xiān dēng lù　měi tuán wǎng　jìn rù　wài
甲：我操作给你看。先登录“美团网”，进入“外
mài　zhè yī lán　sōu suǒ xiǎng chī de měi shí
卖”这一栏，搜索想吃的美食。

ຂ: ຂ້ອຍຢາກກິນກ້ຽວຜັກແປ້ນ... ເອີ, ຮ້ານນີ້ຄືຊິດີເນາະ.

yǐ　wǒ xiǎng chī jiǔ cài jiǎo zi　a　zhè jiā de kàn qǐ lái bù cuò
乙：我想吃韭菜饺子……啊，这家的看起来不错。

ກ: ຂ້ອຍເຄີຍກິນກ້ຽວຮ້ານນີ້, ດີແທ້ໆ. ຄັນຊັ້ນເອົາສອງຊຸດ, ເພີ່ມພວກມັນເຂົ້າໃສ່ລົດຊື້ເຄື່ອງ.

jiǎ　wǒ yǐ qián chī guo zhè jiā de jiǎo zi　què shí bù cuò　nà jiù lái liǎng
甲：我以前吃过这家的饺子，确实不错。那就来两
fèn　jiā rù gòu wù chē
份，加入购物车。

ຂ: ຈາກນັ້ນເດ?

yǐ rán hòu ne
乙：然后呢?

ກ: ກົດ "ໄປຊຳລະເງິນ", ກວດກາເບິ່ງສະຖານທີ່ສົ່ງອາຫານ, ວິທີຕິດຕໍ່, ອາຫານແລະລາຄາທີ່ສັ່ງຊື້, ຈາກນັ້ນສົ່ງໃບສັ່ງຊື້, ຢືນຢັນການຊຳລະເງິນ.

jiǎ diǎn jī qù jié suàn hé duì sòng cān dì zhǐ lián xì fāng shì suǒ diǎn de shí wù yǐ jí jià qián rán hòu tí jiāo dìng dān què rèn zhī fù
甲：点击"去结算"，核对送餐地址、联系方式、所点的食物以及价钱，然后提交订单，确认支付。

ຂ: ສາມາດຊຳລະເງິນທາງອອນລາຍ? ສະດວກແທ້.

yǐ kě yǐ zài xiàn zhī fù nà zhēn shì tài fāng biàn le
乙：可以在线支付? 那真是太方便了。

ກ: ແມ່ນແລ້ວ, ສະດວກຫຼາຍ. ສຳເລັດແລ້ວ, ອອກບິນແລ້ວ.

jiǎ shì de fēi cháng fāng biàn hǎo le xià hǎo dān le
甲：是的，非常方便。好了，下好单了。

ຂ: ປານໃດຊິສົ່ງຮອດເບາະ?

yǐ dà gài shén me shí hou néng sòng dào ne
乙：大概什么时候能送到呢?

ກ: ອີງຕາມ "ການຄາດຄະເນເວລາທີ່ສົ່ງຮອດ" ທີ່ສະແດງຢູ່ນີ້, ປະມານ 6:30 ກໍສົ່ງຮອດ.

jiǎ gēn jù zhè lǐ xiǎn shì de yù jì sòng dá shí jiān dà yuē diǎn bàn jiù néng sòng dào
甲：根据这里显示的"预计送达时间"，大约6点半就能送到。

ຂ: ໄວແທ້! ຕອນນີ້ 5 ໂມງ 40 ນາທີແລ້ວ, ຂ້ອຍຄິດວ່າຫຼັງ 7 ໂມງຈຶ່ງສົ່ງຮອດ. ຄັນເປັນແນວນີ້ເຮັດວຽກກາຍເວລາກໍບໍ່ຫິວເຂົ້າ. ຂອບໃຈ!

yǐ　zhè me kuài　xiàn zài yǐ jīng　diǎn　fēn le　wǒ yǐ wéi yào　diǎn yǐ
乙：这么快！现在已经5点40分了，我以为要7点以
hòu cái néng sòng dào ne　kàn lái bù yòng è zhe dù zi jiā bān le　xiè
后才能送到呢。看来不用饿着肚子加班了。谢
xie nǐ
谢你！

ກ: ບໍ່ເປັນຫຍັງ.

jiǎ　bù kè qi
甲：不客气。

ໝາຍເຫດ　注释

1. ທຳມະດາ意为“一般，普通”。例如：ລົດຊາດອາຫານຂອງຮ້ານນີ້ທຳມະດາ. 这家饭店的菜味道一般。

2. ຄືຊິ意为“好像，似乎”。例如：ຝົນຄືຊິຕົກແລ້ວ/ລະ. 好像快要下雨了。

3. ຄິດວ່າ意为“以为”。例如：ຂ້ອຍຄິດວ່າລາວຊິຢູ່, ສຸດທ້າຍລາວກໍໄປ. 我以为她会留下，结果她还是走了。

ສາມ. ຄຳສັບແລະວະລີ 单词与短语

ກິນ 吃 chī　ດື່ມ 喝 hē　ກະແລ້ມ 雪糕 xuě gāo　ໂຄຄາໂຄລາ 可乐 kě lè

ຫິວເຂົ້າ 饿 è　ຫິວນ້ຳ 渴 kě　ອາຫານຈີນ 中餐 zhōng cān

ອາຫານຕາເວັນຕົກ 西餐 xī cān　ນ້ຳຊາແດງ 红茶 hóng chá

ນົມ; ນົມງົວ 牛奶 niú nǎi　ນ້ຳໝາກໄມ້ 果汁 guǒ zhī

ມັກຫຼາຍກວ່າ 偏爱 piān ài　ຂອງຫວານ 甜食 tián shí

ແຊບ 好吃；好喝；美味 hǎo chī hǎo hē měi wèi　ບໍ່ແຊບ 难吃 nán chī

ຊີມ 尝 cháng　ລົດຊາດດີ (ຖືກປາກ) 可口 kě kǒu

ລົດຊາດ 味道；口感 wèi dào kǒu gǎn　ຂົມ 苦 kǔ

ເຜັດ 辣 là　ເຄັມ 咸 xián　ຈືດ (ຈາງ) 淡 dàn　ສົ້ມ 酸 suān

ຫວານ 甜 tián　ຊີ້ນງົວປີ້ງ 烤牛肉 kǎo niú ròu　ອ່ອນ 嫩；软 nèn ruǎn

ຊີ້ນແກະ 羊肉 yáng ròu　ຕົ້ມ 炖 dùn

ຊີ້ນເອິກໄກ່ 鸡胸肉 jī xiōng ròu　ແຫ້ງ 柴 chái

ກິນຢູ່ຮ້ານ 堂食 táng shí　ອາຫານສົ່ງເຖິງທີ່ 外卖 wài mài

ອາຫານທີ່ມີເອກະລັກ 特色美食 tè sè měi shí　ຫຼາກຫຼາຍ 丰富 fēng fù

ປະເພດ 品种 pǐn zhǒng　ໄກ່ຕົ້ມ 白切鸡 bái qiē jī

ຊີ້ນຈຸ່ມ 火锅 huǒ guō　ຮືນ 麻 má

ເຝີ 米粉 mǐ fěn

ນ້ຳລາຍໄຫຼ 流口水 liú kǒu shuǐ

ໃກ້ປ່ອງຢ້ຽມ 靠窗 kào chuāng

ແນະນຳ 推荐 tuī jiàn

ອາຫານທີ່ເດັ່ນຂອງຮ້ານ 招牌菜 zhāo pái cài

ອົບເຕົ້າຮູ້ 红焖豆腐 hóng mèn dòu fu

ໄກ່ສະອິ໊ວ 酱油鸡 jiàng yóu jī

ເບຍ 啤酒 pí jiǔ

ເອົາອາຫານມາ 上菜 shàng cài

ໄລ່ເງິນ 买单 mǎi dān

ບໍ່ມີບັນຫາ 没问题 méi wèn tí

ແຜນການ 计划书 jì huà shū

ເຮັດວຽກກາຍເວລາ 加班 jiā bān

ກ້ຽວຜັກແປ້ນ 韭菜饺子 jiǔ cài jiǎo zi

ວິທີຕິດຕໍ່ 联系方式 lián xì fāng shì

ອີງຕາມ 根据 gēn jù

ສະແດງ 显示 xiǎn shì

ຄິດວ່າ 以为 yǐ wéi

ເຂົ້າໜຽວ 糯米饭 nuò mǐ fàn

ຍິນດີຕ້ອນຮັບ 欢迎光临 huān yíng guāng lín

ລາຍການອາຫານ 菜单 cài dān

ກຸ້ງຂົ້ວໃສ່ກະທຽມ 蒜蓉虾 suàn róng xiā

ຜັກບົ້ງ 空心菜 kōng xīn cài

ອາຫານເລີດລົດ 硬菜 yìng cài

ເຂົ້າຈ້າວ 米饭 mǐ fàn

ອອກບິນ 下单 xià dān

ກິນອີ່ມ 吃饱 chī bǎo

ກວດຄືນ 核对 hé duì

ໃບບິນ 小票 xiǎo piào

ສົ່ງ 提交 tí jiāo

ຄົ້ນຫາ 搜索 sōu suǒ

ສະຖານທີ່ 地址 dì zhǐ

ໃບສັ່ງຊື້ 订单 dìng dān

ຄາດຄະເນ 预计 yù jì

ສົ່ງຮອດ 送达 sòng dá

ສີ່. ເຝິກຫັດນອກໂມງຮຽນ 课后练习

1. ແບ່ງກຸ່ມສົນທະນາ. 分组自由对话。

（1）ແນະນຳອາຫານເຍື່ອງໜຶ່ງທີ່ເຈົ້າມັກທີ່ສຸດໃຫ້ໝູ່ເພື່ອນຟັງ.

（2）ປຽບທຽບອາຫານຈີນກັບອາຫານລາວມີຄວາມແຕກຕ່າງກັນແນວໃດ.

2. ຜັດປ່ຽນກັນເຝິກຫັດ. 替换练习。

（1）ຂ້ອຍຢາກກິນກະແລ້ມ.

ອາຫານຍີ່ປຸ່ນ

ສະເຕັກ

（2）ອາຫານເຍື່ອງນີ້ເຜັດຫຼາຍ.

ເຄັມ

ຈືດ

（3）ຄົນລາວມັກກິນຕົ້ມຍຳກຸ້ງ.

ຕຳໝາກຫຸ່ງ

ເຂົ້າໜຽວ

3. ຟັງສຽງອັດ, ພິຈາລະນາຖືກຜິດ (ຖືກໃຫ້ຂຽນ T, ຜິດໃຫ້ຂຽນ F). 听录音，判断正误（正确的写T，错误的写F）。

（1）ຂ້ອຍມັກດື່ມນົມ, ບໍ່ມັກດື່ມນ້ຳໝາກໄມ້.

（2）ຂ້ອຍມັກກິນສະເຕັກສຸກ 70%.

（3）ເຈົ້າມາປະເທດຈີນໜຶ່ງປີແລ້ວ, ລຶ້ງກິນອາຫານຈີນບໍ?

（4）ເອົາຂົ້ວຜັກແປ້ນຕົ່ມແລະອົບເຕົ້າຮູໜຶ່ງ.

ບົດທີ 13 ການພັກເຊົາ (ຢູ່ໂຮງແຮມ, ເຮືອນພັກແລະການເຊົ່າເຮືອນ)

第十三课 住宿（包含酒店、民宿、租房等）

ໜຶ່ງ. ໂຄງສ້າງປະໂຫຍກທີ່ສຳຄັນ 重点句式

1. ການຈອງຫ້ອງພັກແລະແຈ້ງເຂົ້າພັກໂຮງແຮມ 预订和入住酒店

（1）ຂໍຖາມແດ່, ໃນວັນທີ 5 ເດືອນ 6 ຍັງມີຫ້ອງຕຽງດ່ຽວ/ຫ້ອງຕຽງຄູ່ຫວ່າງຢູ່ບໍ?

qǐng wèn hái yǒu yuè rì de dān jiān biāo zhǔn jiān ma
请问还有6月5日的单间/标准间吗？

（2）ຂ້ອຍຢາກຈອງຫ້ອງຕຽງດ່ຽວ/ຫ້ອງຕຽງຄູ່/ຫ້ອງສູດຫ້ອງໜຶ່ງ.

wǒ xiǎng dìng yī gè dān jiān biāo zhǔn jiān háo huá tào fáng
我想订一个单间/标准间/豪华套房。

（3）ທ່ານຢາກຈອງຈັກຄືນບໍ?

qǐng wèn nín xiǎng dìng jǐ gè wǎn shang
请问您想订几个晚上？

（4）ຂ້ອຍຢາກຈອງສອງຄືນ.

wǒ xiǎng dìng liǎng gè wǎn shang liǎng wǎn
我想订两个晚上/两晚。

（5）ຢູ່ໃນຫ້ອງຫຼິ້ນອິນເຕີເນັດ/ໂທໄປຕ່າງປະເທດ ໄດ້ບໍ?

fáng jiān li kě yǐ shàng wǎng dǎ guó jì cháng tú diàn huà ma
房间里可以上网/打国际长途电话吗？

（6）ມີບໍລິການປຸກຕອນເຊົ້າ/ສົ່ງອາຫານເຊົ້າ/ຊັກເຄື່ອງບໍ?

kě yǐ tí gōng jiào zǎo sòng cān xǐ yī fú wù ma
可以提供叫早/送餐/洗衣服务吗？

（7）ເວລາແຈ້ງເຂົ້າພັກຕ້ອງມີເອກະສານຫຍັງແດ່?

rù zhù yào tí gōng shén me zhèng jiàn
入住要提供什么证件？

（8）ຕ້ອງໃຊ້ເອກະສານທີ່ຍັງບໍ່ໝົດອາຍຸເຊັ່ນ ບັດປະຈຳຕົວຫຼືໜັງສືຜ່ານແດນລົງທະບຽນເວລາເຂົ້າພັກ.

yào píng shēn fèn zhèng huò hù zhào děng yǒu xiào zhèng jiàn dēng jì rù zhù
要凭身份证或护照等有效证件登记入住。

（9）ແຈ້ງອອກຈັກໂມງ?

shén me shí hou yào tuì fáng
什么时候要退房？

（10）ໃຫ້ແຈ້ງອອກກ່ອນເວລາ 12 ໂມງ/ກ່ອນ 14 ໂມງໃນມື້ຕໍ່ໄປ.

yào zài cì rì zhōng wǔ shí èr diǎn xià wǔ liǎng diǎn qián tuì fáng
要在次日中午十二点/下午两点前退房。

2. ການເຊົ່າເຮືອນ 租房

（1）ຂໍຖາມແດ່, ທີ່ນີ້ມີຫ້ອງ/ເຮືອນໃຫ້ເຊົ່າບໍ?

qǐng wèn nín zhè lǐ yǒu fáng jiān fáng zi chū zū ma
请问您这里有房间/房子出租吗？

（2）ທ່ານຢາກເຊົ່າດົນປານໃດ?

nín xiǎng zū duō jiǔ
您想租多久？

（3）ຂ້ອຍຢາກເຊົ່າສາມເດືອນ/ເຄິ່ງປີ/ໜຶ່ງປີ.

wǒ xiǎng zū sān gè yuè bàn nián yī nián
我想租三个月/半年/一年。

（4）ເຈົ້າຢາກເຊົ່າຫ້ອງແບບໃດ?

nǐ xiǎng zū shén me yàng de fáng zi
你想租什么样的房子?

（5）ຂ້ອຍຢາກເຊົ່າຫ້ອງດ່ຽວຫ້ອງໜຶ່ງ/ຊຸດທີ່ມີສອງຫ້ອງນອນຊຸດໜຶ່ງ.

wǒ xiǎng zū yī gè dān jiān yī tào èr jū shì
我想租一个单间/一套二居室。

（6）ຂ້ອຍຢາກເຊົ່າເຮືອນທີ່ໄປມາສະດວກ/ແຈ້ງສະຫວ່າງດີ.

wǒ xiǎng zū jiāo tōng biàn lì cǎi guāng hǎo de fáng zi
我想租交通便利/采光好的房子。

（7）ຫ້ອງນີ້ກວ້າງປານໃດ?

zhè ge fáng zi yǒu duō dà
这个房子有多大?

（8）ປະມານ 60 ຕາແມັດ.

dà yuē píng fāng mǐ
大约60平方米。

（9）ໃຫ້ຈ່າຍເປັນເດືອນ/ໄຕມາດ.

àn yuè àn jì dù zhī fù
按月/按季度支付。

（10）ຄ່າເຊົ່າຫ້ອງ ເດືອນລະ 2000 ຢວນ.

fáng zū měi gè yuè yuán
房租每个月2000元。

ຂໍ້ສະຫຼຸບ　语言点归纳

1. “ມີ...ບໍ່？” 意为“有……吗？”，一般用于询问他人是否有某物。例如：ເຈົ້າມີສໍດຳບໍ່? 你有铅笔吗？

2. ຈັກ做表示将来时态的助动词时，与ຈະ意思相同；做副词时，用在疑问句中，意为“多少，几”；用在非疑问句中，意为“大约，大概”；与动词ຮູ້结合为ຮູ້ຈັກ，意为“懂得，知道”；但在口语中单独使用时，是“不知道，不清楚”的意思。例如：ມີຈັກຄົນໄປຊື້ເຄື່ອງນຳກັນ? 有多少人一起去购物？ຈັກ. 不清楚。

3. ຄືນ意为“晚”，一般酒店是以“……晚”来计算顾客的入住时间的。例如：ຈະຈອງຈັກຄືນ? 订几个晚上？回答为：×ຄືນ. ×个晚上/×晚。

4. ຕ້ອງ做助动词时，意为“必须，一定要”。例如：ເຈົ້າຕ້ອງມາ. 你一定要来。

5. ກ່ອນເວລາ意为“在……（时间）之前”。例如：ໃຫ້ແຈ້ງອອກກ່ອນເວລາ 14 ໂມງໃນມື້ອື່ນ. 要在明天下午两点之前通知退房。

6. ດົນປານໃດ意为“多久”，ເວລາດົນປານໃດ 意为“多长时间”，皆用于询问时间长度。例如：ນາງໄປດົນປານໃດລະ? 她离开多久了？ລາວມາຈີນເປັນເວລາດົນປານໃດລະ? 他来中国多长时间了？

7. ແບບໃດ意为“什么样的……”，一般用于询问事物的性质或者情况。例如：ເຈົ້າຢາກຊື້ຄອມພິວເຕີແບບໃດ? 你想买什么样的电脑?

8. “ກວ້າງປານໃດ/ໃຫຍ່ຊ່ຳໃດ? ”意为“有多大? ”，一般用于询问面积的大小。回答为：ຕົວເລກ+ຫົວໜ່ວຍເນື້ອທີ່ 数字+面积单位。例如：ເຮືອນຂອງຂ້ອຍມີ 100 ຕາແມັດ. 我家的房子有100平方米。

9. ລະ意为“每，各”。例如：ຈ່າຍເງິນເຊົ່າເຮືອນເດືອນລະເທື່ອ. 每个月付一次房租。此外，ລະ 还可以放在动词后面，表示强调。例如：ຂ້ອຍໄປກ່ອນລະເດີ. 我先走了。

ສອງ. ເຝິກການສົນທະນາ　会话训练

ການສົນທະນາທີ 1

情景会话 1

(ຈອງໂຮງແຮມ. ກ: ພະນັກງານໂຮງແຮມ; ຂ: ແຂກ)

（预订酒店。甲：酒店服务员；乙：客人）

ກ: ສະບາຍດີ! ທີ່ນີ້ແມ່ນໂຮງແຮມວີອີນາ.

jiǎ　nín hǎo　zhè li shì　wéi yī nà jiǔ diàn

甲：您 好！（这里是）维 伊 纳 酒 店 。

ຂ: ສະບາຍດີ! ຂໍຈອງຫ້ອງໜຶ່ງໄດ້ບໍ?

yǐ　nǐ hǎo　qǐng wèn kě yǐ bāng wǒ yù dìng yī gè fáng jiān ma

乙：你 好！ 请 问 可 以 帮 我 预 订 一 个 房 间 吗？

ກ: ໄດ້. ທ່ານຢາກໄດ້ຫ້ອງຕຽງດ່ຽວຫຼືຫ້ອງຕຽງຄູ່ບໍ?

jiǎ dāng rán kě yǐ nín xiǎng yào dān rén jiān hái shi shuāng rén jiān
甲：当然可以。您想要单人间还是双人间？

ຂ: ຂ້ອຍຢາກໄດ້ຫ້ອງຕຽງຄູ່ມາດຕະຖານຫ້ອງໜຶ່ງ. ຄືນໜຶ່ງລາຄາເທົ່າໃດບໍ?

yǐ wǒ xiǎng yào yī gè biāo zhǔn shuāng rén jiān duō shao qián yī gè wǎn shang
乙：我想要一个标准双人间。多少钱一个晚上？

ກ: 250 ຢວນ, ມີອາຫານເຊົ້າພ້ອມ. ທ່ານຈະຈອງດຽວນີ້ເລີຍບໍ?

jiǎ yuán bāo hán zǎo cān qǐng wèn nín yào dìng ma
甲：250元，包含早餐。请问您要订吗？

ຂ: ກະລຸນາຈອງສອງຄືນໃຫ້ແນ່. ຈະເຂົ້າພັກໃນວັນທີ 25 ເດືອນ 10 ເດີ.

yǐ qǐng bāng wǒ dìng liǎng gè wǎn shang yuè rì rù zhù
乙：请帮我订两个晚上。10月25日入住。

ກ: ໄດ້. ຂໍເລກໂທຂອງທ່ານແດ່?

jiǎ hǎo de qǐng wèn nín de diàn huà
甲：好的。请问您的电话？

ຂ: 16787688835.

yǐ
乙：16787688835。

ກ: ທ່ານຊື່ຫຍັງບໍ?

jiǎ zěn me chēng hu nín ne
甲：怎么称呼您呢?

ຂ: ຂ້ອຍຊື່ ພິລະວົງ. ຂອບໃຈເດີ!

yǐ wǒ jiào pí lā wēng xiè xie nǐ
乙：我叫皮拉翁。谢谢你!

ກ: ບໍ່ເປັນຫຍັງ, ມັນເປັນໜ້າທີ່ຂອງຂ້ອຍ.

jiǎ bù kè qi zhè shì wǒ yīng gāi zuò de
甲：不客气，这是我应该做的。

ໝາຍເຫດ 注释

1. "ທີ່ນີ້ແມ່ນ..." 意为"这里是……"。例如：ໃນແຕ່ກ່ອນ ທີ່ນີ້ແມ່ນໂຮງແຮມ. 这里以前是酒店。

2. "...ຊື່ຫຍັງ?" 常用于询问姓名。例如：ລາວຊື່ຫຍັງ? 他叫什么名字？回答可以只是名字，也可以是姓名。例如：ລາວຊື່ບຸນມີ. 他叫本米。ລາວຊື່ບຸນທ່ຽງ ຈິດມະນີ. 他的名字是本廷·吉玛尼。

ການສົນທະນາທີ 2

情景会话 2

(ການເຂົ້າພັກ. ກ: ແຂກ; ຂ: ພະນັກງານໂຮງແຮມ)

（办理入住手续。甲：客人；乙：酒店服务员）

ກ: ສະບາຍດີ! ຂໍແຈ້ງເຂົ້າພັກແດ່.

jiǎ nín hǎo má fan bāng wǒ bàn yī xià rù zhù shǒu xù
甲：您好！麻烦帮我办一下入住手续。

ຂ: ຂໍຖາມແດ່, ທ່ານໄດ້ຈອງຫ້ອງໄວ້ກ່ອນບໍ?

yǐ qǐng wèn nín yǒu yù dìng ma
乙：请问您有预订吗？

ກ: ຂ້ອຍຈອງໂຮງແຮມຂອງພວກເຈົ້າຜ່ານທາງໂທລະສັບແລ້ວ.

jiǎ wǒ yǐ jīng dǎ diàn huà hé nǐ men jiǔ diàn yù dìng le
甲：我已经打电话和你们酒店预订了。

ຂ: ເຈົ້າ, ຂໍເລກໂທຂອງທ່ານແດ່.

yǐ hǎo de qǐng bào yī xià nín de shǒu jī hào
乙：好的，请报一下您的手机号。

ກ: 16787688835.

jiǎ
甲：16787688835。

ຂ: ທ່ານພິລະອົງ, ຫ້ອງມາດຕະຖານ, ຢູ່ສອງຄືນ, ແມ່ນບໍ?

yǐ pí lā wēng yī gè biāo jiān zhù liǎng gè wǎn shang duì ma
乙：皮拉翁，一个标间，住两个晚上，对吗？

ກ: ແມ່ນແລ້ວ.

jiǎ shì de
甲：是的。

ຂ: ກະລຸນາແຈ້ງໜັງສືຜ່ານແດນຂອງທ່ານ, ພ້ອມທັງຈ່າຍເງິນມັດຈຳ 500 ຢວນດ້ວຍ.

yǐ qǐng chū shì yī xià nín de hù zhào bìng zhī fù yuán yā jīn
乙：请出示一下您的护照，并支付500元押金。

ກ: ເຈົ້າ, ນີ້ເດ.

jiǎ hǎo de gěi nín
甲：好的，给您。

ຂ: ຮຽບຮ້ອຍແລ້ວ. ຫ້ອງຂອງທ່ານແມ່ນ 308. ນີ້ແມ່ນບັດເຂົ້າຫ້ອງຂອງທ່ານ.

yǐ bàn hǎo le nín de fáng jiān hào shì zhè shì nín de fáng kǎ
乙：办好了。您的房间号是308。这是您的房卡。

ກ: ຂໍຖາມແດ່, ໃນຫ້ອງມີບ່ອນສຽບສາຍອິນເຕີເນັດບໍ?

jiǎ qǐng wèn fáng jiān li yǒu wǎng luò jiē xiàn kǒu ma
甲：请问房间里有网络接线口吗？

ຂ: ມີ, ທ່ານຈະຫຼິ້ນເນັດໄດ້ໂດຍໃຊ້ລະບົບເນັດມີສາຍຫຼືວາຍຟາຍ.

yǐ yǒu de nín kě yǐ yòng yǒu xiàn wǎng luò huò zhě lái shàng wǎng
乙：有的，您可以用有线网络或者Wi-Fi来上网。

ກ: ທາງໂຮງແຮມໃຫ້ອອກຈາກຫ້ອງພັກຊ້າສຸດເວລາຈັກໂມງ?

jiǎ zuì chí jǐ diǎn tuì fáng
甲：最迟几点退房？

ຂ: ກ່ອນ 12 ໂມງຕອນທ່ຽງ.

yǐ zhōng wǔ shí èr diǎn zhī qián
乙：中午十二点之前。

ກ: ເຈົ້າ. ຂອບໃຈເດີ!

jiǎ hǎo de xiè xie
甲：好的。谢谢！

ຂ: ບໍ່ເປັນຫຍັງ!

yǐ bù kè qi
乙：不客气！

ໝາຍເຫດ 注释

1. “ພ້ອມ (ທັງ)...ດ້ວຍ” 意为“同时（还）……，并且

（还）……”。例如：ລາວຂັບລົດສົ່ງພວກເຮົາມາຮອດວັງວຽງພ້ອມທັງຈ່າຍຄ່າໂຮງແຮມຊ່ວຍພວກເຮົາອີກດ້ວຍ. 他驱车送我们到万荣，同时还帮我们支付了酒店费用。

2. ເມື່ອໃດ 意为“什么时候，何时”，用于询问时间。例如：ທ່ານເຂົ້າຫ້ອງພັກເມື່ອໃດ? 您什么时候入住?

ການສົນທະນາທີ 3

情景会话 3

(ການຊຳລະເງິນແລະແຈ້ງອອກ. ກ: ແຂກ; ຂ: ຜູ້ບໍລິການໂຮງແຮມ)

（结账退房。甲：客人；乙：酒店服务员）

ກ: ສະບາຍດີ! ຂ້ອຍຢາກຊຳລະເງິນແລະແຈ້ງອອກ.

jiǎ nín hǎo wǒ xiǎng jié zhàng tuì fáng
甲：您 好！我 想 结 账 退 房 。

ຂ: ກະລຸນາລໍຖ້າບຶດໜຶ່ງ. ທ່ານພັກທັງໝົດສອງຄືນ, ແມ່ນບໍ?

yǐ qǐng shāo děng nín yī gòng zhù le liǎng gè wǎn shang duì ma
乙： 请 稍 等 。您 一 共 住 了 两 个 晚 上 ，对 吗？

ກ: ແມ່ນແລ້ວ.

jiǎ shì de
甲：是 的。

ຂ: ທ່ານກິນໝີ່ສອງກັບແລະໂຄຄາໂຄລາໜຶ່ງກຸກໜຶ່ງ, ແມ່ນບໍ?

yǐ nín xiāo fèi le liǎng hé pào miàn hé yī píng kě lè duì ma
乙：您 消 费 了 两 盒 泡 面 和 一 瓶 可 乐，对 吗？

ກ: ແມ່ນແລ້ວ.

jiǎ duì de
甲：对的。

ຂ: ຄ່າຫ້ອງແມ່ນ 500 ຢວນ, ໝີ່ແລະໂຄຄາໂຄລາ 20 ຢວນ, ລວມທັງໝົດ 520 ຢວນ. ກະລຸນາເຊັນຊື່ຢູ່ນີ້.

yǐ fáng fèi shì yuán pào miàn hé kě lè shì yuán yī gòng shì yuán qǐng zài zhè lǐ qiān míng
乙：房费是500元，泡面和可乐是20元，一共是520元。请在这里签名。

ກ: ເຈົ້າ.

jiǎ hǎo de
甲：好的。

ຂ: ນີ້ແມ່ນເງິນມັດຈຳຂອງທ່ານ.

yǐ zhè shì nín de yā jīn
乙：这是您的押金。

ກ: ກະລຸນາຂຽນໃບບິນໃຫ້ແດ່ໃບໜຶ່ງ.

jiǎ qǐng bāng wǒ kāi yī zhāng fā piào
甲：请帮我开一张发票。

ຂ: ເຈົ້າ, ເຊີນສະແກນ QR ໂຄດ, ແລ້ວຂຽນຂໍ້ມູນໃສ່ໃບບິນ.

yǐ hǎo de qǐng sǎo mǎ tián yī xià fā piào xìn xī
乙：好的，请扫码，填一下发票信息。

ກ: ຂຽນແລ້ວໆ.

jiǎ tián hǎo le
甲：填好了。

ຂ: ນີ້ແມ່ນໃບບິນຂອງທ່ານ. ກະລຸນາກວດເບິ່ງກ່ອນ.

yǐ　zhè shì nín de fā piào　qǐng jiǎn chá yī xià
乙：这是您的发票。请检查一下。

ກ: ບໍ່ມີບັນຫາຫຍັງແລ້ວ. ຂອບໃຈ!

jiǎ　méi wèn tí le　xiè xie
甲：没问题了。谢谢!

ຂ: ບໍ່ເປັນຫຍັງດອກ.

yǐ　bù kè qi
乙：不客气。

ໝາຍເຫດ　注释

(ລວມ) ທັງໝົດ意为“全部，一共，全，都”，表示某种物品的总数。例如：ດອກຈຳປາລວມທັງໝົດມີ 99 ດອກ. 鸡蛋花一共有99朵。

ການສົນທະນາທີ 4

情景会话 4

ກ: ສະບາຍດີ! ຂໍຖາມແດ່, ທີ່ນີ້ມີຫ້ອງໃຫ້ເຊົ່າບໍ?

jiǎ　nín hǎo　qǐng wèn zhè lǐ yǒu fáng zi chū zū ma
甲：您好！请问这里有房子出租吗？

ຂ: ມີ. ທ່ານຢາກໄດ້ຫ້ອງແບບໃດ?

yǐ　yǒu　nín xiǎng yào shén me yàng de fáng zi
乙：有。您想要什么样的房子?

ກ: ມີເຮືອນໜຶ່ງຫ້ອງນອນ ແຕ່ມີຫ້ອງຄົວແລະຫ້ອງນ້ຳພ້ອມບໍ?

jiǎ yǒu dài chú fáng hé wèi shēng jiān de yī jū shì ma
甲：有带厨房和卫生间的一居室吗？

ຂ: ມີ.

yǐ yǒu de
乙：有的。

ກ: ໃນຫ້ອງມີເຟີນີເຈີແລະເຄື່ອງໃຊ້ໄຟຟ້າຫຍັງແດ່?

jiǎ fáng zi li yǒu shén me jiā jù hé jiā diàn
甲：房子里有什么家具和家电？

ຂ: ມີໂຊຟາ, ໂຕະອ່ານໜັງສື, ຕຽງ, ໂທລະພາບສີ, ຕູ້ເຢັນ, ຈັກຊັກຜ້າ, ທ່ານຫິ້ວກະເປົາເຂົ້າມາຢູ່ໄດ້ເລີຍ.

yǐ yǒu shā fā shū zhuō chuáng hé cǎi diàn bīng xiāng xǐ yī jī kě yǐ līn bāo rù zhù
乙：有沙发、书桌、床和彩电、冰箱、洗衣机，可以拎包入住。

ກ: ຂໍເບິ່ງຫ້ອງກ່ອນໄດ້ບໍ?

jiǎ wǒ kě yǐ xiān kàn yī xià fáng zi ma
甲：我可以先看一下房子吗？

ຂ: ໄດ້. ເຊີນຕາມຂ້ອຍມາ.

yǐ kě yǐ qǐng gēn wǒ lái
乙：可以。请跟我来。

ກ: (ຫຼັງຈາກເບິ່ງເຮືອນແລ້ວ) ອ່າວມືດເນາະ, ບໍ່ຄ່ອຍແຈ້ງສະຫວ່າງປານໃດ... ຍັງມີເຮືອນໜຶ່ງຫ້ອງນອນອື່ນໆອີກບໍ? ຂ້ອຍຢາກໄດ້ຫ້ອງແຈ້ງກວ່ານີ້ອີກ.

jiǎ　　　　　　　　　sì hū yǒu diǎn àn　cǎi guāng bù zěn me yàng
甲：（看过房子后）似乎有点暗，采光不怎么样……
hái yǒu bié de yī jū shì ma　wǒ xiǎng yào míng liàng xiē de
还有别的一居室吗？我想要明亮些的。

ຂ: ທາງໜ້າມີຫ້ອງໜຶ່ງປິ່ນໄປທາງໃຕ້, ແຈ້ງສະຫວ່າງດີ. ຈະພາທ່ານໄປເບິ່ງ.

yǐ　qián miàn yǒu yī jiān cháo nán de　cǎi guāng hěn hǎo　wǒ dài nín qù kàn kan
乙：前面有一间朝南的，采光很好。我带您去看看。

ກ: (ຫຼັງຈາກເບິ່ງຫ້ອງແລ້ວ) ເອີ, ຫ້ອງນີ້ຄັກຢູ່. ຄ່າເຊົ່າຫ້ອງເທົ່າໃດ?

jiǎ　　　　　　　　　ǹg　zhè jiān bù cuò　fáng zū duō shao qián
甲：（看过另一间后）嗯，这间不错。房租多少钱？

ຂ: ເດືອນລະ 1500 ຢວນ, ມັດຈຳ 1 ເດືອນຈ່າຍກ່ອນ 3 ເດືອນ.

yǐ　měi gè yuè　　yuán　yā yī fù sān
乙：每个月 1500 元，押一付三。

ກ: ໄດ້, ຕົກລົງເອົາຫ້ອງນີ້ເລີຍຊັ້ນນາ.

jiǎ　xíng ba　nà wǒ yào zhè jiān le
甲：行吧，那我要这间了。

ຂ: ເຈົ້າ, ຄັນຊັ້ນພວກເຮົາໄປເຊັນສັນຍາເທາະ.

yǐ　hǎo de　nà me wǒ men qù qiān yī xià hé tóng ba
乙：好的，那么我们去签一下合同吧。

ໝາຍເຫດ 注释

1. ບໍ່ປານໃດ意为“不怎么样，一般”。例如：ເສື້ອຜືນນີ້ບໍ່ປານ

ໃດ (ໝາຍວ່າບໍ່ງາມຫຼືຄຸນນະພາບບໍ່ດີ). 这件衣服不怎么样（不好看或质量不好）。

2. ທາງໜ້າ意为"前面，前边"，ທາງຫຼັງ意为"后面，后边"，均为方位名词。例如：ທາງໜ້າ/ທາງຫຼັງຂອງເຮືອນຂ້ອຍໄດ້ປູກຕົ້ນໝາກລຳໄຍໜຶ່ງຕົ້ນ. 我家房子前面/后面种了一棵龙眼树。

3. ຄັນຊັ້ນ意为"要是这样，既然如此，那么"，相似的表达还有ຄັນວ່າຊັ້ນ，表示承接关系。例如：ເຈົ້າຍັງຫຍຸ້ງວຽກຢູ່, ຄັນຊັ້ນຂ້ອຍໄປກິນເຂົ້າກ່ອນ. 既然你还在忙，那我就先去吃饭了。

ສາມ. ຄຳສັບແລະວະລີ 单词与短语

ພັກເຊົາ 住宿 zhù sù

ຈອງ 预订 yù dìng

ແຈ້ງເຂົ້າພັກ 入住 rù zhù

ຫ້ອງຕຽງດ່ຽວ 单间 dān jiān

ຫ້ອງຕຽງຄູ່ 标准间 biāo zhǔn jiān

ຫ້ອງສູດ 豪华套房 háo huá tào fáng

ໂທໄປຕ່າງປະເທດ 国际长途电话 guó jì cháng tú diàn huà

ປຸກຕອນເຊົ້າ 叫早 jiào zǎo

ເອກະສານ 证件 zhèng jiàn

ບັດປະຈຳຕົວ 身份证 shēn fèn zhèng

ໜັງສືຜ່ານແດນ 护照 hù zhào

ລົງທະບຽນ 登记 dēng jì

ແຈ້ງອອກ 退房 tuì fáng

ມື້ຕໍ່ໄປ 次日 cì rì

ເຊົ່າ 租 zū

ໃຫ້ເຊົ່າ 出租 chū zū

ແຈ້ງສະຫວ່າງ 采光 cǎi guāng

ຕາແມັດ 平方米 (píng fāng mǐ)

ໄຕມາດ 季度 (jì dù)

ຄ່າເຊົ່າຫ້ອງ 房租 (fáng zū)

ເຂົ້າພັກ 入住手续 (rù zhù shǒu xù)

ເລກໂທ 手机号 (shǒu jī hào)

ເງິນມັດຈຳ 押金 (yā jīn)

ບັດເຂົ້າຫ້ອງ 房卡 (fáng kǎ)

ບ່ອນສຽບສາຍອິນເຕີເນັດ 网络接线口 (wǎng luò jiē xiàn kǒu)

ເນັດມີສາຍ 有线网络 (yǒu xiàn wǎng luò)

ຫຼື 或者 (huò zhě)

ໝີ່ 泡面 (pào miàn)

ຄ່າຫ້ອງ 房费 (fáng fèi)

ເຊັນຊື່ 签名 (qiān míng)

ເຮືອນໜຶ່ງຫ້ອງນອນ 一居室 (yī jū shì)

ຫ້ອງຄົວ 厨房 (chú fáng)

ຫ້ອງນ້ຳ 卫生间 (wèi shēng jiān)

ເຟີນີເຈີ 家具 (jiā jù)

ເຄື່ອງໃຊ້ໄຟຟ້າ 家电 (jiā diàn)

ໂຊຟາ 沙发 (shā fā)

ໂຕະອ່ານໜັງສື 书桌 (shū zhuō)

ຕຽງ 床 (chuáng)

ໂທລະພາບສີ 彩电 (cǎi diàn)

ຕູ້ເຢັນ 冰箱 (bīng xiāng)

ຈັກຊັກຜ້າ 洗衣机 (xǐ yī jī)

ຫິ້ວກະເປົາເຂົ້າຢູ່ໄດ້ເລີຍ 拎包入住 (līn bāo rù zhù)

ແຈ້ງ 明亮 (míng liàng)

ປິ່ນໄປທາງໃຕ້ 朝南 (cháo nán)

ມັດຈຳ 1 ເດືອນຈ່າຍກ່ອນ 3 ເດືອນ 押一付三 (yā yī fù sān)

ສັນຍາ 合同 (hé tóng)

ສີ່. ເຝິກຫັດນອກໂມງຮຽນ 课后练习

1. ແບ່ງກຸ່ມສົນທະນາ. 分组自由对话。

(1) ສົນທະນາໂຮງແຮມຂອງລາວທີ່ເຈົ້າມັກທີ່ສຸດແມ່ນແຫ່ງໃດ.

(2) ສົນທະນາໂຮງແຮມຂອງລາວແຫ່ງໃດມີເອກະລັກຂອງຊົນເຜົ່າລາວທີ່ສຸດ.

2. ຜັດປ່ຽນກັນເຝິກຫັດ. 替换练习。

(1) ຂ້ອຍຢາກຈອງຫ້ອງຕຽງດ່ຽວຫ້ອງໜຶ່ງ.

ຫ້ອງຕຽງຄູ່

ຫ້ອງສູດ

(2) ມີບໍລິການປຸກຕອນເຊົ້າບໍ?

ສົ່ງອາຫານເຊົ້າ

ຊັກເຄື່ອງ

(3) ໃນເຮືອນມີເຟີນີເຈີ.

ໂຕະອ່ານໜັງສື

ຈັກຊັກຜ້າ

3. ຟັງສຽງອັດ, ຕື່ມຄຳສັບໃສ່ບ່ອນຫວ່າງ. **听录音，填空。**

（1）ຂ້ອຍຢາກຈອງ________________/________________.

（2）ຕ້ອງໃຊ້________________ຫຼື________________ລົງທະບຽນເວລາເຂົ້າພັກ.

（3）ຂໍຖາມແດ່, ໃນຫ້ອງມີ______________________________ບໍ?

（4）ນີ້ແມ່ນ________ຂອງທ່ານ. ______________________________.

ບົດທີ 14 ການທ່ອງທ່ຽວ

第十四课 观光旅游

ໜຶ່ງ. ໂຄງສ້າງປະໂຫຍກທີ່ສຳຄັນ 重点句式

1. ເຈົ້າເຄີຍໄປ/ຢາກໄປທ່ອງທ່ຽວຢູ່ໃສ?

nǐ qù guo xiǎng qù nǎ lǐ lǚ yóu
你去过/想去哪里旅游？

2. ຂ້ອຍເຄີຍໄປປັກກິ່ງ/ວຽງຈັນ.

wǒ qù guo běi jīng wàn xiàng
我去过北京/万象。

3. ຂ້ອຍຢາກໄປທາດຫຼວງ.

wǒ xiǎng qù tǎ luán
我想去塔銮。

4. ຂ້ອຍເຄີຍໄປ/ຢາກໄປທ່ອງທ່ຽວຢູ່ຫຼວງພະບາງ/ຫາງໂຈ່ວແລະຊີອ່ານ.

wǒ qù guo xiǎng qù láng bó lā bāng háng zhōu hé xī ān lǚ yóu
我去过/想去琅勃拉邦/杭州和西安旅游。

5. ປັກກິ່ງມີບ່ອນໃດໜ້າໄປທ່ຽວແດ່?

běi jīng yǒu nǎ xiē dì fang zhí dé qù wán
北京有哪些地方值得去玩？

6. ກຳແພງເມືອງຈີນ, ພະລາຊະວັງບູຮານແລະສວນອຸທິຍານລະດູຮ້ອນ
ອີ່ເຫີຍປວນລ້ວນແຕ່ໜ້າໄປທ່ຽວ.

cháng chéng gù gōng hé yí hé yuán dōu zhí dé qù wán
长城、故宫和颐和园都值得去玩。

7. ດິສນີແລນຮົງກົງ (Disneyland) ມ່ວນບໍ?

xiāng gǎng dí shì ní lè yuán hǎo wán ma
香港迪士尼乐园好玩吗？

8. ມ່ວນຫຼາຍ/ມ່ວນສົມຄວນ/ມ່ວນຢູ່/ບໍ່ມ່ວນເລີຍ.

fēi cháng hǎo wán　tǐng hǎo wán de　hái xíng ba　yī diǎnr　yě bù hǎo wán
非常好玩/挺好玩的/还行吧/一点儿也不好玩。

9. ຊື້ປີ້ຜ່ານປະຕູແນວໃດ?

zěn yàng gòu mǎi nà lǐ de mén piào
怎样购买那里的门票？

10. ສາມາດຊື້ປີ້ຕົວຈິງຢູ່ຫ້ອງຂາຍປີ້, ຈອງປີ້ອີເລັກໂຕຼນິກອອນລາຍກໍໄດ້.

kě yǐ zài shòu piào chù gòu mǎi shí tǐ mén piào　yě kě yǐ zài wǎng shang yù gòu diàn zǐ mén piào
可以在售票处购买实体门票，也可以在网上预购电子门票。

11. ໃຊ້ບັດນັກຮຽນ, ນັກສຶກສາ/ບັດຜູ້ເຖົ້າຊື້ປີ້ສາມາດຫຼຸດລາຄາໄດ້.

píng xué shēng zhèng　lǎo rén zhèng kě yǐ mǎi yōu huì piào
凭学生证/老人证可以买优惠票。

12. ເດັກນ້ອຍປີ້ເຄິ່ງລາຄາ.

ér tóng bàn piào
儿童半票。

13. ຂ້ອຍໄດ້ຊື້ປີ້ເຂົ້າຊົມທຸກບ່ອນໃນແຫຼ່ງທ່ອງທ່ຽວໜຶ່ງໃບແລ້ວ.

wǒ mǎi le yī zhāng jǐng qū tōng piào
我买了一张景区通票。

14. ຖ່າຍຮູບໃຫ້ຂ້ອຍແດ່ໄດ້ບໍ?

kě yǐ bāng wǒ pāi zhāng zhào piàn ma
可以帮我拍张照片吗？

15. ເຈົ້າຖ່າຍຮູບງາມຫຼາຍ!

nín pāi de zhēn hǎo
您 拍 得 真 好！

ຂໍ້ສະຫຼຸບ 语言点归纳

1. “ໃສ 哪里”或者“ບ່ອນໃດ 哪个地方，哪些地方”，都用于询问地点/地址。例如：ເຈົ້າຢາກໄປເຮັດວຽກຢູ່ໃສ? 你想去哪里工作? ເຮືອນຂອງລາວຢູ່ບ່ອນໃດ? 他家在哪个地方? ບ່ອນໃດໜ້າໄປທ່ຽວຊົມ? 哪些地方值得参观?

2. ເຄີຍ意为“曾，曾经”。如果是否定式，则在前面加上ບໍ່。例如：ຂ້ອຍເຄີຍເປັນທ່ານໝໍ. 我曾经是一名医生。ຂ້ອຍບໍ່ເຄີຍໄປໄຊຍະບູລີຂອງປະເທດລາວ. 我没有去过老挝沙耶武里省。

3. ໜ້າ/ເປັນຕາ意为“值得……”。当赞扬或者介绍某一处值得游玩的景色时可以说：ໜ້າໄປທ່ຽວ值得玩，ໜ້າໄປທ່ອງທ່ຽວ值得一游，ໜ້າໄປທ່ຽວຊົມ值得参观，等等。

ສອງ. ເຝິກການສົນທະນາ 会话训练

ການສົນທະນາທີ 1

情景会话 1

(ກ: ຄົນຈີນ; ຂ: ຄົນລາວ)

（甲：中国人；乙：老挝人）

ກ: ເຈົ້າມາຢູ່ຈີນຫຼາຍປີມານີ້, ເຄີຍໄປທ່ຽວບ່ອນໃດແດ່?

jiǎ nǐ zài zhōng guó zhè jǐ nián qù guo nǎ xiē dì fang lǚ yóu
甲：你在中国这几年，去过哪些地方旅游？

ຂ: ຂ້ອຍເຄີຍໄປປັກກິ່ງແລະຊູໂຈ່ວ.

yǐ wǒ qù guo běi jīng hé sū zhōu
乙：我去过北京和苏州。

ກ: ມີຄວາມຮູ້ສຶກແນວໃດ?

jiǎ yǒu shén me gǎn jué
甲：有什么感觉？

ຂ: ພະລາຊະວັງບູຮານແລະກຳແພງເມືອງຈີນປັກກິ່ງເຮັດໃຫ້ປະທັບໃຈຫຼາຍ, ຫູຖົງແລະຊື່ເຫີຢ້ວນກໍມີເອກະລັກພິເສດ; ການຈັດວາງຂອງສວນອຸທິຍານຊູໂຈ່ວສວຍງາມປານີດ, ເຮັດໃຫ້ສະບາຍໃຈ.

yǐ běi jīng de gù gōng hé cháng chéng zhèn hàn rén xīn hú tòng hé sì hé yuàn yě hěn yǒu tè sè sū zhōu de yuán lín bù jú jīng qiǎo lìng rén shǎng xīn yuè mù
乙：北京的故宫和长城震撼人心，胡同和四合院也很有特色；苏州的园林布局精巧，令人赏心悦目。

ກ: ເທື່ອໜ້າເຈົ້າຢາກໄປທ່ຽວໃສ?

jiǎ xià yī cì lǚ yóu nǐ xiǎng qù nǎ lǐ ne
甲：下一次旅游你想去哪里呢？

ຂ: ເທື່ອໜ້າຂ້ອຍຢາກໄປທ່ຽວແມ່ນ້ຳຫຼີຈ່ຽງຂອງເມືອງກຸ້ຍຫຼິນ, ໄດ້ຍິນວ່າພູຜາແມ່ນ້ຳຢູ່ແຫ່ງນັ້ນງາມຄືພາບວາດ.

yǐ xià cì wǒ xiǎng qù yóu guì lín lí jiāng tīng shuō nà lǐ shān shuǐ rú huà
乙：下次我想去游桂林漓江，听说那里山水如画。

ກ: ແມ່ນແລ້ວ. ທິວທັດພູຜາແມ່ນ້ຳຂອງເມືອງກຸ້ຍຫຼິນສວຍງາມເປັນທີ 1 ໃນໂລກ, ໜ້າໄປທ່ຽວຊົມ.

jiǎ nà shì guì lín shān shuǐ jiǎ tiān xià zhí dé qù
甲：那是。桂林山水甲天下，值得去。

ຂ: ເຈົ້າເດ? ມີແຜນຫຍັງບໍ?

yǐ nǐ ne yǒu shén me dǎ suàn
乙：你呢？有什么打算？

ກ: ທ້າຍປີຂ້ອຍຢາກໄປປະເທດລາວ. ແມ່ນແລະ, ຂໍຖາມແດ່, ຢູ່ລາວມີບ່ອນໃດມ່ວນໆແດ່?

jiǎ wǒ dǎ suàn nián dǐ qù yī tàng lǎo wō duì le qǐng wèn lǎo wō yǒu nǎ xiē hǎo wán de dì fang ne
甲：我打算年底去一趟老挝。对了，请问老挝有哪些好玩的地方呢？

ຂ: ບ່ອນມ່ວນໆຢູ່ລາວມີຫຼາຍ, ເຊັ່ນວ່າ: ປະຕູໄຊ, ທາດຫຼວງ, ຫໍພະແກ້ວນະຄອນຫຼວງວຽງຈັນ, ນ້ຳຕົກຕາດກວາງຊີ ແຂວງຫຼວງພະບາງແລະອື່ນໆ.

yǐ lǎo wō hǎo wán de dì fang hěn duō bǐ rú wàn xiàng de kǎi xuán mén
乙：老挝好玩的地方很多，比如万象的凯旋门、

tǎ luán　yù fó sì　láng bó lā bāng de guāng xī pù bù　děng děng
塔銮、玉佛寺，琅勃拉邦的光西瀑布，等等。

ກ: ໂອ້, ມີບ່ອນມ່ວນໆຫຼາຍປານນີ້ບໍ! ຂ້ອຍຈະພະຍາຍາມໄປທ່ຽວບ່ອນເຫຼົ່ານີ້ໃຫ້ໝົດ.

jiǎ　wa　zhè me duō hǎo wán de dì fang　wǒ zhēng qǔ dōu qù kàn kan
甲：哇，这么多好玩的地方！我争取都去看看。

ຂ: ຂໍໃຫ້ເຈົ້າທ່ຽວມ່ວນໆເດີ!

yǐ　zhù nǐ wán de kāi xīn
乙：祝你玩得开心！

ໝາຍເຫດ　注释

1. ເຮັດໃຫ້ 意为“使得，造成，导致，致使”，表示由某种原因引起某种结果。例如：ທິວທັດຂອງອ່າງນ້ຳງື່ມເຮັດໃຫ້ຂ້ອຍປະທັບໃຈຫຼາຍ. 老挝南俄湖的美景使我印象深刻。

2. ເທື່ອໜ້າ意为“下次，下回”。ເທື່ອ作为量词，表示“次，回”。例如：ເທື່ອໜ້າຂ້ອຍຢາກໄປເບິ່ງຮູບເງົາ. 我下次想去看电影。

3. ໄດ້ຍິນວ່າ意为“听说，听闻”。例如：ຂ້ອຍໄດ້ຍິນວ່າສົມບູນຈະຈັດງານດອງໃນອາທິດໜ້າ. 我听说颂本下周举行婚礼。

4. ເຊັ່ນ意为“例如，比如”，用来举例说明。例如：ຂ້ອຍຢາກໄປທ່ຽວຫຼາຍປະເທດ, ເຊັ່ນປະເທດລາວ, ປະເທດໄທ, ປະເທດອິນໂດເນເຊຍແລະອື່ນໆ. 我想去很多国家旅游，比如老挝、泰国、印度尼西亚

等。

5. ແລະອື່ນໆ意为“等等”，一般用于还未列举完的项目。例如：ຂ້ອຍມັກກິນໝາກທຸລຽນ，ໝາກມ່ວງ，ໝາກມີ້ແລະອື່ນໆ. 我喜欢吃榴梿、杧果、波罗蜜等等。

ການສົນທະນາທີ 2

情景会话 2

(ກ: ຄົນລາວ; ຂ: ຄົນໜານໜິງ)

（甲：老挝人；乙：南宁人）

ກ: (ຢູ່ປະຕູເຂດທ່ອງທ່ຽວພູຊິ່ງຊີ້ວໃນລະດູດອກຄາຍເບັ່ງບານ)ແຖວຊື້ປີ້ຍາວແທ້!

jiǎ　　　　　　　　　　　　　　　　　　mǎi piào de duì wu
甲：（在桃花盛开时节的青秀山景区门口）买票的队伍
hǎo cháng a
好长啊！

ຂ: ຕອນນີ້ແມ່ນລະດູທ່ອງທ່ຽວຍອດນິຍົມ, ນັກທ່ອງທ່ຽວມີຫຼາຍ. ແຕ່ບໍ່ຕ້ອງເປັນຫ່ວງ, ຂ້ອຍຊື້ປີ້ອີເລັກໂຕຼນິກລ່ວງໜ້າແລ້ວ. ພວກເຮົາສະແກນ QR ໂຄດ ກໍສາມາດເຂົ້າໄປໄດ້ແລ້ວ.

yǐ　xiàn zài shì lǚ yóu wàng jì　yóu kè bǐ jiào duō　bù guò bié dān xīn　wǒ
乙：现在是旅游旺季，游客比较多。不过别担心，我
tí qián zài wǎng shang mǎi le diàn zǐ mén piào　wǒ men zhí jiē shuā èr
提前在网上买了电子门票。我们直接刷二
wéi mǎ jiù kě yǐ jìn qù le
维码就可以进去了。

ກ: ດີຫຼາຍ!

jiǎ tài hǎo le
甲：太好了！

ຂ: ແລະສາມາດຊື້ປີ້ນັກຮຽນທີ່ມີສ່ວນຫຼຸດ, ປີ້ຜູ້ອາວຸໂສແລະປີ້ເດັກນ້ອຍທາງອິນເຕີເນັດ.

yǐ ér qiě wǎng shang kě yǐ mǎi dào jiào yōu huì de xué shēng piào lǎo rén piào ér tóng piào
乙：而且网上可以买到较优惠的学生票、老人票、儿童票。

ກ: ສະດວກສະບາຍແທ້ເນາະ!

jiǎ zhēn fāng biàn a
甲：真方便啊！

ຂ: (ພາຍຫຼັງທ່ຽວຫຼາຍຊົ່ວໂມງແລ້ວ) ເມື່ອຍບໍ?

yǐ lèi bù lèi
乙：（游玩了几个小时后）累不累？

ກ: ເມື່ອຍຫລາຍ! ພູຊິ່ງຊິ້ວກວ້າງໃຫຍ່ໂພດ!

jiǎ hǎo lèi qīng xiù shān shí zài shì tài dà le
甲：好累！青秀山实在是太大了！

ຂ: ພວກເຮົານັ່ງພັກຜ່ອນຈັກໜ້ອຍເທາະ.

yǐ wǒ men zuò xià lái xiū xi yī xià ba
乙：我们坐下来休息一下吧。

ກ: ດີ.

jiǎ hǎo
甲：好。

ຂ: ສວນສາທາລະນະພູຊິ່ງຊິ້ວມີຈຸດທ່ຽວຊົມຫຼາຍແນວນີ້, ເຈົ້າມັກ

ບ່ອນໃດຫຼາຍທີ່ສຸດ?

yǐ qīng xiù shān gōng yuán yǒu zhè me duō jǐng diǎn nǐ zuì xǐ huan nǎ yī chù
乙：青秀山公园有这么多景点，你最喜欢哪一处？

ກ: ຂ້ອຍມັກດອນດອກຄາຍຫຼາຍທີ່ສຸດ, ດອກຄາຍຢູ່ທີ່ນັ້ນງາມອີ່ຫຼີ! ເຈົ້າເດ?

jiǎ wǒ zuì xǐ huan táo huā dǎo nà lǐ de táo huā piào liang jí le nǐ ne
甲：我最喜欢桃花岛，那里的桃花漂亮极了！你呢？

ຂ: ຂ້ອຍມັກຢືນຫຼຽວເບິ່ງແມ່ນ້ຳຢົ່ງຈ່ຽງຢູ່ຊັ້ນ 9 ທີ່ເປັນຊັ້ນສູງສຸດຂອງ
ທາດຫຼົງຊ້ຽງ, ຈັ່ງແມ່ນງາມຫຼາຍຈົນເບິ່ງບໍ່ທົ່ວ!

yǐ wǒ xǐ huan zài lóng xiàng tǎ de jiǔ céng tǎ dǐng tiào wàng yōng jiāng zhēn shì měi bù shèng shōu
乙：我喜欢在龙象塔的九层塔顶眺望邕江，真是美不胜收！

ກ: ມື້ນີ້ຫຼິ້ນເຕັມທີ່. ຈັກໜ້ອຍພວກເຮົາຂີ່ລົດນຳທ່ຽວລົງພູ, ດີບໍ? ຂ້ອຍບໍ່ມີ
ແຮງຍ່າງລົງພູແລ້ວ.

jiǎ jīn tiān wán de hěn jìn xìng wǒ men děng huìr zuò guān guāng chē xià shān hǎo ma wǒ yǐ jīng méi lì qi zǒu xià shān le
甲：今天玩得很尽兴。我们等会儿坐观光车下山，好吗？我已经没力气走下山了。

ຂ: ຊັ້ນພວກເຮົາຮີບໄປບ່ອນຖ້າລົດ. ດຽວນີ້ຄ້າຍແລງ 5: 30 ແລ້ວ,
ລົດນຳທ່ຽວແລ່ນຮອດ 6: 00. ຖ້າບໍ່ທັນ ພວກເຮົາຊິໄດ້ຍ່າງລົງພູ.

yǐ nà wǒ men yào gǎn jǐn qù hòu chē diǎn xiàn zài yǐ jīng xià wǔ diǎn bàn le guān guāng chē zhǐ kāi dào diǎn yào shi cuò guò le wǒ men jiù zhǐ néng bù xíng xià shān le
乙：那我们要赶紧去候车点。现在已经下午5点半了，观光车只开到6点。要是错过了，我们就只能步行下山了。

ກ: ໄດ້, ຊັ້ນພວກເຮົາຣີບໄປເທາະ.

jiǎ hǎo de nà wǒ men kuài zǒu ba
甲：好的，那我们快走吧。

ໝາຍເຫດ 注释

1. ສາມາດ 做助动词时，意为“可以，会，能够”。例如：ເຈົ້າຄົນດຽວສາມາດກິນເຂົ້າຂົ້ວສອງຈານໃຫ້ໝົດບໍ? 你一个人可以吃完两盘炒饭吗?

2. ອີ່ຫຼີ 意为“真的，的确”，一般用于加强肯定的语气。例如：ບຸນທາດຫຼວງຄຶກຄື້ນອີ່ຫຼີ! 塔銮节真的很热闹！ປີ້ງປານີ້ແຊບອີ່ຫຼີ! 这条烤鱼真好吃！

3. ເຈົ້າເດ 意为“你呢”，一般用于反问句中。例如：ມື້ນີ້ຂ້ອຍໄປສວນສັດ，ເຈົ້າເດ? 我今天去动物园，你去吗?

ການສົນທະນາທີ 3

情景会话 3

(ກ: ນັກທ່ອງທ່ຽວ; ຂ: ຄົນສັນຈອນທີໜຶ່ງ; ຄ: ຄົນສັນຈອນທີສອງ)

（甲：游客；乙：路人一；丙：路人二）

ກ: ສະບາຍດີ! ກະລຸນາຊ່ວຍຖ່າຍຮູບໃຫ້ຂ້ອຍແດ່ໄດ້ບໍ?

jiǎ nín hǎo qǐng wèn kě yǐ bāng wǒ pāi yī zhāng zhào piàn ma
甲：您好！请问可以帮我拍一张照片吗？

ຂ: ໄດ້. ທ່ານຢາກຖ່າຍຮູບຢູ່ບ່ອນໃດ?

yǐ kě yǐ ya nín xiǎng zài nǎr pāi
乙：可以呀。您想在哪儿拍？

ກ: ຢູ່ນີ້ແລະ. ທ່ານເບິ່ງດຸສາມາດຖ່າຍເອົາປະຕູໃຫຍ່ໄດ້ບໍ?

jiǎ jiù zài zhè lǐ nín kàn néng bǎ dà mén pāi jìn qù ma
甲：就在这里。您看能把大门拍进去吗？

ຂ: ຂ້ອຍເບິ່ງກ່ອນ...ຄົງບໍ່ມີບັນຫາ. ທ່ານຢາກຖ່າຍໝົດໂຕຫຼືເຄິ່ງໂຕ (ເຄິ່ງຄິງ)?

yǐ wǒ kàn yī xià yīng gāi méi wèn tí nín xiǎng pāi quán shēn hái shi bàn shēn
乙：我看一下……应该没问题。您想拍全身还是半身？

ກ: ຖ່າຍໝົດໂຕໄດ້ບໍ?

jiǎ néng pāi quán shēn ma
甲：能拍全身吗？

ຂ: ບໍ່ມີບັນຫາ. ກຽມພ້ອມແລ້ວບໍ?

yǐ méi wèn tí zhǔn bèi hǎo le ma
乙：没问题。准备好了吗？

ກ: ກຽມພ້ອມແລ້ວ.

jiǎ zhǔn bèi hǎo le
甲：准备好了。

ຂ: ໜຶ່ງ, ສອງ... ໂອ້ຍ, ຖ້າບຶດດຽວ, ມີຄົນຍ່າງຜ່ານບັງກ້ອງຖ່າຍຮູບໝົດ. ຂ້ອຍໄປບອກລາວກ່ອນ.

yǐ yī èr āi yā děng yī huì yǒu gè lù rén dǎng zhù jìng tóu le
乙：一、二……哎呀，等一会，有个路人挡住镜头了。

wǒ guò qù tí xǐng yī xià
我过去提醒一下。

ຂ (ຍ່າງໄປຫາ ຄ): ຂໍໂທດ, ພວກເຮົາກຳລັງຖ່າຍຮູບ. ຫຼີກໃຫ້ແດ່ໄດ້ບໍ?

yǐ duì bu qǐ wǒ men zài zhào xiàng néng fǒu ràng yī xià
乙（走向丙）：对不起，我们在照相。能否让一下？

ຄ: ໂອ, ຂໍໂທດ!

bǐng ò bào qiàn
丙：哦，抱歉！

ຂ: ໄດ້ແລ້ວ, ລາວໄປແລ້ວ. ພວກເຮົາຖ່າຍຕໍ່, ຍິ້ມ.

yǐ hǎo tā zǒu le wǒ men jì xù xiào yī gè
乙：好，他走了。我们继续，笑一个。

ຂ: ໄດ້. ທ່ານເບິ່ງກ່ອນເປັນແນວໃດ.

yǐ nín kàn yī xià xiào guǒ
乙：OK。您看一下效果。

ກ: ຖ່າຍໄດ້ດີຫຼາຍ! ຂອບໃຈທ່ານ!

jiǎ pāi de zhēn hǎo xiè xie nín
甲：拍得真好！谢谢您！

ຂ: ບໍ່ເປັນຫຍັງ.

yǐ bù kè qi
乙：不客气。

ໝາຍເຫດ 注释

ກະລຸນາ意为“请，敬请，恳请，劳驾”，一般用在祈使句的开头。请求别人做某事时，常与ແດ່连用，ແດ່一般放在句末。例如：

ກະລຸນາຊ່ວຍຂ້ອຍວາງມືຖືຢູ່ເທິງໂຕະ（ແດ່）. 请帮我把手机放到桌上。

ກະລຸນາຊ່ວຍຂ້ອຍຊື້ນ້ຳດື່ມໜຶ່ງແກ້ວ. 麻烦帮我买一瓶水。

ສາມ. ຄຳສັບແລະວະລີ 单词与短语

ທ່ອງທ່ຽວ 旅游 lǚ yóu	ໃສ 哪里 nǎ lǐ
ບ່ອນໃດ 哪些地方 nǎ xiē dì fang	ໜ້າ 值得 zhí dé
ກຳແພງເມືອງຈີນ 长城 cháng chéng	ພະລາຊະວັງບູຮານ 故宫 gù gōng
ສວນອຸທິຍານລະດູຮ້ອນອີ່ເຫີຢວນ 颐和园 yí hé yuán	
ມ່ວນ 好玩 hǎo wán	ປີ້ຜ່ານປະຕູ 门票 mén piào
ຫ້ອງຂາຍປີ້ 售票处 shòu piào chù	ປີ້ທີ່ຫຼຸດລາຄາ 优惠票 yōu huì piào
ປີ້ເຄິ່ງລາຄາ 半票 bàn piào	ປີ້ເຂົ້າຊົມທຸກບ່ອນ 通票 tōng piào
ແຫຼ່ງທ່ອງທ່ຽວ 景区 jǐng qū	ຮູ້ສຶກ 感觉 gǎn jué
ປະທັບໃຈຫຼາຍ 震撼人心 zhèn hàn rén xīn	ຫູຖົງ 胡同 hú tòng
ຊື່ເຫີຢ້ວນ 四合院 sì hé yuàn	ຈັດວາງ 布局 bù jú

ສວນອຸທິຍານ 园林 (yuán lín)

ສວຍງາມປານີດ 精巧 (jīng qiǎo)

ສະບາຍໃຈ 赏心悦目 (shǎng xīn yuè mù)

ພູຜາແມ່ນ້ຳງາມຄືພາບວາດ 山水如画 (shān shuǐ rú huà)

ທ້າຍປີ 年底 (nián dǐ)

ແມ່ນແລະ 对了 (duì le)

ແລະອື່ນໆ 等等 (děng děng)

ພະຍາຍາມ 争取 (zhēng qǔ)

ດອກຄາຍ 桃花 (táo huā)

ເບັ່ງບານ 盛开 (shèng kāi)

ແຖວ 队伍 (duì wu)

ລະດູທ່ອງທ່ຽວຍອດນິຍົມ 旺季 (wàng jì)

ນັກທ່ອງທ່ຽວ 游客 (yóu kè)

ແຕ່ 不过 (bù guò)

ເປັນຫ່ວງ 担心 (dān xīn)

ລ່ວງໜ້າ 提前 (tí qián)

ຈຸດທ່ຽວຊົມ 景点 (jǐng diǎn)

ຫຼຽວເບິ່ງ 眺望 (tiào wàng)

ງາມຫຼາຍຈົນເບິ່ງບໍ່ທົ່ວ 美不胜收 (měi bù shèng shōu)

ເຕັມທີ່ 尽兴 (jìn xìng)

ລົດນຳທ່ຽວ 观光车 (guān guāng chē)

ລົງພູ 下山 (xià shān)

ບ່ອນຖ້າລົດ 候车点 (hòu chē diǎn)

ບໍ່ທັນ 错过 (cuò guò)

ຍ່າງ 步行 (bù xíng)

ຖ່າຍຮູບ 拍照片 (pāi zhào piàn)

ໝົດໂຕ 全身 (quán shēn)

ບັງ 挡住 (dǎng zhù)

ກ້ອງຖ່າຍຮູບ 镜头 (jìng tóu)

ບອກ 提醒 (tí xǐng)

ສີ່. ເຝິກຫັດນອກໂມງຮຽນ 课后练习

1. ນຳໃຊ້ຄຳສັບດັ່ງລຸ່ມນີ້ແຕ່ງໃຫ້ເປັນປະໂຫຍກ. **用下列单词造句。**

（1）ເຄີຍ

（2）ວຽງຈັນ

（3）ທ່ອງທ່ຽວ

（4）ທາດຫຼວງ

（5）ຫຼວງພະບາງ

（6）ຢາກ

2. ອີງຕາມບົດຮຽນ， ຕື່ມຄຳສັບໃສ່ປະໂຫຍກໃຫ້ຄົບຖ້ວນ. **根据课文原文，将下列句子补充完整。**

（1）老挝好玩的地方很多，比如万象的凯旋门、塔銮、玉佛寺，琅勃拉邦的光西瀑布，等等。

ບ່ອນມ່ວນໆຢູ່ລາວມີຫຼາຍ, ເຊັ່ນວ່າ: ______________________

____.

（2）现在是旅游旺季，游客比较多。不过别担心，我提前在网上买了电子门票。我们直接刷二维码就可以进去了。

____.

ແຕ່ບໍ່ຕ້ອງເປັນຫ່ວງ, ຂ້ອຍຊື້ປີ້ອີເລັກໂຕຼນິກລ່ວງໜ້າແລ້ວ. ພວກເຮົາສະແກນ QR ໂຄດ ກໍສາມາດເຂົ້າໄປໄດ້ແລ້ວ.

（3）今天玩得很尽兴。我们等会儿坐观光车下山，好吗？

ມື້ນີ້ຫຼິ້ນເຕັມທີ່. ________________________?

3. ຕອບຄຳຖາມລຸ່ມນີ້. **回答下列问题。**

（1）ແນະນຳສະຖານທີ່ທ່ອງທ່ຽວບ່ອນໜຶ່ງທີ່ເຈົ້າປະທັບໃຈທີ່ສຸດໃຫ້ໝູ່ເພື່ອນເຈົ້າຟັງ.

（2）ໃນເວລາໄປທ່ອງທ່ຽວເຈົ້າມັກໄປກັບໃຜ?

（3）ເຈົ້າມັກໄປທ່ອງທ່ຽວຢູ່ພາຍໃນປະເທດຫຼືວ່າຕ່າງປະເທດ?

4. ຟັງສຽງອັດ, ພິຈາລະນາຖືກຜິດ（ຖືກໃຫ້ຂຽນ T, ຜິດໃຫ້ຂຽນ F）. **听录音，判断正误（正确的写T，错误的写F）。**

（1）ໃຊ້ບັດນັກຮຽນ, ນັກສຶກສາຊື້ປີ້ສາມາດຫຼຸດລາຄາໄດ້.

（2）ທ້າຍປີຂ້ອຍຢາກໄປປະເທດໄທ.

（3）ພູຊິ່ງຊື່ວກວ້າງໃຫຍ່ໂພດ!

（4）ຕອນນີ້ແມ່ນລະດູທີ່ຄົນທ່ຽວບໍ່ຫຼາຍ, ນັກທ່ອງທ່ຽວມີໜ້ອຍ.

ບົດທີ 15 ບັນເທີງ

第十五课 娱 乐

ໜຶ່ງ. ໂຄງສ້າງປະໂຫຍກທີ່ສຳຄັນ 重点句式

1. ເຈົ້າເລີກວຽກແລ້ວ/ທ້າຍອາທິດມັກເຮັດຫຍັງ?

nǐ xià bān hòu zhōu mò xǐ huan zuò shén me
你下班后/周末喜欢做什么？

2. ຂ້ອຍເລີກວຽກແລ້ວມັກເບິ່ງໂທລະພາບແລະຟັງດົນຕີ.

wǒ xià bān hòu xǐ huan kàn diàn shì hé tīng yīn yuè
我下班后喜欢看电视和听音乐。

3. ທ້າຍອາທິດຂ້ອຍມັກຫຼິ້ນເກມອີເລັກໂຕຼນິກ.

wǒ zhōu mò xǐ huan wán diàn zǐ yóu xì
我周末喜欢玩电子游戏。

4. ທຳມະດາລາວມັກເຮັດຫຍັງ?

tā píng shí xǐ huan zuò shén me
他平时喜欢做什么？

5. ລາວມັກຕຶກເບັດແລະຫຼິ້ນໝາກເສິກ.

tā xǐ huan diào yú hé xià xiàng qí
他喜欢钓鱼和下象棋。

6. ເຈົ້າມັກຫຼິ້ນເກມ/ຫຼິ້ນໄພ້/ຫຼິ້ນໝາກເສິກບໍ?

nǐ xǐ huan dǎ yóu xì dǎ pū kè xià xiàng qí ma
你喜欢打游戏/打扑克/下象棋吗？

7. ມັກ/ບໍ່ມັກ/ທຳມະດາ.

xǐ huan bù xǐ huan yī bān bān
喜欢/不喜欢/一般般。

8. ເຈົ້າມັກເບິ່ງຮູບເງົາ/ລະຄອນໂທລະພາບປະເພດໃດ?
nǐ xǐ huan kàn shén me lèi xíng de diàn yǐng diàn shì jù
你喜欢看什么类型的电影/电视剧?

9. ຂ້ອຍມັກເບິ່ງຮູບເງົາກັງຟູ/ຮູບເງົາບູຮານ.
wǒ xǐ huan kàn gōng fu piàn gǔ zhuāng jù
我喜欢看功夫片/古装剧。

10. ຕອນຄ່ຳມື້ອື່ນ/ທ້າຍອາທິດນີ້ມີແຜນການຫຍັງ?
míng wǎn yǒu shén me ān pái zhè zhōu mò zěn me ān pái
明晚有什么安排/这周末怎么安排?

11. ຍັງບໍ່ທັນຄິດ/ຍັງບໍ່ທັນມີແຜນການ.
hái méi xiǎng hǎo hái méi yǒu jì huà
还没想好/还没有计划。

12. ຂ້ອຍຢາກໄປຮ້ອງຄາລາໂອເກະ/ຂ້ອຍຊິອ່ານນະວະນິຍາຍຢູ່ເຮືອນ.
wǒ xiǎng qù chàng kǎ lā wǒ dǎ suàn zài jiā kàn xiǎo shuō
我想去唱卡拉OK/我打算在家看小说。

13. ຕອນຄ່ຳມື້ອື່ນໄປເຕັ້ນດິສໂກ້/ຕອນບ່າຍໄປເບິ່ງຮູບເງົາເປັນແນວໃດ?
míng wǎn qù bèng dí xià wǔ qù kàn diàn yǐng zěn me yàng
明晚去蹦迪/下午去看电影怎么样?

14. ດີ. /ຂໍໂທດ, ຂ້ອຍຄາວຽກຢູ່ ໄປບໍ່ໄດ້.
hǎo ya hěn bào qiàn wǒ yǒu shì qù bù liǎo
好呀。/很抱歉，我有事去不了。

ຂໍ້ສະຫຼຸບ 语言点归纳

1. "ເຈົ້າມັກ...ບໍ່?" 意为"你喜欢……吗？"，一般用于询问他人是否喜欢某项活动。例如：ເຈົ້າມັກຫຼິ້ນໄພ້ນົກກະຈອກບໍ? 你喜欢打麻将吗？回答为：ມັກ. 喜欢。/ບໍ່ມັກ. 不喜欢。/ທຳມະດາ. 一般般。

2. "...ເປັນແນວໃດ?" 意为"……怎么样？"，用于向他人推荐某项活动或者询问他人的意见。例如：ທ້າຍອາທິດໄປຫຼິ້ນບານບ້ວງເປັນແນວໃດ? 周末去打篮球怎么样？如果同意，可以这样回答：ໄດ້. 好的。/ດີ. 好呀。如果拒绝，可以这样回答：ຂໍໂທດ, ຂ້ອຍຄາວຽກໄປບໍ່ໄດ້ແລ້ວ. 抱歉，我有事去不了。/ຂໍໂທດ, ຂ້ອຍມີແຜນອື່ນແລ້ວ. 不好意思，我有其他安排了。

ສອງ. ເຝິກການສົນທະນາ 会话训练

ການສົນທະນາທີ 1

情景会话 1

(ຢູ່ KTV)

（在KTV）

ກ: ເພງຕໍ່ໄປຂອງໃຜ?

jiǎ xià yī shǒu gē shì shuí diǎn de
甲：下一首歌是谁点的？

ຂ: ຂອງສຽວຫຼີ.

yǐ hái shi xiǎo lǐ diǎn de
乙：还是小李点的。

ກ: ລາວຮ້ອງສາມເພງລຽນຕິດແລ້ວ! ເບິ່ງລາວເປັນຄົນບໍ່ມັກປາກບໍ່ມັກເວົ້າ, ບໍ່ນຶກວ່າລາວເປັນຜູ້ຮ້ອງເພງເກັ່ງຄົນໃນຝັກແທ້ນໍ້.

jiǎ tā yǐ jīng lián xù chàng le sān shǒu kàn tā píng shí hǎo xiàng mán nèi xiàng de méi xiǎng dào shì gè shēn cáng bù lù de mài bà ne
甲：他已经连续唱了三首！看他平时好像蛮内向的，没想到是个深藏不露的"麦霸"呢。

ຂ: ພໍ່ແມ່ຂອງລາວເປັນອາຈານສອນດົນຕີ, ລາວຮຽນຮ້ອງເພງນຳພໍ່ແມ່ຕັ້ງແຕ່ນ້ອຍ.

yǐ tā de fù mǔ dōu shì yīn yuè lǎo shī tā cóng xiǎo jiù gēn fù mǔ xué xí chàng gē
乙：他的父母都是音乐老师，他从小就跟父母学习唱歌。

ກ: ສົມພໍວ່າລາວຮ້ອງໄດ້ດີ.

jiǎ nán guài tā chàng de zhè me hǎo
甲：难怪他唱得这么好。

ຂ: ໄດ້ຍິນວ່າລາວເຄີຍເຂົ້າຮ່ວມການແຂ່ງຂັນຮ້ອງເພງຂອງໂຮງຮຽນ, ຍັງໄດ້ຮັບລາງວັນອີກໄດ.

yǐ tīng shuō tā yǐ qián cān jiā guo xué xiào de gē yǒng bǐ sài hái huò guo jiǎng ne
乙：听说他以前参加过学校的歌咏比赛，还获过奖呢。

ກ: ແທ້ບໍ? ເກັ່ງຫຼາຍ!

jiǎ zhēn de ma tài lì hai le
甲：真的吗？太厉害了！

ໝາຍເຫດ 注释

1. “ຕັ້ງແຕ່...” 意为“自……以来，自从”，是一个固定词组。常用的搭配有：ຕັ້ງແຕ່ນີ້ຕໍ່ໄປ 今后，从今以后；ຕັ້ງແຕ່ໃດມາ 很久以前，从来，向来。例如：ລາວມັກຮ້ອງເພງຕັ້ງແຕ່ນ້ອຍ. 他从小就喜欢唱歌。ຕັ້ງແຕ່ນີ້ຕໍ່ໄປ，ພວກເຮົາເປັນໝູ່ເພື່ອນທີ່ດີ. 从今以后，我们就是好朋友了。ຕັ້ງແຕ່ໃດມາ，ລາວບໍ່ມັກກິນອາຫານທະເລ. 他向来不喜欢吃海鲜。

2. ສົມພໍວ່າ意为“难怪，怪不得”。例如：ພໍ່ຂອງລາວແມ່ນນັກແຕ້ມຮູບ，ສົມພໍວ່າລາວແຕ້ມຮູບແຕ້ມໄດ້ດີ. 原来他的父亲是画家，难怪他画画画得那么好。

3. “ຍັງ...ອີກ” 意为“还”，表示在某个范围之外有所增益或补充。例如：ນອກຈາກມັກເບິ່ງຮູບເງົາ，ລາວຍັງມັກໄປທ່ອງທ່ຽວອີກ. 除了喜欢看电影，他还喜欢旅游。

ການສົນທະນາທີ 2

情景会话 2

(ກ: ຄົນລາວ; ຂ: ຄົນຈີນ)

（甲：老挝人；乙：中国人）

ກ: ຕອນນີ້ຢູ່ນອກແດດກ້າຫຼາຍ. ຂ້ອຍຢ້ານແດດ, ບໍ່ກ້າອອກໄປຫຼິ້ນຢູ່ນອກ.

jiǎ xiàn zài wài miàn tài yáng hǎo dà wǒ pà shài bù gǎn chū qù wán le

甲：现在外面太阳好大。我怕晒，不敢出去玩了。

ຂ: ຂ້ອຍກໍບໍ່ຢາກອອກໄປຄືກັນ. ຂ້ອຍຢາກພັກຢູ່ໃນເຮືອນ, ທັງໄດ້ຕາກແອເຢັນ, ທັງເບິ່ງລະຄອນໂທລະພາບ.

yǐ wǒ yě bù xiǎng chū qù wǒ gèng xiǎng dāi zài wū li yī biān chuī kōng tiáo yī biān kàn diàn shì jù

乙：我也不想出去。我更想待在屋里，一边吹空调，一边看电视剧。

ກ: ເຈົ້າມັກເບິ່ງລະຄອນໂທລະພາບປະເພດໃດ?

jiǎ nǐ xǐ huan kàn shén me lèi xíng de diàn shì jù ne

甲：你喜欢看什么类型的电视剧呢？

ຂ: ຂ້ອຍມັກເບິ່ງລະຄອນບູຮານຈີນ, ບາງເທື່ອກໍເບິ່ງລະຄອນສ. ເກົາຫຼີແລະລະຄອນໄທ.

yǐ wǒ zuì xǐ huan kàn zhōng guó gǔ zhuāng jù yǒu shí yě kàn hán jù hé tài jù

乙：我最喜欢看中国古装剧，有时也看韩剧和泰剧。

ກ: ຂ້ອຍກໍມັກເບິ່ງລະຄອນບູຮານຈີນ. ໂທລະພາບແຫ່ງຊາດລາວເຄີຍອອກອາກາດ《ເລື່ອງສາມກົກ》ແລະ《ຫຼັງຢາປາງ》, ຂ້ອຍຮູ້ສຶກວ່າມ່ວນຫຼາຍ!

jiǎ wǒ yě ài kàn zhōng guó gǔ zhuāng jù lǎo wō guó jiā diàn shì tái bō chū guo sān guó yǎn yì hé láng yá bǎng wǒ jué de tè bié hǎo kàn

甲：我也爱看中国古装剧。老挝国家电视台播出过《三国演义》和《琅琊榜》，我觉得特别好看！

ຂ: ລະຄອນໂທລະພາບສອງເລື່ອງນີ້ຖ່າຍໄດ້ດີຫຼາຍ, ຢູ່ຈີນກໍໄດ້ຮັບຄວາມນິຍົມຈາກຜູ້ຊົມ. ຂ້ອຍໄດ້ຍິນວ່າລະຄອນໂທລະພາບ《ຄວາມຝັນໃນຫໍແດງ》ສະບັບປີ 1987 ໄດ້ແປແລະສາຍຢູ່ລາວແລ້ວ.

yǐ zhè liǎng bù diàn shì jù dōu pāi de fēi cháng hǎo zài zhōng guó yě hěn shòu guān zhòng xǐ ài wǒ tīng shuō nián bǎn de hóng lóu mèng diàn shì jù yě zài lǎo wō yì zhì bō chū le

乙：这两部电视剧都拍得非常好，在中国也很受观众喜爱。我听说1987年版的《红楼梦》电视剧也在老挝译制播出了。

ກ: ແທ້ບໍ? ຈັ່ງແມ່ນໜ້າຕື່ນເຕັ້ນແທ້ນໍ!

jiǎ zhēn de ma tài lìng rén xīng fèn le

甲：真的吗？太令人兴奋了！

ໝາຍເຫດ 注释

1. ກໍ意为"也"，表示同意他人的意见或者看法，跟对方的想法或行为一致。例如：ເຈົ້າບໍ່ໄປລອຍນໍ້າ ຂ້ອຍກໍບໍ່ໄປຄືກັນ. 你不去游泳我也不去。

2. "ທັງ...ທັງ..." 意为"一边……一边……"，表示两种活动同时进行。例如：ຢ່າທັງຍ່າງ, ທັງຫຼິ້ນມືຖື. 请不要一边走路，一边玩手机。ພວກເຮົາທັງອ່ານທັງຂຽນ. 我们一边读，一边写。（另见本书第116页表示两种状态或者情况同时存在的用法）

3. ປະເພດໃດ意为"哪种，哪类，什么类型"，一般用于疑问句。ປະເພດ表示种类中的大类，有时候用法与ຢ່າງ、ຊະນິດ一样。例如：ເຈົ້າມັກອ່ານນະວະນິຍາຍປະເພດໃດ? 你喜欢看哪一种类型的小说?

4. ບາງເທື່ອ意为"有时候，偶尔，某些时候"，为固定搭配，与ບາງຄັ້ງ意思相近（ເທື່ອ和ຄັ້ງ都是量词）。例如：ບາງເທື່ອລາວໄປຕຶກເບັດ. 他偶尔会去钓鱼。ບາງເທື່ອລາວໄປຫຼິ້ນບານບ້ວງ. 他偶尔去打篮球。

5. ຮູ້ສຶກວ່າ意为"感觉，感到"。例如：ຂ້ອຍຮູ້ສຶກວ່າເຈົ້າເປັນຄົນດີເດັ່ນ. 我觉得你很优秀。ຂ້ອຍຮູ້ສຶກວ່າດີໃຈຫຼາຍ. 我感到很开心。

ການສົນທະນາທີ 3

情景会话 3

(ກ: ນັກສຶກສາຈາກມະຫາວິທະຍາໄລຈີນແຫ່ງໜຶ່ງ; ຂ: ນັກສຶກສາຕ່າງປະເທດມາຈາກລາວ)

（甲：中国某大学的学生；乙：来自老挝的留学生）

ກ: ແຖວໃກ້ໆນີ້ເປີດສວນສະໜຸກຂະໜາດໃຫຍ່ແຫ່ງໜຶ່ງ, ເຈົ້າເຄີຍ

ໄປບໍ?

jiǎ fù jìn xīn kāi le yī gè dà xíng yóu lè yuán nǐ qù guo le ma
甲：附近新开了一个大型游乐园，你去过了吗？

ຂ: ຍັງເທື່ອ. ຢູ່ໃນມີລາຍການຫຍັງແດ່ທີ່ມ່ວນໆ?

yǐ hái méi yǒu lǐ miàn yǒu shén me hǎo wán de xiàng mù
乙：还没有。里面有什么好玩的项目？

ກ: ມີຊິງຊ້າສະຫວັນ, ລົດໄຟເຫາະ, ລານສະເກັດ, ສວນນ້ຳ, ເຮືອນຜີສິງແລະອື່ນໆ.

jiǎ yǒu mó tiān lún guò shān chē hàn bīng chǎng hái yǒu shuǐ shang shì jiè kǒng bù chéng děng děng
甲：有摩天轮、过山车、旱冰场，还有水上世界、恐怖城等等。

ຂ: ເຈົ້າຮູ້ສຶກວ່າລາຍການໃດມ່ວນທີ່ສຸດ?

yǐ nǐ jué de nǎ ge xiàng mù zuì hǎo wán
乙：你觉得哪个项目最好玩？

ກ: ຂ້ອຍຮູ້ສຶກວ່າລົດໄຟເຫາະມ່ວນທີ່ສຸດ! ທ້າຍອາທິດນີ້ພວກເຮົາໄປຫຼິ້ນນຳກັນເນາະ?

jiǎ wǒ jué de guò shān chē zuì hǎo wán zhè ge zhōu mò wǒ men yī qǐ qù wán ba
甲：我觉得过山车最好玩！这个周末我们一起去玩吧？

ຂ: ໂອ້, ຢ່າສາ! ຂ້ອຍຢ້ານຄວາມສູງ!

yǐ ǎ bù yào wǒ kǒng gāo
乙：啊，不要！我恐高！

ກ: ບໍ່ເປັນຕາຢ້ານປານໃດດອກ, ລອງເບິ່ງກ່ອນແມ້.

jiǎ méi nà me kě pà la cháng shì yī xià ma
甲：没那么可怕啦，尝试一下嘛。

ຂ: ບໍ່ໆ, ຂ້ອຍຂໍໄປທ່ຽວຊົມເຮືອນຜີສິງ, ດີກວ່າໄປຂີ່ລົດໄຟເຫາະ.

yǐ bù bù bù wǒ nìng kě qù cān guān kǒng bù chéng yě bù gǎn zuò guò shān chē
乙：不不不，我宁可去参观恐怖城，也不敢坐过山车。

ກ: ໄດ້, ຊັ້ນກໍບໍ່ບັງຄັບເຈົ້າແລ້ວ.

jiǎ hǎo ba nà jiù bù miǎn qiǎng nǐ le
甲：好吧，那就不勉强你了。

ໝາຍເຫດ 注释

1. ມາຈາກ意为“来自，从……来”，意思与ມາແຕ່相同。例如：ລາວມາຈາກ/ມາແຕ່ແຂວງອັດຕະປືຂອງປະເທດລາວ. 他来自老挝阿速坡省。

2. ຍັງເທື່ອ意为“仍，尚未，还没有”，表示未做或者未完成某事，一般用于应答。例如：ເຈົ້າເຄີຍໄປສະໜາມສະກີບໍ? 你去过滑雪场吗？回答为：ຍັງເທື່ອ. 还没有。

ການສົນທະນາທີ 4

情景会话 4

(ກ: ນ້ອງສາວ; ຂ: ອ້າຍ)

（甲：妹妹；乙：哥哥）

ກ: ອ້າຍ, ເຈົ້າກຳລັງເຮັດຫຍັງຢູ່?

jiǎ gē nǐ zài gàn shén me
甲：哥，你在干什么？

ຂ: ຫຼິ້ນເກມອີເລັກໂຕຼນິກ.

yǐ wán diàn zǐ yóu xì
乙：玩电子游戏。

ກ: ຫຼິ້ນເກມອີເລັກໂຕຼນິກອີກລະ! ມື້ອື່ນເຈົ້າບໍ່ແມ່ນຕ້ອງສອບເສັງຫວາ?

jiǎ yòu wán diàn zǐ yóu xì nǐ míng tiān bù shì yào kǎo shì ma
甲：又玩电子游戏！你明天不是要考试吗？

ຂ: ບໍ່ເປັນຫຍັງ, ຂ້ອຍທວນຄືນບົດຮຽນແລ້ວ. ຂ້ອຍຊະນະອີກແລ້ວ! ເຈົ້າຊິຫຼິ້ນບໍ?

yǐ méi shì wǒ yǐ jīng fù xí hǎo le wǒ yòu yíng le nǐ yào bù yào yě lái yī jú
乙：没事，我已经复习好了。我又赢了！你要不要也来一局？

ກ: ໄດ້ແລ້ວ, ດຽວນີ້ຂ້ອຍບໍ່ຢາກຫຼິ້ນເກມນີ້. ແມ່ໄປໃສແລ້ວ?

jiǎ suàn le wǒ xiàn zài bù xiǎng wán zhè ge mā qù nǎr le
甲：算了，我现在不想玩这个。妈去哪儿了？

ຂ: ລາວອາດຈະໄປເຕັ້ນລຳຢູ່ສະໜາມຫຼວງແລ້ວ.

yǐ tā kě néng qù tiào guǎng chǎng wǔ le
乙：她可能去跳广场舞了。

ກ: ພໍ່ເດ?

jiǎ bà ne
甲：爸呢？

ຂ: ລາວນັດອາວຫວາງໄປຕຶກເບັດຢູ່ແຄມແມ່ນ້ຳ.
yǐ tā yuē le wáng shū shu qù jiāng biān diào yú
乙：他约了王叔叔去江边钓鱼。

ກ: ໂອ້ຫວາ. ຄັນຊັ້ນຂ້ອຍໄປເບິ່ງລາຍການບັນເທີງດີກວ່າ.
jiǎ zhè yàng a nà wǒ hái shi qù kàn zōng yì jié mù ba
甲：这样啊。那我还是去看综艺节目吧。

ໝາຍເຫດ 注释

1. ອາດຈະ作为助动词时，意为“可能，或许，大概”，表示主观猜测，具有不确定性。例如：ລາວອາດຈະໄປກິນເຂົ້າແລ້ວລະ. 他可能去吃饭了。ລາວອາດຈະບໍ່ຢູ່ຫ້ອງການ. 他可能不在办公室。

2. ດີກວ່າ意为“还是”，表示倾向性选择，有“这样做比较好”的意味。例如：ຝົນຕົກແລ້ວ, ພວກເຮົາຂີ່ລົດກັບໄປດີກວ່າ. 下雨了，我们还是乘车回去吧。ອາຫານນີ້ຍ່ອຍຍາກ, ເຈົ້າກິນໜ້ອຍຊິດີກວ່າ. 这东西难消化，你还是少吃点儿吧。

ສາມ. ຄຳສັບແລະວະລີ 单词与短语

ເບິ່ງໂທລະພາບ 看电视 (kàn diàn shì)	ຟັງດົນຕີ 听音乐 (tīng yīn yuè)
ຫຼິ້ນເກມ 打游戏 (dǎ yóu xì)	ເກມອີເລັກໂຕຼນິກ 电子游戏 (diàn zǐ yóu xì)
ທຳມະດາ 平时；一般般 (píng shí; yī bān bān)	ຕຶກເບັດ 钓鱼 (diào yú)

xià xiàng qí
ຫຼິ້ນໝາກເສິກ 下象棋

diàn yǐng
ຮູບເງົາ 电影

lèi xíng
ປະເພດ 类型

gǔ zhuāng jù
ຮູບເງົາບູຮານ 古装剧

kàn xiǎo shuō
ອ່ານນະວະນິຍາຍ 看小说

nèi xiàng
ຄົນບໍ່ມັກປາກບໍ່ມັກເວົ້າ 内向

lì hai
ເກັ່ງ 厉害

nán guài
ສົມພໍວ່າ 难怪

gē yǒng bǐ sài
ການແຂ່ງຂັນຮ້ອງເພງ 歌咏比赛

pà shài
ຢ້ານແດດ 怕晒

bù gǎn
ບໍ່ກ້າ 不敢

chuī kōng tiáo
ຕາກແອເຢັນ 吹空调

fù jìn
ແຖວໃກ້ໆ 附近

dà xíng
ຂະໜາດໃຫຍ່ 大型

guò shān chē
ລົດໄຟເຫາະ 过山车

shuǐ shang shì jiè
ສວນນ້ຳ 水上世界

kǒng gāo
ຢ້ານຄວາມສູງ 恐高

dǎ pū kè
ຫຼິ້ນໄພ້ 打扑克

diàn shì jù
ລະຄອນໂທລະພາບ 电视剧

gōng fu piàn
ຮູບເງົາກັງຟູ 功夫片

kǎ lā
ຄາລາໂອເກະ 卡拉OK

bèng dí
ເຕັ້ນດິສໂກ້ 蹦迪

mài bà
ຜູ້ຮ້ອງເພງເກັ່ງ 麦霸

shēn cáng bù lù
ຄົນໃນຝັກ 深藏不露

kě pà
ຢ້ານ 可怕

dāi zài wū li
ພັກຢູ່ໃນເຮືອນ 待在屋里

bō chū
ອອກອາກາດ 播出

yóu lè yuán
ສວນສະໜຸກ 游乐园

mó tiān lún
ຊິງຊ້າສະຫວັນ 摩天轮

hàn bīng chǎng
ລານສະເກັດ 旱冰场

kǒng bù chéng
ເຮືອນຜີສິງ 恐怖城

cháng shì
ລອງ 尝试

ບັງຄັບ 勉强 (miǎn qiǎng)　　ທວນຄືນ 复习 (fù xí)

ເຕັ້ນລຳຢູ່ສະໜາມຫຼວງ 广场舞 (guǎng chǎng wǔ)

ລາຍການບັນເທີງ 综艺节目 (zōng yì jié mù)

ສີ່. ເຝິກຫັດນອກໂມງຮຽນ 课后练习

1. ແບ່ງຈຸແລກປ່ຽນກັນ. **分组自由讨论。**

(1) ວັນອາທິດເຈົ້າມັກເຮັດກິດຈະກຳບັນເທີງຫຍັງ?

(2) ເຈົ້າມັກຫຼິ້ນກິດຈະກຳບັນເທີງຢູ່ໃນຫ້ອງຫຼືພາຍນອກ, ຍ້ອນຫຍັງ?

2. ອີງຕາມບົດຮຽນ, ຕື່ມຄຳສັບໃສ່ປະໂຫຍກໃຫ້ຄົບຖ້ວນ. **根据课文原文，将下列句子补充完整。**

(1) 我下班后喜欢看电视和听音乐。

ຂ້ອຍເລີກວຽກແລ້ວມັກເບິ່ງ____________________.

(2) 他的父母都是音乐老师，他从小就跟父母学习唱歌。

ພໍ່ແມ່ຂອງລາວເປັນອາຈານສອນດົນຕີ, ລາວຮຽນ__________

______________________________.

（3）我更想待在屋里，一边吹空调，一边看电视剧。

ຂ້ອຍຢາກພັກຢູ່ໃນເຮືອນ, ______________________________

____.

（4）不不不，我宁可去参观恐怖城，也不敢坐过山车。

ບໍ່ໆ, ຂ້ອຍຂໍໄປທ່ຽວຊົມເຮືອນຜີສິງ, ____________________.

3. ນໍາໃຊ້ຄໍາສັບດັ່ງລຸ່ມນີ້ແຕ່ງໃຫ້ເປັນປະໂຫຍກ. **用下列单词造句。**

（1）ຫຼິ້ນເກມ

（2）ຮູບເງົາ

（3）ທໍາມະດາ

（4）ຈັດວາງ

（5）ສວນສະໜຸກ

（6）ເບິ່ງ

4. ຟັງສຽງອັດ, ຕື່ມຄໍາສັບໃສ່ບ່ອນຫວ່າງ. **听录音，填空。**

（1）ເຈົ້າມັກຫຼິ້ນ________________________________ບໍ?

（2）ຂ້ອຍມັກເບິ່ງ________________________________.

（3）ລາວຮຽນຮ້ອງເພງນໍາພໍ່ແມ່________________________.

（4）ແຖວໃກ້ໆນີ້ເປີດ________________________ແຫ່ງໜຶ່ງ.

ບົດທີ 16 ໄປຫາທ່ານໝໍ

第十六课 看医生

ໜຶ່ງ. ໂຄງສ້າງປະໂຫຍກທີ່ສຳຄັນ 重点句式

1. ເຈົ້າບໍ່ສະບາຍຢູ່ບ່ອນໃດ?
nǐ nǎ lǐ bù shū fu
你哪里不舒服?

2. ຂ້ອຍເຈັບຫົວ/ເຈັບແຂ້ວ/ຄັນຕາມຜິວໜັງ.
wǒ tóu téng yá téng pí fū fā yǎng
我头疼/牙疼/皮肤发痒。

3. ຂ້ອຍຕ້ອງເຮັດຫຍັງ/ກວດຫຍັງ?
wǒ xū yào zuò shén me nǎ xiē jiǎn chá
我需要做什么/哪些检查?

4. ເຈົ້າຕ້ອງວັດແທກອຸນຫະພູມ/ວັດແທກຄວາມດັນເລືອດ/ກວດເລືອດ/ເອໂກ້ (ອຸນຕຣ້າຊາວ).
nǐ xū yào liáng yī xià tǐ wēn cè yī xià xuè yā yàn yī xià xiě zuò yī xià B chāo
你需要量一下体温/测一下血压/验一下血/做一下B超。

5. ຜົນການບົ່ງມະຕິເປັນແນວໃດ?
zhěn duàn jié guǒ zěn yàng
诊断结果怎样?

6. ເຈົ້າພຽງແຕ່ເປັນຫວັດໜ້ອຍໜຶ່ງ.

nǐ zhǐ shì yǒu diǎn gǎn mào
你只是有点感冒。

7. ອາດຈະແມ່ນອາການແພ້.

yīng gāi shì guò mǐn
应该是过敏。

8. ຕອນນີ້ຍັງບໍ່ທັນແນ່ນອນເທື່ອ, ຍັງຕ້ອງກວດຕື່ມອີກ.

xiàn zài hái bù néng què dìng hái xū yào zuò xiē jiǎn chá
现在还不能确定，还需要做些检查。

9. ຂ້ອຍຕ້ອງລະວັງຫຍັງແດ່?

wǒ yào zhù yì xiē shén me
我要注意些什么？

10. ຕ້ອງຮັບປະກັນການນອນ, ການກິນອາຫານຈືດ.

yào zhù yì bǎo zhèng shuì mián yǐn shí qīng dàn
要注意保证睡眠，饮食清淡。

11. ຢາຊະນິດນີ້ກິນ/ໃຊ້ແນວໃດ?

zhè zhǒng yào zěn me yòng
这种药怎么用？

12. ກິນກ່ອນ/ຫຼັງອາຫານ, ເທື່ອລະເມັດ, ມື້ລະສອງເທື່ອ.

fàn qián fàn hòu fú yòng měi cì yī lì měi tiān liǎng cì
饭前/饭后服用，每次一粒，每天两次。

13. ຕອນແລງກ່ອນເຂົ້ານອນທາຢາໃສ່ບ່ອນເຈັບ.

měi wǎn shuì jiào qián zài huàn chù tú mǒ shì liàng
每晚睡觉前在患处涂抹适量。

ຂໍ້ສະຫຼຸບ 语言点归纳

1. "ເຈົ້າບໍ່ສະບາຍຢູ່ບ່ອນໃດ?" 意为"你哪里不舒服?"，这是医生经常会问病人的一句话。回答一般是描述自己的症状。例如：ຂ້ອຍເຈັບທ້ອງ. 我肚子痛。ຂ້ອຍວິນຫົວ. 我头晕。

2. ເຈັບ意为"疼，痛"，一般用来描述病情。例如：ຂ້ອຍເຈັບປາກ. 我嘴巴痛。ຂ້ອຍເຈັບແຂ້ວ. 我牙疼。

3. ພຽງແຕ່意为"仅仅，只是，仅此而已"。例如：ຂ້ອຍພຽງແຕ່ບໍ່ສະບາຍໜ້ອຍໜຶ່ງ. 我只是有点不舒服。

4. "ຍັງບໍ່ທັນ...ເທື່ອ" 意为"未……，还没……，尚未……"，表示想要做的事情还未去做，或者事情正在进行中但是还未完成。例如：ຂ້ອຍຍັງບໍ່ທັນໄດ້ໄປປະເທດລາວເທື່ອ. 我还未去过老挝。ຂ້ອຍຍັງບໍ່ທັນໄດ້ອ່ານປື້ມຫົວນີ້ເທື່ອ. 我还没看过这本书。

5. "ຢາຊະນິດນີ້ກິນ/ໃຊ້ແນວໃດ?" 意为"这种药怎么用?"，一般用于询问服药的方法。回答一般是说明服用时间、频率及每次的剂量等。例如：ມື້ລະສາມເທື່ອ，ເທື່ອລະສອງເມັດ. 一天服3次，一次2片。

6. "ກ່ອນ/ຫຼັງ..." 意为"……之前/……之后"，表示时间的先后顺序。例如：ພວກເຈົ້າຕ້ອງໄປຮອດຫ້ອງປະຊຸມກ່ອນຜູ້ອຳນວຍການ. 你们必须在经理到之前到达会议室。ອາຈານອອກຫ້ອງຮຽນກ່ອນ,

ພວກເຮົາອອກໄປຕາມຫຼັງ. 老师离开教室后我们再走。

ສອງ. ເຝິກການສົນທະນາ 会话训练

ການສົນທະນາທີ 1

情景会话 1

(ຢູ່ບ່ອນລົງທະບຽນ. ກ: ຄົນເຈັບ; ຂ: ພະນັກງານຢູ່ບ່ອນລົງທະບຽນ)

（在挂号处。甲：病人；乙：挂号处工作人员）

ກ: ສະບາຍດີ, ຂ້ອຍຢາກລົງທະບຽນ.

jiǎ nǐ hǎo wǒ xiǎng guà gè hào
甲：你 好，我 想 挂 个 号。

ຂ: ຂໍຖາມແດ່, ທ່ານຢາກກວດພະຍາດຢູ່ພະແນກໃດ?

yǐ qǐng wèn nín yào kàn nǎ ge kē
乙：请 问 您 要 看 哪 个 科？

ກ: ຂ້ອຍຢາກກວດພະຍາດຢູ່ພະແນກຫູຕາດັງຄໍ.

jiǎ wǒ yào kàn ěr bí hóu kē
甲：我 要 看 耳 鼻 喉 科。

ຂ: ມື້ນີ້ພະແນກຫູຕາດັງຄໍມີທ່ານໝໍສາມຄົນ. ທ່ານຢາກລົງທະບຽນ ກັບທ່ານໝໍຄົນໃດ?

yǐ jīn tiān ěr bí hóu kē gòng yǒu sān wèi yī shēng chū zhěn nín xiǎng guà nǎ wèi yī shēng de hào
乙：今 天 耳 鼻 喉 科 共 有 三 位 医 生 出 诊。您 想 挂 哪 位 医 生 的 号？

ກ: ຂ້ອຍຢາກລົງທະບຽນກັບທ່ານໝໍຈ່າງ, ໄດ້ບໍ?

jiǎ wǒ xiǎng guà zhāng zhǔ rèn de hào kě yǐ ma
甲：我想挂张主任的号，可以吗？

ຂ: ໄດ້. ຄ່າລົງທະບຽນ 30 ຢວນ.

yǐ kě yǐ de guà hào fèi yuán
乙：可以的。挂号费30元。

ກ: ໄດ້. ນີ້ເດີເງິນ.

jiǎ hǎo de gěi
甲：好的。给。

ຂ: ໄດ້ແລ້ວ, ນີ້ແມ່ນໃບລົງທະບຽນຂອງທ່ານ. ບ່ອນລໍຖ້າກວດພະຍາດຢູ່ຊັ້ນສອງ. ກະລຸນາຕິດຕາມບັດຄິວເພື່ອບໍ່ໃຫ້ກາຍຄິວ.

yǐ hǎo le zhè shì nín de guà hào dān hòu zhěn qū zài lóu qǐng liú yì yī xià pái hào dān yǐ miǎn guò hào
乙：好了，这是您的挂号单。候诊区在2楼。请留意一下排号单，以免过号。

ໝາຍເຫດ 注释

1. ລົງທະບຽນ意为“注册，登记，挂号”。例如：ໄປກວດພະຍາດຢູ່ໂຮງໝໍຕ້ອງລົງທະບຽນ. 去医院看病需挂号。

2. ເພື່ອ意为“为了，以便”，表示动机或目的。例如：ເຈົ້າຕ້ອງພະຍາຍາມຮຽນ, ເພື່ອອະນາຄົດທີ່ງົດງາມຂອງເຈົ້າ. 为了你的美好未来，你应该努力学习。

ການສົນທະນາທີ 2

情景会话 2

(ຢູ່ຫ້ອງກວດພະຍາດປະຈຳວັນ. ກ: ທ່ານໝໍ; ຂ: ຄົນເຈັບ)

（在门诊。甲：医生；乙：病人）

ກ: ເຈົ້າບໍ່ສະບາຍຢູ່ບ່ອນໃດ?

jiǎ nǐ nǎ lǐ bù shū fu
甲：你哪里不舒服？

ຂ: ຂ້ອຍເຈັບຄໍ, ໄອ.

yǐ wǒ hóu lóng tòng ké sou
乙：我喉咙痛、咳嗽。

ກ: ວັດແທກອຸນຫະພູມແລ້ວບໍ?

jiǎ cè guo tǐ wēn le ma
甲：测过体温了吗？

ຂ: ຫວ່າງກີ້ວັດແທກແລ້ວ, ບໍ່ເປັນໄຂ້.

yǐ gāng cái cè guo le méi yǒu fā shāo
乙：刚才测过了，没有发烧。

ກ: ຂ້ອຍຊິກວດໃຫ້ເຈົ້າ, ອ້າປາກ, ອາ...ອາມິດານອັກເສບແລ້ວ.ເຈັບຄໍດົນປານໃດແລ້ວ? ກິນຢາຫຍັງແລ້ວບໍ?

jiǎ wǒ gěi nǐ jiǎn chá yī xià ba zhāng kāi zuǐ ba ā biǎn táo tǐ fā
甲：我给你检查一下吧，张开嘴巴，啊……扁桃体发
yán le hóu lóng tòng le duō jiǔ chī guo shén me yào le ma
炎了。喉咙痛了多久？吃过什么药了吗？

ຂ: ສອງມື້ແລ້ວ, ບໍ່ໄດ້ກິນຢາ.

yǐ liǎng tiān le méi chī guo yào
乙：两天了。没吃过药。

ກ: ແຕ່ກ່ອນເຄີຍແພ້ຢາຫຍັງບໍ?

jiǎ zhī qián duì shén me yào guò mǐn ma
甲：之前对什么药过敏吗？

ຂ: ຂ້ອຍແພ້ຢາເປນີຊີລີນ.

yǐ wǒ duì qīng méi sù guò mǐn
乙：我对青霉素过敏。

ກ: ຊັ້ນເຈົ້າກິນຢາຕ້ານເຊື້ອບໍ່ໄດ້, ຂ້ອຍສັ່ງຢາພື້ນເມືອງຈີນໃຫ້ເຈົ້າເດີ.

jiǎ nà nǐ bù néng suí biàn yòng kàng shēng sù wǒ gěi nǐ kāi diǎn zhōng yào ba
甲：那你不能随便用抗生素，我给你开点中药吧。

ຂ: ເຈົ້າ. ຕ້ອງຄະລໍາຂອງກິນບໍ?

yǐ hǎo de xū yào jì kǒu ma
乙：好的。需要忌口吗？

ກ: ດີທີ່ສຸດບໍ່ກິນອາຫານເຜັດ, ຈືນຫຼືປີ້ງ.

jiǎ zuì hǎo bù chī xīn là jiān zhá huò shāo kǎo de shí wù
甲：最好不吃辛辣、煎炸或烧烤的食物。

ຂ: ເຂົ້າໃຈແລ້ວ. ຂອບໃຈ!

yǐ míng bai le xiè xie
乙：明白了。谢谢！

ໝາຍເຫດ 注释

1. ຫວ່າງກີ້ (ນີ້) 意为“刚刚，刚才，方才”，表示事情在不久前发生。例如：ຫວ່າງກີ້ນີ້ຂ້ອຍໄປຫາໝູ່. 我刚刚去找朋友了。

2. “ດົນປານໃດ多久” “ໄກປານໃດ多远”用于疑问句，询问时长、距离等情况。例如：ລາວສະຫຼົບມາດົນປານໃດແລ້ວ? 他昏迷多久了？ແຕ່ໝານໜິງຫາວຽງຈັນໄກປານໃດ? 从南宁到万象有多远？

3. ແຕ່ກ່ອນ意为“从前，以前”，表示过去发生的事情，与ແຕ່ກີ້ແຕ່ກ່ອນ意思相同。例如：ແຕ່ກ່ອນ, ພວກເຮົາໄປໂຮງຮຽນລ້ວນແຕ່ແມ່ນຂີ່ລົດຖີບໄປ. 以前，我们都是骑自行车去学校的。

4. ດີທີ່ສຸດ意为“最好”，常用于规劝他人或提出建议。例如：ດີທີ່ສຸດເຈົ້າຢ່າໄປພຸ້ນ. 你最好别去那里。ດີທີ່ສຸດພວກເຮົາກັບເຮືອນໄວແດ່. 我们最好早点儿回家。

ການສົນທະນາທີ 3

情景会话 3

(ຫາໝໍປົວແຂ້ວ. ກ: ຄົນເຈັບ; ຂ: ໝໍ)

（看牙医。甲：病人；乙：医生）

ກ: ທ່ານໝໍ, ແຂ້ວກົກຂອງຂ້ອຍເຈັບຫລາຍ.

jiǎ　yī shēng　wǒ zuì lǐ bian de yī kē yá téng de lì hai
甲：医　生　，我最里边的一颗牙疼得厉害。

ຂ: ມາໃຫ້ຂ້ອຍເບິ່ງດູ... ອ້າວ, ອັກເສບແລະໃຄ່ບວມແລ້ວ. ໄປຖ່າຍແຜ່ນ
ເອັກສະເລເບິ່ງບັນຫາຂອງຮາກແຂ້ວກ່ອນສາ.

yǐ　wǒ kàn kan　yo　fā yán zhǒng qǐ lái le　xiān qù pāi gè　guāng
乙：我看看……哟，发炎肿起来了。先去拍个X光
piàn kàn kan yá gēn wèn tí ba
片看看牙根问题吧。

ກ: ເຈົ້າ.

jiǎ　hǎo de
甲：好的。

ຂ: (ເບິ່ງແຜ່ນເອັກສະເລ) ຢູ່ນີ້ມີແຂ້ວຊາວງ່ຽງ, ແຂ້ວປົ່ງອອກມາ
ບໍ່ໄດ້, ຮາກແຂ້ວອັກເສບແລ້ວ.

yǐ　zhè lǐ yǒu yī kē zhǎng wāi le de zhì chǐ　yá chǐ méi fǎ
乙：（看片）这里有一颗长歪了的智齿，牙齿没法
zhǎng chū　yá gēn chù fā yán le
长出，牙根处发炎了。

ກ: ຊັ້ນຄວນເຮັດແນວໃດ? ກິນຢາແກ້ອັກເສບຊິດີຂຶ້ນບໍ?

jiǎ　nà yīng gāi zěn me bàn　chī xiāo yán yào néng hǎo ma
甲：那应该怎么办？吃消炎药能好吗？

ຂ: ກິນຢາແກ້ອັກເສບແກ້ໄດ້ ແຕ່ປາຍເຫດບໍ່ສາມາດແກ້ຕົ້ນເຫດ
ໄດ້, ແຂ້ວເຫຼັ້ມນີ້ບໍ່ສຳຄັນຫຍັງອີກ, ຮັກສາມັນໄວ້ບໍ່ທໍ່ຖອນມັນ
ອອກດີກວ່າ. ເຈົ້າຢາກຖອນມັນອອກບໍ?

yǐ　chī xiāo yán yào zhǐ shì zhì biāo bù zhì běn　kuàng qiě zhè kē yá zuò yòng
乙：吃消炎药只是治标不治本，况且这颗牙作用
bù dà　yǔ qí liú zhe tā　bù rú bǎ tā bá diào　nǐ yuàn yì bǎ tā bá
不大，与其留着它，不如把它拔掉。你愿意把它拔

diào ma
掉 吗？

ກ: ຖອນແຂ້ວຊາວເຈັບບໍ?

jiǎ bá zhì chǐ huì hěn téng ma
甲：拔 智 齿 会 很 疼 吗？

ຂ: ບໍ່ຕ້ອງເປັນຫ່ວງ. ກ່ອນຖອນແຂ້ວຕ້ອງສັກຢາມຶນ, ໃນເວລາຖອນ
ຈະບໍ່ຮູ້ສຶກເຈັບປານໃດ.

yǐ fàng xīn bá zhī qián yào dǎ diǎn má yào bá de shí hou bù huì hěn téng
乙：放 心。拔 之 前 要 打 点 麻 药，拔 的 时 候 不 会 很 疼。

ກ: ເຈົ້າ, ຊັ້ນກໍຖອນມັນອອກສາ.

jiǎ hǎo de nà jiù bǎ tā bá le ba
甲：好 的，那 就 把 它 拔 了 吧。

ຂ: (ອີກປະມານ 30 ນາທີ) ຮຽບຮ້ອຍແລ້ວ, ແຂ້ວເຫຼັ້ມນີ້ຖອນອອກແລ້ວ.
ກະລຸນາກັດສຳລີນີ້ໄວ້ປະມານເຄິ່ງຊົ່ວໂມງເພື່ອຫ້າມເລືອດ, ພາຍ
ໃນສອງຊົ່ວໂມງຫ້າມກິນອາຫານ.

yǐ hǎo le zhè kē zhì chǐ chǔ lǐ diào le qǐng yǎo
乙：（大约30分钟后）好 了，这 颗 智 齿 处 理 掉 了。请 咬
zhù mián qiú yuē bàn xiǎo shí lái zhǐ xiě liǎng gè xiǎo shí nèi bù yào chī
住 棉 球 约 半 小 时 来 止 血，两 个 小 时 内 不 要 吃
dōng xi
东 西。

ກ: ຂ້ອຍຕ້ອງລະວັງຫຍັງແດ່?

jiǎ wǒ xū yào zhù yì xiē shén me ne
甲：我 需 要 注 意 些 什 么 呢？

ຂ: ກິນຂອງຫວານໃຫ້ໜ້ອຍ, ໝັ່ນສີແຂ້ວ.

yǐ　shǎo chī tián shí　qín shuā yá
乙：少 吃 甜 食，勤 刷 牙。

ກ: ເຈົ້າ, ຂອບໃຈທ່ານໝໍ!

jiǎ　hǎo de　xiè xie yī shēng
甲：好 的，谢 谢 医 生 ！

ໝາຍເຫດ 注释

1. ຄວນ意为“应该，应当”。例如：ເຈົ້າຄວນໄປສະຖານີລົດໄຟໄວໜ້ອຍໜຶ່ງ. 你应该早点去火车站。

2. ອີກ意为“况且”，表示递进关系，用于补充说明。例如：ເສື້ອຜືນນີ້ຄຸນນະພາບທຳມະດາ，ລາຄາກໍບໍ່ຖືກອີກ，ສະນັ້ນຂ້ອຍບໍ່ຢາກຊື້. 这衣服质量一般，况且价格也不便宜，所以我不打算买。ປັກກິ່ງໃຫຍ່ຂະໜາດນີ້，ເຈົ້າມາທີ່ນີ້ເປັນເທື່ອທຳອິດອີກ，ເປັນຫຍັງເຈົ້າເຫັນລາວໄວຂະໜາດນີ້? 北京这么大，况且你又是初次来这里，怎么这么快就找到他了？

3. “ພາຍໃນ...”意为“在……内，在……里面”。例如：ນ້ຳໝາກໄມ້ຈອກນີ້ດື່ມໃຫ້ໝົດພາຍໃນ 1 ຊົ່ວໂມງລົດຊາດດີທີ່ສຸດ. 这杯果汁在一小时内饮用口感最佳。

ການສົນທະນາທີ 4

情景会话 4

（ຢູ່ຮ້ານຂາຍຢາ. ກ: ຜູ້ຊື້ຢາ; ຂ: ຜູ້ຂາຍ）
（在药店。甲：买药人；乙：药店店员）

ກ: ສະບາຍດີ, ຂ້ອຍຢາກຊື້ຢາ.
jiǎ nǐ hǎo wǒ xiǎng mǎi yào
甲：你好，我想买药。

ຂ: ສະບາຍດີ! ທ່ານຢາກຊື້ຢາຫຍັງ?
yǐ nín hǎo qǐng wèn nín xū yào mǎi shén me yào
乙：您好！请问您需要买什么药？

ກ: ຂ້ອຍຢາກຊື້ຢາອາມົກຊີລີນກັບໜຶ່ງ.
jiǎ wǒ xiǎng mǎi yī hé ā mò xī lín piàn
甲：我想买一盒阿莫西林片。

ຂ: ຂໍເບິ່ງໃບສັ່ງຢາຂອງທ່ານແດ່.
yǐ qǐng chū shì nín de chǔ fāng
乙：请出示您的处方。

ກ: ໃບສັ່ງຢາ?
jiǎ chǔ fāng
甲：处方？

ຂ: ແມ່ນແລ້ວ. ເພາະວ່າຢາອາມົກຊີລີນແມ່ນຢາຕາມໃບສັ່ງຢາ, ສະ ນັ້ນຕ້ອງການໃບສັ່ງຢາຂອງທ່ານໝໍຈຶ່ງຊື້ໄດ້.
yǐ shì de yīn wèi ā mò xī lín shì chǔ fāng yào suǒ yǐ bì xū yǒu yī
乙：是的。因为阿莫西林是处方药，所以必须有医

shēng de chǔ fāng cái néng gòu mǎi
生的处方才能购买。

ກ: ເປັນແບບນີ້ເອງ. ຄັນຊັ້ນຢາແອັສປີລິນຊື້ໂລດໄດ້ບໍ?

jiǎ yuán lái rú cǐ nà ā sī pǐ lín piàn néng zhí jiē mǎi ma
甲：原来如此。那阿司匹林片能直接买吗？

ຂ: ຢາແອັສປີລິນບໍ່ແມ່ນຢາຕາມໃບສັ່ງຢາ, ຊື້ໄດ້.

yǐ ā sī pǐ lín piàn shì fēi chǔ fāng yào kě yǐ mǎi
乙：阿司匹林片是非处方药，可以买。

ກ: ຂ້ອຍເອົາກັບໜຶ່ງ. ຂໍຖາມແດ່, ຍັງມີຢາແກ້ຄວາມຮ້ອນແກ້ປວດທີ່ບໍ່ແມ່ນຢາໃນໃບສັ່ງຢາບໍ?

jiǎ wǒ yào yī hé qǐng wèn hái yǒu qí tā kě yǐ jiě rè zhèn tòng de fēi chǔ fāng yào ma
甲：我要一盒。请问还有其他可以解热镇痛的非处方药吗？

ຂ: ລອງກິນຢາປານຫຼານເກິ່ນເບິ່ງແມ້.

yǐ kě yǐ shì shi zhè ge bǎn lán gēn chōng jì
乙：可以试试这个板蓝根冲剂。

ກ: ຢາຝຸ່ນນີ້ກິນແນວໃດ?

jiǎ zhè ge chōng jì zěn me yòng
甲：这个冲剂怎么用？

ຂ: ຕີໃສ່ນ້ຳຮ້ອນແລ້ວຈຶ່ງກິນ. ເທື່ອລະຖົງ, ມື້ລະສາມເຖິງສີ່ເທື່ອ.

yǐ kāi shuǐ chōng fú yī cì yī xiǎo dài yī rì sān zhì sì cì
乙：开水冲服。一次一小袋，一日三至四次。

ກ: ເຈົ້າ, ຂ້ອຍຊື້ກັບໜຶ່ງ. ຂໍຖາມແດ່, ຈ່າຍດ້ວຍບັດປະກັນສຸຂະພາບໄດ້ບໍ?

jiǎ hǎo de wǒ mǎi yì hé qǐng wèn kě yǐ shuā yī bǎo kǎ ma
甲：好的，我买一盒。请问可以刷医保卡吗？

ຂ: ບັດປະກັນສຸຂະພາບຂອງແຂວງ (ເຂດ), ນະຄອນໃຊ້ໄດ້ໝົດ.

yǐ shěng qū shì yī bǎo jūn kě yòng
乙：省（区）、市医保均可用。

ໝາຍເຫດ 注释

1. “ຂໍ...”作为敬辞时，意为“请，敬，谨”，一般放在动词前，有尊敬、谦虚或者客气的意味，常用搭配为“ຂໍ...ແດ່”。例如：ຂໍລົບກວນທ່ານຊ່ວຍເຫຼືອແດ່. 麻烦您帮个忙。（另见本书第50页表示“请求，祝愿”的用法）

2. “ເພາະວ່າ...ສະນັ້ນ...”意为“因为……所以……”。例如：ເພາະວ່າລາວບໍ່ສະບາຍ, ສະນັ້ນລາວຈຶ່ງຂໍລາພັກ. 他因为生病，所以请假。ເພາະວ່າຝົນຕົກ, ສະນັ້ນພວກເຮົາຈຶ່ງບໍ່ໄປເຕະບານ. 因为下雨，所以我们没去踢球。

3. “ແກ້ຄວາມຮ້ອນ 解热”“ແກ້ປວດ 镇痛”“ຕ້ານອັກເສບ 抗炎”“ແກ້ໄອ 止咳”“ແກ້ໃຄ່ບວມ 消肿”都是常见的医药用语。

ສາມ. ຄຳສັບແລະວະລີ 单词与短语

bù shū fu
ບໍ່ສະບາຍ 不舒服

téng
ເຈັບ 疼

yǎng
ຄັນ 痒

jiǎn chá
ກວດ 检查

ວັດແທກອຸນຫະພູມ 量体温 liáng tǐ wēn

ກວດເລືອດ 验血 yàn xiě

ຜົນການບົ່ງມະຕິ 诊断结果 zhěn duàn jié guǒ

ອາການແພ້ 过敏 guò mǐn

ຮັບປະກັນການນອນ 保证睡眠 bǎo zhèng shuì mián

ກິນອາຫານຈືດ 饮食清淡 yǐn shí qīng dàn

ທາ 涂抹 tú mǒ

ລົງທະບຽນ 挂号 guà hào

ຄໍ 喉咙 hóu lóng

ຕິດຕາມ 留意 liú yì

ກາຍຄິວ 过号 guò hào

ເປັນໄຂ້ 发烧 fā shāo

ອັກເສບ 发炎 fā yán

ຢາຕ້ານເຊື້ອ 抗生素 kàng shēng sù

ຄະລໍາ 忌口 jì kǒu

ຈືນ 煎炸 jiān zhá

ໃຄ່ບວມ 肿 zhǒng

ຮາກແຂ້ວ 牙根 yá gēn

ວັດແທກຄວາມດັນເລືອດ 测血压 cè xuè yā

ເອໂກ້ (ອຸນຕຣ້າຊາວ) 做 B 超 zuò chāo

ເປັນຫວັດ 感冒 gǎn mào

ກິນ 服用 fú yòng

ບ່ອນເຈັບ 患处 huàn chù

ພະແນກຫູຕາດັງຄໍ 耳鼻喉科 ěr bí hóu kē

ບ່ອນລໍຖ້າກວດພະຍາດ 候诊区 hòu zhěn qū

ບັດຄິວ 排号单 pái hào dān

ໄອ 咳嗽 ké sou

ອາມິດານ 扁桃体 biǎn táo tǐ

ຢາເປນີຊີລິນ 青霉素 qīng méi sù

ຢາພື້ນເມືອງຈີນ 中药 zhōng yào

ເຜັດ 辛辣 xīn là

ປີ້ງ 烧烤 shāo kǎo

ແຜ່ນເອັກສະເລ X 光片 guāng piàn

ແຂ້ວຊາວ 智齿 zhì chǐ

ຢາແກ້ອັກເສບ 消炎药 (xiāo yán yào)

ອີກ 况且 (kuàng qiě)

ຖອນອອກ 拔掉 (bá diào)

ຢາມືນ 麻药 (má yào)

ສຳລີ 棉球 (mián qiú)

ຫ້າມເລືອດ 止血 (zhǐ xiě)

ສີແຂ້ວ 刷牙 (shuā yá)

ຢາອາມົກຊີລີນ 阿莫西林 (ā mò xī lín)

ໃບສັ່ງຢາ 处方 (chǔ fāng)

ຢາຕາມໃບສັ່ງຢາ 处方药 (chǔ fāng yào)

ຢາແອັສປີລິນ 阿司匹林 (ā sī pǐ lín)

ແກ້ຄວາມຮ້ອນ 解热 (jiě rè)

ແກ້ປວດ 镇痛 (zhèn tòng)

ຢາປານຫຼານເກິນ 板蓝根 (bǎn lán gēn)

ຢາຝຸ່ນ 冲剂 (chōng jì)

ນ້ຳຮ້ອນ 开水 (kāi shuǐ)

ບັດປະກັນສຸຂະພາບ 医保卡 (yī bǎo kǎ)

ສີ່. ເຝິກຫັດນອກໂມງຮຽນ **课后练习**

1. ແບ່ງຈຸແລກປ່ຽນກັນ. **分组自由讨论。**

（1）ເຈົ້າຢ້ານເປັນພະຍາດຫຍັງທີ່ສຸດ, ຍ້ອນຫຍັງ?

（2）ເຈົ້າເຄີຍເປັນພະຍາດຫຍັງ? ມີຄວາມຮູ້ສຶກແນວໃດ?

2. ອີງຕາມພາສາຈີນ, ຕື່ມຄຳສັບໃສ່ປະໂຫຍກພາສາລາວໃຫ້ຄົບຖ້ວນ.

根据所给的中文，将对应的老挝语句子补充完整。

（1）你需要量一下体温/测一下血压/验一下血。

ເຈົ້າຕ້ອງວັດແທກ____________________.

（2）我要看耳鼻喉科。

ຂ້ອຍຢາກກວດ______________________.

（3）那你不能随便用抗生素，我给你开点中药吧。

ຊັ້ນເຈົ້າກິນຢາຕ້ານເຊື້ອບໍ່ໄດ້, ______________.

（4）请咬住棉球约半小时来止血，两个小时内不要吃东西。

______________________________,

ພາຍໃນສອງຊົ່ວໂມງຫ້າມກິນອາຫານ.

3. ນຳໃຊ້ຄຳສັບດັ່ງລຸ່ມນີ້ແຕ່ງໃຫ້ເປັນປະໂຫຍກ. 用下列单词造句。

（1）ກິນອາຫານຈືດ　　（2）ເປັນຫວັດ

（3）ກວດກາ　　（4）ກິນ

（5）ຢາແກ້ອັກເສບ　　（6）ອັກເສບ

（7）ກວດພະຍາດ

4. ຟັງສຽງອັດ, ຕອບຄຳຖາມ. 听录音，回答问题。

（1）ຂ້ອຍບໍ່ສະບາຍຢູ່ບ່ອນໃດ?

（2）ເຈົ້າຕ້ອງວັດແທກຫຍັງ?

（3）ຂ້ອຍຢາກກວດພະຍາດຢູ່ພະແນກໃດ?

（4）ຂ້ອຍເຈັບຄໍດົນປານໃດແລ້ວ? ກິນຢາຫຍັງແລ້ວບໍ?

ບົດທີ 17 ຫາວຽກ
第十七课 找工作

ໜຶ່ງ. ໂຄງສ້າງປະໂຫຍກທີ່ສຳຄັນ 重点句式

1. ເຈົ້າຢາກຊອກວຽກແບບໃດ?
nǐ xiǎng zhǎo shén me yàng de gōng zuò
你 想 找 什 么 样 的 工 作？

2. ລາວຢາກຊອກວຽກທີ່ເງິນເດືອນແລະສະຫວັດດີການດີ/ແປພາສາ/ວຽກເສີມ.
tā xiǎng zhǎo yī fèn dài yù hǎo fān yì de gōng zuò jiān zhí
他 想 找 一份待遇好/翻译的 工 作/兼职。

3. ເວລາເຮັດວຽກຕົ້ນເວລາບໍ?
gōng zuò shí jiān gù dìng ma
工 作 时 间 固 定 吗？

4. ເຂົ້າການ 9 ໂມງເຊົ້າ ເລີກການ 5 ໂມງແລງ, ທ້າຍອາທິດພັກ 2 ມື້.
zhāo jiǔ wǎn wǔ zhōu mò shuāng xiū
朝 九 晚 五， 周 末 双 休。

5. ຊອກຫາວຽກເຮັດວຽກທຳສາມາດເຂົ້າຮ່ວມງານນັດພົບແຮງງານໃນລະດູໃບໄມ້ປົ່ງ/ງານນັດພົບແຮງງານໃນລະດູໃບໄມ້ຫຼົ່ນ/ງານແລກປ່ຽນແຮງງານ, ກໍສາມາດລົງທະບຽນແລະສົ່ງຊີວະປະຫວັດຫຍໍ້ໃຫ້ເວັບໄຊທີ່ກ່ຽວຂ້ອງ.
zhǎo gōng zuò kě yǐ cān jiā chūn jì zhāo pìn huì qiū jì zhāo pìn huì rén cái
找 工 作可以参加 春 季 招 聘 会/秋季 招 聘 会/人才

jiāo liú huì yě kě yǐ zài xiāng guān wǎng zhàn bào míng bìng tí jiāo jiǎn lì
交流会，也可以在相关网站报名并提交简历。

6. ຂ້ອຍຕ້ອງເອົາເອກະສານຫຍັງໄປນຳແດ່ໃນເວລາສຳພາດ?

miàn shì shí xū yào dài shén me cái liào
面试时需要带什么材料？

7. ຂ້ອຍມາຍື່ນເອກະສານສະໝັກວຽກ.

wǒ lái dì jiāo qiú zhí cái liào
我来递交求职材料。

8. ກະລຸນາຖືບັດປະຈຳຕົວ, ໃບປະກາດສະນີຍະບັດ, ໃບປະລິນຍາຕົ້ນສະບັບ ແລະສະບັບກັອບປີ້ຂອງທ່ານມາບໍລິສັດຂອງພວກເຮົາເພື່ອສຳພາດ.

qǐng dài shàng nín de shēn fèn zhèng bì yè zhèng xué wèi zhèng yuán jiàn hé fù yìn jiàn lái wǒ men gōng sī miàn shì
请带上您的身份证、毕业证、学位证原件和复印件来我们公司面试。

9. ລາວຫາກໍເຂົ້າເຮັດວຽກ/ລາອອກຈາກຕຳແໜ່ງ/ອອກຈາກຕຳແໜ່ງໃນເດືອນແລ້ວນີ້.

tā shàng gè yuè gāng rù zhí cí zhí le lí zhí le
他上个月刚入职/辞职了/离职了。

10. ລາວສົນໃຈຕຳແໜ່ງງານນີ້ຫຼາຍ.

tā duì zhè ge gǎng wèi hěn gǎn xìng qù
她对这个岗位很感兴趣。

11. ຕຳແໜ່ງງານນີ້ຕ້ອງມີເງື່ອນໄຂຫຍັງ?

zhè ge gǎng wèi yǒu shén me yāo qiú
这个岗位有什么要求？

12. ພວກເຮົາຢາກຮັບສະໝັກເອົານັກສຶກສາລະດັບປະລິນຍາໂທວິຊາພາສາຈີນ/ພາສາລາວ, ມີປະສົບການໃນການເຮັດວຽກມາກ່ອນຈະຮັບພິຈາລະນາກ່ອນ.

wǒ men xiǎng zhāo pìn yī gè zhōng wén lǎo wō yǔ zhuān yè de shuò shì
我们想招聘一个中文/老挝语专业的硕士
yán jiū shēng yǒu gōng zuò jīng yàn zhě yōu xiān
研究生，有工作经验者优先。

13. ວຽກນີ້ເງິນເດືອນເປັນແນວໃດ?

zhè ge gōng zuò dài yù zěn me yàng
这个工作待遇怎么样？

14. ເງິນເດືອນແມ່ນ 5000 ຢວນ, ມີ “ຄ່າປະກັນໄພ 5 ປະເພດແລະເງິນຊື້ເຮືອນ 1 ປະເພດ”.

dài yù wéi měi yuè gōng zī yuán yǒu wǔ xiǎn yī jīn
待遇为每月工资5000元，有“五险一金”。

15. ເງິນເດືອນແລະສະຫວັດດີການດີ/ເງິນເດືອນແລະສະຫວັດດີການລົມກັນເຊິ່ງໜ້າໄດ້.

dài yù yōu hòu dài yù miàn tán
待遇优厚/待遇面谈。

16. ລາວເໝາະສົມກັບວຽກນີ້ຫຼາຍ.

tā hěn shì hé zuò zhè ge gōng zuò
她很适合做这个工作。

17. ຂ້ອຍຈະໄປສໍາພາດໃນອາທິດໜ້າ.

wǒ xià zhōu yào qù miàn shì
我下周要去面试。

18. ກະລຸນາແນະນຳຕົວເອງ.
qǐng jiè shào yī xià nǐ zì jǐ
请介绍一下你自己。

ຂໍ້ສະຫຼຸບ 语言点归纳

1. ລະດູໃບໄມ້ປົ່ງ意为“春天”，ລະດູໃບໄມ້ຫຼົ່ນ意为“秋天”。春天还可以表达成ລະດູບານໃໝ່。夏天、冬天的表达分别是ລະດູຮ້ອນ和ລະດູໜາວ。例如：ລະດູການທີ່ຂ້ອຍມັກທີ່ສຸດແມ່ນລະດູໃບໄມ້ປົ່ງ. 我最喜欢的季节是春天。

2. 在求职时，常用的词汇有：ເຂົ້າເຮັດວຽກ/ເລີ່ມເຮັດວຽກ入职，ລາອອກຈາກຕຳແໜ່ງ辞职，ອອກຈາກຕຳແໜ່ງ离职，ໄລຍະເວລາການເຝິກງານ试用期，ເປັນພະນັກງານສົມບູນ转正，ປະກອບອາຊີບ就业，ຫວ່າງງານ失业，ປະກອບອາຊີບອີກຄັ້ງໜຶ່ງ再就业，等等。

3. ລາອອກ（ຈາກ）意为“辞掉”。例如：ລາວລາອອກໃນເດືອນແລ້ວນີ້. 他上个月辞职了。

4. ສົນໃຈ意为“感兴趣，关心，关注，重视”。例如：ນາງສົນໃຈນຳວຽກງານກ່ຽວກັບການຄ້າຕ່າງປະເທດຫຼາຍ. 她对外贸工作非常感兴趣。ຂ້ອຍສົນໃຈນຳພາສາຈີນ. 我对中文很感兴趣。

5. ຫຼາຍ意为“多”时，是形容词，一般与名词搭配使用。当表示“非常，很，极”时，一般用在动词和形容词之后。例如：

ລາວຊື້ເບຍຫຼາຍແກ້ວ. 他买了多瓶啤酒。ມື້ນີ້ຝົນຕົກແຮງຫຼາຍ. 今天的雨下得很大。

6. ເໝາະ (ສົມ) ກັບ意为“适合，与……相配”，为固定搭配。例如：ເສື້ອຜືນນີ້ເໝາະ (ສົມ) ກັບເຈົ້າຫຼາຍ. 这件衣服非常适合你。

ສອງ. ເຝິກການສົນທະນາ 会话训练

ການສົນທະນາທີ 1

情景会话 1

(ກ: ໝູ່ຂອງ ຂ; ຂ: ນັກສຶກສາມະຫາວິທະຍາໄລທີ່ກຽມຈະຮຽນຈົບ)

（甲：乙的朋友；乙：准备毕业的大学生）

ກ: ສະບາຍດີ, ໄລຍະນີ້ຫຍຸ້ງຫຍັງຢູ່?

jiǎ hēi zuì jìn zài máng shén me ne

甲：嗨，最近在忙什么呢？

ຂ: ຂ້ອຍກຽມຈະຮຽນຈົບແລ້ວ, ກຳລັງຫຍຸ້ງກັບການຊອກວຽກຢູ່.

yǐ wǒ zhǔn bèi bì yè le zhèng máng zhe zhǎo gōng zuò ne

乙：我准备毕业了，正忙着找工作呢。

ກ: ເຈົ້າຢາກຊອກວຽກແບບໃດ?

jiǎ nǐ xiǎng zhǎo shén me yàng de gōng zuò ne

甲：你想找什么样的工作呢？

ຂ: ຂ້ອຍຮຽນພາສາອັງກິດ, ຢາກຊອກວຽກແປພາສາຫລືການຄ້າຕ່າງປະເທດ.

yǐ　wǒ shì xué yīng yǔ de　xiǎng zhǎo fān yì huò wài mào fāng miàn de gōng zuò
乙：我是学英语的，想找翻译或外贸方面的工作。

ກ: ວຽກງານປະເພດນີ້ມີຄວາມທ້າທາຍຫຼາຍ.

jiǎ　zhè lèi gōng zuò hěn yǒu tiǎo zhàn xìng
甲：这类工作很有挑战性。

ຂ: ແມ່ນແລ້ວ. ຂ້ອຍມັກວຽກງານທີ່ມີຄວາມທ້າທາຍ, ວຽກງານທີ່ໝັ້ນຄົງບໍ່ມ່ວນ.

yǐ　shì de　wǒ xǐ huan yǒu tiǎo zhàn xìng de gōng zuò　wěn dìng de gōng zuò tài kū zào
乙：是的。我喜欢有挑战性的工作，稳定的工作太枯燥。

ກ: ສະນັ້ນເຈົ້າລອງສົ່ງຊີວະປະຫວັດຫຍໍ້ຂອງເຈົ້າຜ່ານທາງອິນເຕີເນັດໄດ້.

jiǎ　nà nǐ kě yǐ zài wǎng shang tóu jiǎn lì shì yī xià
甲：那你可以在网上投简历试一下。

ຂ: ເຈົ້າ, ຂ້ອຍໄດ້ສົ່ງຊີວະປະຫວັດຫຍໍ້ໃຫ້ຫຼາຍບໍລິສັດຜ່ານ “ເວັບໄຊຮັບສະໝັກງານແບບສະມາດ” (ຊື່ຂອງບໍລິສັດແຫ່ງໜຶ່ງ, ຊື່ວ່າ-ຈື້ຫຼຽນເຈົ່າພິ້ນ) ແລ້ວ, ຂ້ອຍກຳລັງຖ້າຟັງຂ່າວຢູ່.

yǐ　ǹg　wǒ yǐ jīng zài zhì lián zhāo pìn shang gěi hǎo jǐ jiā gōng sī tóu le jiǎn lì　zhèng zài děng xiāo xi
乙：嗯，我已经在“智联招聘”上给好几家公司投了简历，正在等消息。

ກ: ແມ່ນແລ້ວ, ມື້ຮືຈະມີງານນັດພົບແຮງງານຂະໜາດໃຫຍ່, ເຈົ້າລອງໄປເບິ່ງກະໄດ້.

jiǎ duì le hòu tiān yǒu yī chǎng dà xíng rén cái zhāo pìn huì nǐ bù fáng qù
甲：对了，后天有一场大型人才招聘会，你不妨去
kàn kan
看看。

ຂ: ຂໍຖາມແດ່, ຈັດຂຶ້ນຢູ່ໃສ?

yǐ qǐng wèn shì zài nǎ lǐ jǔ bàn ne
乙：请问是在哪里举办呢？

ກ: ຢູ່ຕະຫລາດແຮງງານເມືອງ.

jiǎ zài shì rén cái shì chǎng
甲：在市人才市场。

ຂ: ເຈົ້າຮູ້ບໍ່ວ່າຈະຕ້ອງເອົາເອກະສານຫຍັງໄປນຳແດ່?

yǐ nǐ zhī dào yào dài xiē shén me cái liào ma
乙：你知道要带些什么材料吗？

ກ: ເອກະສານຕ່າງໆເຊັ່ນ: ຊີວະປະຫວັດຫຍໍ້, ບັດປະຈຳຕົວ, ໃບປະກາດສະນີຍະບັດ, ໃບປະລິນຍາແລະໃບຢັ້ງຢືນຄຸນວຸດທິປະເພດຕ່າງໆ ແລະອື່ນໆ.

jiǎ jiǎn lì shēn fèn zhèng bì yè zhèng xué wèi zhèng jí gè zhǒng zī
甲：简历、身份证、毕业证、学位证及各种资
gé zhèng shū děng qiú zhí cái liào
格证书等求职材料。

ຂ: ເຈົ້າ. ຂອບໃຈ!

yǐ hǎo de xiè xie nǐ
乙：好的。谢谢你！

ກ: ບໍ່ເປັນຫຍັງ. ໂຊກດີເດີ!

jiǎ bù kè qi zhù nǐ hǎo yùn
甲：不客气。祝你好运！

ໝາຍເຫດ 注释

1. "ໄລຍະນີ້ຫຍຸ້ງຫຍັງຢູ່? " 意为"最近在忙什么？"，一般用于询问他人的近况。例如：ດົນແລ້ວບໍ່ໄດ້ພົບເຈົ້າ, ໄລຍະນີ້ເຈົ້າຫຍຸ້ງຫຍັງຢູ່? 好久没有看见你了，你最近在忙什么呢?

2. ຫລື 意为"或者，亦或"，表示选择。当用在句尾表示询问时，意为"吗，是否"。例如：ທຳມະດາແລ້ວທ້າຍອາທິດ ຂ້ອຍມັກໄປຫຼິ້ນບານບ້ວງຫລືແລ່ນອອກກຳລັງກາຍ. 周末我一般会打篮球或者跑步。ເຈົ້າມັກຮ້ອງເພງຫຼືບໍ? 你喜欢唱歌吗?

3. ແມ່ນ（ແລ້ວ）意为"是的，没错，不错"，表示肯定答复或同意。例如：ມື້ນີ້ພວກເຮົາຕ້ອງເຂົ້າຮ່ວມກອງປະຊຸມແມ່ນບໍ? 今天我们需要参加会议吗? 回答为：ແມ່ນ（ແລ້ວ）. 是的。

4. ຜ່ານ/ດ້ວຍ意为"通过，以……方式，借助于"。例如：ເຈົ້າໄດ້ຈ່າຍເງິນຜ່ານທາງ/ດ້ວຍວີແຊັດ. 你可以用微信付款。

5. ລອງເບິ່ງ意为"不妨"，用于提议尝试做某事。例如：ພວກເຮົາລອງຟັງຄວາມຄິດເຫັນຂອງພໍ່ແມ່ເບິ່ງດູ. 我们不妨听听父母的意见。ເຈົ້າມີຫຍັງບໍ່ພໍໃຈ, ລອງສະເໜີຕໍ່ໜ້າເບິ່ງ. 你有什么不满意的，不妨当面提出来。

6. "ຈັດຂຶ້ນຢູ່..." 意为"在……举办"。例如：ງານລາຕີບຸນກຸດຈີນຈັດຂຶ້ນຢູ່ປັກກິ່ງ. 在北京举办春节联欢晚会。

ການສົນທະນາທີ 2

情景会话 2

(ກ: ໝູ່ເພື່ອນຂອງ ຂ; ຂ: ຜູ້ຫວ່າງງານ)

（甲：乙的朋友；乙：失业的人）

ກ: ເຈົ້າຄືໜ້າເສົ້າ, ເກີດຫຍັງຂຶ້ນບໍ?

jiǎ nǐ kàn qǐ lái chóu méi kǔ liǎn de fā shēng le shén me shì ma
甲：你看起来愁眉苦脸的，发生了什么事吗？

ຂ: ຂ້ອຍຖືກໄລ່ອອກ (ເຊົາຈ້າງ) ໃນສອງມື້ກ່ອນນີ້.

yǐ wǒ qián liǎng tiān bèi chǎo yóu yú jiě gù le
乙：我前两天被炒鱿鱼（解雇）了。

ກ: ອ້າວ? ຍ້ອນຫຍັງ?

jiǎ ǎ wèi shén me ya
甲：啊？为什么呀？

ຂ: ເສດຖະກິດບໍ່ດີໃນປະຈຸບັນ, ມີຫຼາຍວິສາຫະກິດກຳລັງຄັດພະນັກງານອອກ. ນາຍຈ້າງຄົນເກົ່າຂອງຂ້ອຍເວົ້າວ່າບໍ່ຕ້ອງການຄົນຂັບລົດແລ້ວ.

yǐ xiàn zài jīng jì bù jǐng qì hěn duō qǐ yè dōu zài cái yuán wǒ zhī qián de lǎo bǎn shuō bù zài xū yào zhuān zhí de sī jī le
乙：现在经济不景气，很多企业都在裁员。我之前的老板说不再需要专职的司机了。

ກ: ເສຍໃຈທີ່ໄດ້ຍິນຂ່າວນີ້. ຊັ້ນເຈົ້າມີແຜນການຫຍັງ?

jiǎ hěn yí hàn tīng dào zhè ge xiāo xi nà nǐ yǒu shén me dǎ suàn
甲：很遗憾听到这个消息。那你有什么打算？

ຂ: ຂ້ອຍມີແຜນທີ່ຈະຊອກຫາວຽກໃໝ່. ແຕ່ວ່າວຸດທິການສຶກສາຂອງຂ້ອຍບໍ່ສູງ, ເມື່ອອາຍຸສູງຂຶ້ນ, ຊອກຫາວຽກງານທີ່ດີ (ໜ້ອຍໜຶ່ງ) ນັບມື້ນັບຍາກຂຶ້ນ.

yǐ　wǒ dǎ suàn chóng xīn zhǎo gōng zuò　kě wǒ xué lì bù gāo　suí zhe nián
乙：我打算重新找工作。可我学历不高，随着年
líng de zēng zhǎng　yào zhǎo dào yī fèn hǎo yī diǎn de gōng zuò sì hū
龄的增长，要找到一份好一点的工作似乎
yuè lái yuè nán le
越来越难了。

ກ: ໃຈເຢັນໆ, ທຸກບັນຫາມີທາງອອກ. ແມ່ນແລ້ວ, ເຈົ້າມີປະສົບການໃນການຂັບຂີ່ຫຼາຍ, ບໍ່ແມ່ນບໍ? ບໍລິສັດຍ້າຍເຮືອນຂອງອ້າຍຂ້ອຍກຳລັງຮັບສະໝັກຄົນຂັບລົດຂົນສົ່ງສິນຄ້າ, ເຈົ້າສົນໃຈບໍ?

jiǎ　bié zháo jí　tiān wú jué rén zhī lù　duì le　nǐ de jià shǐ jīng yàn hěn
甲：别着急，天无绝人之路。对了，你的驾驶经验很
fēng fù　bù shì ma　wǒ biǎo gē de bān jiā gōng sī zhèng zài zhāo pìn
丰富，不是吗？我表哥的搬家公司正在招聘
zhuān zhí huò chē sī jī　nǐ gǎn xìng qù ma
专职货车司机，你感兴趣吗？

ຂ: ຕຳແໜ່ງງານນີ້ຕ້ອງມີເງື່ອນໄຂຫຍັງແດ່?

yǐ　zhè ge gǎng wèi yǒu shén me yāo qiú ne
乙：这个岗位有什么要求呢？

ກ: ຕ້ອງມີປະສົບການຂັບຂີ່ສາມປີຂຶ້ນໄປ.

jiǎ　yāo qiú yǒu sān nián yǐ shàng jià shǐ jīng yàn
甲：要求有三年以上驾驶经验。

ຂ: ເຈົ້າຮູ້ເງິນເດືອນແລະສະຫວັດດີການເປັນແນວໃດບໍ?

yǐ　nǐ zhī dào dài yù zěn me yàng ma
乙：你知道待遇怎么样吗？

ກ: ເງິນເດືອນພື້ນຖານແມ່ນ 5000 ຢວນ, ອີງຕາມສະພາບການຂົນສົ່ງຍັງມີລາງວັນປະຈຳເດືອນ, ໂດຍມີ "ຄ່າປະກັນໄພ 5 ປະເພດແລະເງິນຊື້ເຮືອນ 1 ປະເພດ" (ການປະກັນໄພລ້ຽງຜູ້ເຖົ້າ, ປິ່ນປົວພະຍາດ, ຫວ່າງງານ, ບາດເຈັບໃນເວລາປະຕິບັດໜ້າທີ່, ປະສູດລູກ/ເກີດລູກ, ເງິນຊື້ເຮືອນ) ແລະເງິນລາງວັນທ້າຍປີ/ເງິນໂບນັດ.

jiǎ měi yuè de jī běn gōng zī yuán gēn jù huò yùn liàng qíng kuàng
甲：每月的基本工资5000元，根据货运量情况
hái yǒu yuè jiǎng yǒu wǔ xiǎn yī jīn yǎng lǎo yī liáo shī yè gōng
还有月奖，有“五险一金”（养老、医疗、失业、工
shāng shēng yù bǎo xiǎn zhù fáng gōng jī jīn hé nián zhōng jiǎng
伤、生育保险，住房公积金）和年终奖。

ຂ: ຟັງແລ້ວເໝາະສົມກັບຂ້ອຍໄດ. ຂ້ອຍສົນໃຈຫຼາຍ. ຂໍຖາມແດ່, ຈະສະໝັກງານແນວໃດ?

yǐ tīng qǐ lái hěn shì hé wǒ wǒ tǐng gǎn xìng qù de qǐng wèn yào zěn
乙：听起来很适合我。我挺感兴趣的。请问要怎
me bào míng yìng pìn ne
么报名应聘呢？

ກ: ນີ້ແມ່ນວິທີຕິດຕໍ່ຂອງບໍລິສັດຍ້າຍເຮືອນ, ເຈົ້າສາມາດໂທສອບຖາມໄດ້ໂດຍກົງ.

jiǎ zhè shì nà ge bān jiā gōng sī de lián xì fāng shì nǐ kě yǐ zhí jiē dǎ
甲：这是那个搬家公司的联系方式，你可以直接打
diàn huà zī xún yī xià
电话咨询一下。

ຂ: ເຈົ້າ, ຂອບໃຈຫຼາຍໆ!

yǐ hǎo de tài gǎn xiè nǐ la
乙：好的，太感谢你啦！

ກ: ບໍ່ເປັນຫຍັງ.

jiǎ bù kè qi
甲：不客气。

ໝາຍເຫດ 注释

1. ຖືກ做助动词时，意为“被，受，遭受”，放在动词前，构成被动式。例如：ກະເປົາເງິນຂອງລາວຖືກລັກໄປແລ້ວ. 他的钱包被偷了。做形容词时，意为“正确，准确”，一般与ຕ້ອງ连用。ຖືກຕ້ອງ意为“对的，正确的”。例如：ວິທີການແກ້ໄຂບັນຫາຂອງລາວແມ່ນຖືກຕ້ອງ. 他解决问题的这个办法是正确的。

2. ຍ້ອນຫຍັງ意为“为什么”，用来询问原因，一般用于问句，近义词为ເປັນຫຍັງ。例如：ເປັນຫຍັງ/ຍ້ອນຫຍັງມື້ນີ້ໄຊສົມບູນບໍ່ໄປເຮັດວຽກ? 为什么赛颂本今天没有去工作?

3. ຂອງ意为“属于，隶属于，……的”，表示领属关系。例如：ກະເປົາປຶ້ມໜ່ວຍນີ້ແມ່ນຂອງສຸກສະຫວັນ. 这个书包是苏萨文的。

4. ເສຍໃຈທີ່意为“很遗憾”。例如：ຂ້ອຍເສຍໃຈທີ່ບໍ່ໄດ້ໄປຮ່ວມງານດອງຂອງເຈົ້າ. 很遗憾没能参加你的婚礼。

5. ນັບມື້ນັບ 意为“越来越……”，表示程度随着时间的推移而加深。例如：ອາກາດນັບມື້ນັບຮ້ອນຂຶ້ນ. 天气越来越热了。ປະຈຸບັນປະຊາຊົນມັກຊື້ເຄື່ອງຜ່ານທາງອອນລາຍນັບມື້ນັບຫຼາຍຂຶ້ນ. 现在的人越

来越喜欢在网上购物。

6. “ບໍ່ແມ່ນບໍ？” 意为“不是吗？”，用于句末，起到强调的作用。例如：ລາວເປັນຄົນງາມ，ບໍ່ແມ່ນບໍ？她长得很漂亮，不是吗？ລາວບໍ່ໄດ້ຮັກນາງແທ້，ບໍ່ແມ່ນບໍ？他根本不爱她，不是吗？

7. ໄດ້做助动词时，放在动词前面，表示动作已经完成；放在动词后面，表示可以这样做。例如：ໄດ້ໄປ已经去了/去过了；ໄປໄດ້可以去；ເຈົ້າໄປຫາລາວຢູ່ຫ້ອງການໄດ້. 你可以到办公室去找他。

ການສົນທະນາທີ 3

情景会话 3

(ການສຳພາດ. ກ: ຜູ້ຖືກສຳພາດ; ຂ: ຜູ້ສຳພາດ)

（面试。甲：应聘者；乙：面试官）

ກ: ສະບາຍດີ! ຂ້ອຍມາສຳພາດວຽກ.

jiǎ　nín hǎo　wǒ shì lái miàn shì de

甲：您 好！我 是 来 面 试 的。

ຂ: ສະບາຍດີ! ເຊີນນັ່ງ.

yǐ　nǐ hǎo　qǐng zuò ba

乙：你 好！ 请 坐 吧。

ກ: ຂອບໃຈ.

jiǎ　xiè xie

甲：谢 谢。

ຂ: ກະລຸນາແນະນຳຕົວເອງໂດຍຫຍໍ້.

yǐ qǐng jiǎn dān jiè shào yī xià nǐ zì jǐ
乙：请简单介绍一下你自己。

ກ: ຂ້ອຍຊື່ວ່າຈ່າງເຫວີຍ, ປີນີ້ອາຍຸ 28 ປີ, ຂ້ອຍຮູ້ພາສາອັງກິດ, ພາສາໄທ ແລະພາສາລາວ, ມີປະສົບການດ້ານການຄ້າຕ່າງປະເທດມາເປັນເວລາ 5 ປີ. ຂ້ອຍຢາກສະໝັກໃນຕຳແໜ່ງຜູ້ຮັບຜິດຊອບການຕະຫຼາດສາກົນຂອງບໍລິສັດທ່ານ.

jiǎ wǒ jiào zhāng wěi jīn nián suì jīng tōng yīng yǔ tài yǔ lǎo wō yǔ yǒu nián wài mào gōng zuò jīng yàn wǒ xiǎng yìng pìn guì gōng sī guó jì yíng xiāo zhǔ guǎn zhè yī zhí wèi
甲：我叫张伟，今年28岁，精通英语、泰语、老挝语，有5年外贸工作经验。我想应聘贵公司国际营销主管这一职位。

ຂ: ຂ້ອຍອ່ານຊີວະປະຫວັດຫຍໍ້ຂອງເຈົ້າແລ້ວ, ບໍລິສັດເກົ່າທີ່ເຈົ້າເຄີຍເຮັດວຽກແມ່ນບໍລິສັດໃຫຍ່ທີ່ມີຊື່ສຽງ. ຍ້ອນຫຍັງຈຶ່ງຢາກປ່ຽນອາຊີບ (ປ່ຽນວຽກ)?

yǐ wǒ kàn le nǐ de jiǎn lì nǐ de shàng yī jiā dān wèi shì zhī míng de dà gōng sī nǐ wèi shén me xiǎng tiào cáo huàn gōng zuò ne
乙：我看了你的简历，你的上一家单位是知名的大公司。你为什么想跳槽（换工作）呢？

ກ: ເງິນເດືອນແລະສະຫວັດດີການຂອງບໍລິສັດເກົ່າກໍດີຢູ່, ແຕ່ຂ້ອຍຢາກຊອກຫາຊ່ອງທາງການພັດທະນາຂອງອາຊີບໃຫ້ກວ້າງຂວາງກວ່າເກົ່າ.

jiǎ shàng yī jiā gōng sī de dài yù hái kě yǐ bù guò wǒ xiǎng xún qiú gèng guǎng kuò de zhí yè fā zhǎn kōng jiān
甲：上一家公司的待遇还可以，不过我想寻求更广阔的职业发展空间。

ຂ: ຄັນຊັ້ນ, ເຈົ້າເຂົ້າໃຈກ່ຽວກັບບໍລິສັດຂອງພວກເຮົາບໍ? ຍ້ອນສາເຫດຫຍັງເຮັດໃຫ້ເຈົ້າມາສະໝັກວຽກຢູ່ບໍລິສັດຂອງພວກເຮົາ?

yǐ nà me nǐ duì wǒ men gōng sī yǒu shén me liǎo jiě ma shì shén me
乙：那么，你对我们公司有什么了解吗？是什么
yuán yīn cù shǐ nǐ lái wǒ men gōng sī yìng pìn de
原因促使你来我们公司应聘的？

ກ: ບໍລິສັດຂອງທ່ານໄດ້ຈົດທະບຽນໃນຕະຫຼາດຫຼັກຊັບຢ່າງສຳເລັດຜົນເມື່ອບໍ່ດົນມານີ້, ມີອະນາຄົດການພັດທະນາທີ່ດີ. ສິ່ງທີ່ສຳຄັນກວ່ານັ້ນແມ່ນ, ວັດທະນະທຳຂອງບໍລິສັດທ່ານໄດ້ດຶງດູດຂ້ອຍ. ຂ້ອຍເຊື່ອວ່າຂ້ອຍຢູ່ນີ້ຈະໄດ້ຮັບການພັດທະນາທີ່ດີກວ່າ.

jiǎ guì gōng sī bù jiǔ qián chéng gōng shàng shì hěn yǒu fā zhǎn qián
甲：贵公司不久前成功上市，很有发展前
jǐng gèng zhòng yào de shì guì gōng sī de qǐ yè wén huà xī yǐn le
景。更重要的是，贵公司的企业文化吸引了
wǒ wǒ xiāng xìn zài zhè lǐ wǒ kě yǐ dé dào gèng hǎo de fā zhǎn
我。我相信在这里我可以得到更好的发展。

ຂ: ດີຫຼາຍ. ຊັ້ນເຈົ້າຍອມຮັບການອອກເຮັດວຽກທາງໄກຢ່າງໜ້ອຍສອງເທື່ອຕໍ່ເດືອນໄດ້ບໍ?

yǐ hěn hǎo nà nǐ néng jiē shòu měi yuè zhì shǎo liǎng cì de cháng tú chū
乙：很好。那你能接受每月至少两次的长途出
chāi ma
差吗？

ກ: ບໍ່ມີບັນຫາດອກ. ແຕ່ກ່ອນຂ້ອຍກໍອອກໄປເຮັດວຽກທາງໄກເລື້ອຍໆ.

jiǎ méi wèn tí wǒ yǐ qián yě jīng cháng chū chāi
甲：没问题，我以前也经常出差。

ຂ: ດີ, ຂອບໃຈຄຳຕອບຂອງເຈົ້າ. ກະລຸນາລໍຖ້າຟັງຂ່າວຈາກພວກເຮົາ.
yǐ hǎo de xiè xie nǐ de huí dá qǐng děng hòu wǒ men de tōng zhī
乙：好的，谢谢你的回答。请等候我们的通知。

ກ: ຂອບໃຈ! ລາກ່ອນ!
jiǎ xiè xie nín zài jiàn
甲：谢谢您！再见！

ໝາຍເຫດ 注释

1. ໂດຍຫຍໍ້ 意为"简洁的，简略的，扼要的"。例如：ກະລຸນາແນະນຳສະພາບການຂອງໂຮງຮຽນໂດຍຫຍໍ້. 请你简要介绍一下学校的情况。

2. ແຕ່意为"不过，但是"。例如：ອາຫານຮ້ານນີ້ລາຄາບໍ່ຖືກ, ແຕ່ມັນແຊບອີ່ຫຼີ. 这家餐厅的菜不便宜，不过确实好吃。ເດັກນ້ອຍຄົນນີ້ສະຫຼາດຫຼາຍ，ແຕ່ຂີ້ດື້ໜ້ອຍໜຶ່ງ. 这个小孩很聪明，不过有点调皮。

3. ເຮັດໃຫ້ 意为"促使，导致，使得"。例如：ລາວເຈັບເປັນ, ຈຶ່ງເຮັດໃຫ້ລາວໄປເຮັດວຽກບໍ່ໄດ້.他生病了，使得他不能去工作。

4. ເມື່ອບໍ່ດົນມານີ້ 意为"不久前，前段时间"。例如：ເມື່ອບໍ່ດົນມານີ້, ຂ້ອຍຫາກໍເລີ່ມເຮັດວຽກ. 我前段时间刚刚参加工作。

5. ສິ່ງທີ່ສຳຄັນກວ່ານັ້ນແມ່ນ意为"更重要的是"，表示强调。例如：ຮັບຮູ້ຄວາມຮູ້ໃໝ່ແມ່ນສິ່ງສຳຄັນແລະສິ່ງສຳຄັນກວ່າໝູ່ນັ້ນແມ່ນ

ນຳໃຊ້ຄວາມຮູ້ເຂົ້າໃນວຽກງານຕົວຈິງ. 掌握新知识很重要，更重要的是学以致用。

6. ເລື້ອຍໆ意为“经常，常常，总是”，表示习惯性的动作或经常发生的事情。例如：ພໍ່ຂອງຂ້ອຍໄປຕຶກເບັດເລື້ອຍໆ. 我爸爸经常去钓鱼。ລາວໄປຮ້ານຂາຍປຶ້ມເລື້ອຍໆ. 他经常去书店。

ສາມ. ຄຳສັບແລະວະລີ　单词与短语

ຫາ (ຊອກ) 找 zhǎo

ເຈົ້າ 你；嗯 nǐ ǹg

ເງິນເດືອນແລະສະຫວັດດີການ 待遇 dài yù

ເງິນເດືອນ 工资 gōng zī

ແປ 翻译 fān yì

ວຽກເສີມ 兼职 jiān zhí

ເຕັມເວລາ 固定 gù dìng

ເຂົ້າການ 9 ໂມງເຊົ້າເລີກການ 5 ໂມງແລງ 朝九晚五 zhāo jiǔ wǎn wǔ

ທ້າຍອາທິດ 周末 zhōu mò

ພັກ 2 ມື້ 双休 shuāng xiū

ງານນັດພົບແຮງງານ 招聘会 zhāo pìn huì

ລະດູໃບໄມ້ປົ່ງ 春季 chūn jì

ລະດູໃບໄມ້ຫຼົ່ນ 秋季 qiū jì

ງານແລກປ່ຽນແຮງງານ 人才交流会 rén cái jiāo liú huì

ຊີວະປະຫວັດຫຍໍ້ 简历 jiǎn lì

ເອົາ (ຖື) 带 dài

ເອກະສານ 材料 cái liào

ສຳພາດ 面试 miàn shì

ຍື່ນ 递交 dì jiāo
ສະໝັກວຽກ 求职 qiú zhí
ບັດປະຈຳຕົວ 身份证 shēn fèn zhèng
ໃບປະກາດສະນີຍະບັດ 毕业证 bì yè zhèng
ໃບປະລິນຍາ 学位证 xué wèi zhèng
ຕົ້ນສະບັບ 原件 yuán jiàn
ສະບັບກັອບປີ້ 复印件 fù yìn jiàn
ເຂົ້າເຮັດວຽກ 入职 rù zhí
ລາອອກ 辞职 cí zhí
ອອກຈາກຕຳແໜ່ງ 离职 lí zhí
ຕຳແໜ່ງ 职位 zhí wèi
ເດືອນແລ້ວນີ້ 上个月 shàng gè yuè
ສົນໃຈ 感兴趣 gǎn xìng qù
ຕຳແໜ່ງງານ 岗位 gǎng wèi
ນັກສຶກສາລະດັບປະລິນຍາໂທ 硕士研究生 shuò shì yán jiū shēng
ວິຊາ 专业 zhuān yè
ພາສາຈີນ 中文 zhōng wén
ພາສາລາວ 老挝语 lǎo wō yǔ
ປະສົບການ 经验 jīng yàn
ກ່ອນ 优先 yōu xiān
ຄ່າປະກັນໄພ 5 ປະເພດແລະເງິນຊື້ເຮືອນ 1 ປະເພດ 五险一金 wǔ xiǎn yī jīn
ດີ 优厚 yōu hòu
ລົມກັນເຊິ່ງໜ້າ 面谈 miàn tán
ເໝາະສົມ 适合 shì hé
ອາທິດໜ້າ 下周 xià zhōu
ຕົວເອງ 自己 zì jǐ
ກຽມ 准备 zhǔn bèi
ຮຽນຈົບ 毕业 bì yè
ສະບາຍດີ 嗨 hēi
ພາສາອັງກິດ 英语 yīng yǔ
ການຄ້າຕ່າງປະເທດ 外贸 wài mào
ຄວາມທ້າທາຍ 挑战 tiǎo zhàn
ສົ່ງຊີວະປະຫວັດຫຍໍ້ 投简历 tóu jiǎn lì

yǐ jīng
ໄດ້ແລ້ວ 已经

zhì lián zhāo pìn
ຮັບສະໝັກງານແບບສະມາດ 智联招聘

děng xiāo xi
ຖ້າຟັງຂ່າວ 等消息

duì le
ແມ່ນແລ້ວ 对了

qù shì yī xià
ລອງໄປເບິ່ງ 去试一下

jǔ bàn
ຈັດ 举办

rén cái shì chǎng
ຕະຫຼາດແຮງງານ 人才市场

zhī dào
ຮູ້ 知道

zī gé zhèng shū
ໃບຢັ້ງຢືນຄຸນວຸດທິ 资格证书

hǎo yùn
ໂຊກດີ 好运

chóu méi kǔ liǎn
ໜ້າເສົ້າ 愁眉苦脸

chǎo yóu yú
ໄລ່ອອກ (ເຊົາຈ້າງ) 炒鱿鱼

jīng jì
ເສດຖະກິດ 经济

qǐ yè
ວິສາຫະກິດ 企业

lǎo bǎn
ນາຍຈ້າງ 老板

jià shǐ
ຂັບ 驾驶

tīng dào
ໄດ້ຍິນ 听到

nián líng
ອາຍຸ 年龄

xiāo xi
ຂ່າວ 消息

hòu tiān
ມື້ຮື 后天

qù kàn kan
ໄປເບິ່ງ 去看看

shì
ເມືອງ 市

gè zhǒng
ປະເພດຕ່າງໆ 各种

shī yè
ຫວ່າງງານ 失业

fā shēng
ເກີດຂຶ້ນ 发生

qián liǎng tiān
ສອງມື້ກ່ອນ 前两天

bù jǐng qì
ບໍ່ດີ 不景气

cái yuán
ຄັດພະນັກງານອອກ 裁员

sī jī
ຄົນຂັບລົດ 司机

yí hàn
ເສຍໃຈ 遗憾

xué lì
ວຸດທິການສຶກສາ 学历

yuè lái yuè nán
ນັບມື້ນັບຍາກຂຶ້ນ 越来越难

ໃຈເຢັນໆ 别着急 bié zháo jí

ທຸກບັນຫາມີທາງອອກ 天无绝人之路 tiān wú jué rén zhī lù

ຍ້າຍເຮືອນ 搬家 bān jiā

ກຳລັງ 正在 zhèng zài

ລົດຂົນສົ່ງສິນຄ້າ 货车 huò chē

ເງິນລາງວັນທ້າຍປີ (ເງິນໂບນັດ) 年终奖 nián zhōng jiǎng

ຟັງແລ້ວ 听起来 tīng qǐ lái

ວິທີຕິດຕໍ່ 联系方式 lián xì fāng shì

ໂດຍກົງ 直接 zhí jiē

ຜູ້ສຳພາດ 面试官 miàn shì guān

ພາສາໄທ 泰语 tài yǔ

ການຕະຫຼາດສາກົນ 国际营销 guó jì yíng xiāo

ບໍລິສັດເກົ່າ 上一家 shàng yī jiā

ປ່ຽນອາຊີບ (ປ່ຽນວຽກ) 跳槽 tiào cáo

ແຕ່ 不过 bù guò

ການພັດທະນາ 发展 fā zhǎn

ຄັນຊັ້ນ 那么 nà me

ສາເຫດ 原因 yuán yīn

ອ້າຍ 表哥 biǎo gē

ຮັບສະໝັກ 招聘 zhāo pìn

ຂຶ້ນໄປ 以上 yǐ shàng

ສະໝັກງານ 应聘 yìng pìn

ສອບຖາມ 咨询 zī xún

ຜູ້ຖືກສຳພາດ 应聘者 yìng pìn zhě

ປີ (ອາຍຸ) 岁 suì

ຜູ້ຮັບຜິດຊອບ 主管 zhǔ guǎn

ບໍລິສັດທ່ານ 贵公司 guì gōng sī

ມີຊື່ສຽງ 知名 zhī míng

ອາຊີບ 职业 zhí yè

ຊອກຫາ 寻求 xún qiú

ກວ້າງຂວາງ 广阔 guǎng kuò

ເຂົ້າໃຈ 了解 liǎo jiě

ເຮັດໃຫ້ 促使 cù shǐ

ຈົດທະບຽນໃນຕະຫຼາດຫຼັກຊັບ 上市 shàng shì

ສຳເລັດຜົນ 成功 chéng gōng

ເມື່ອບໍ່ດົນມານີ້ 不久前 bù jiǔ qián

ອະນາຄົດ 前景 qián jǐng

ສິ່ງທີ່ສຳຄັນກວ່ານັ້ນແມ່ນ 更重要的是 gèng zhòng yào de shì

ວັດທະນະທຳ 文化 wén huà

ດຶງດູດ 吸引 xī yǐn

ເຊື່ອວ່າ 相信 xiāng xìn

ຍອມຮັບ 接受 jiē shòu

ອອກເຮັດວຽກ 出差 chū chāi

ທາງໄກ 长途 cháng tú

ຢ່າງໜ້ອຍ 至少 zhì shǎo

ສອງເທື່ອ 两次 liǎng cì

ບໍ່ມີບັນຫາ 没问题 méi wèn tí

ແຕ່ກ່ອນ 以前 yǐ qián

ເລື້ອຍໆ 经常 jīng cháng

ລໍຖ້າ 等候 děng hòu

ສີ່. ເຝິກຫັດນອກໂມງຮຽນ 课后练习

1. ແບ່ງຈຸແລກປ່ຽນກັນ. **分组自由讨论。**

（1）ລົມທະນາເຈົ້າຢາກເຮັດວຽກຫຍັງທີ່ສຸດໃນອະນາຄົດ.

（2）ລົມທະນາເຈົ້າເຄີຍເຮັດວຽກຫຍັງ?

2. ໃຊ້ຄຳສັບແຕ່ງໃຫ້ເປັນປະໂຫຍກ. **用所给的词语造句。**

（1）ເງິນເດືອນ

（2）ການຄ້າຕ່າງປະເທດ

（3）ຍື່ນຊີວະປະຫວັດຫຍໍ້

（4）ງານນັດພົບແຮງງານ

3. ຟັງສຽງອັດ, ຕື່ມຄຳສັບໃສ່ບ່ອນຫວ່າງ. **听录音，填空。**

（1）________________________________, ວັດທະນະທຳຂອງບໍລິສັດທ່ານໄດ້ດຶງດູດຂ້ອຍ.

（2）ຂ້ອຍຮຽນພາສາອັງກິດ, ຢາກຊອກວຽກ________________

____.

（3）ແມ່ນແລ້ວ, ________________________________, ເຈົ້າລອງໄປເບິ່ງກໍໄດ້.

ບົດທີ 18 ກິດຈະກຳທາງການຄ້າ

第十八课 商务活动

ໜຶ່ງ. ໂຄງສ້າງປະໂຫຍກທີ່ສຳຄັນ 重点句式

1. ກະລຸນາຊ່ວຍຂ້ອຍກັອບປີ້/ໂທລະສານ/ສະແກນເອກະສານສະບັບໜຶ່ງໃຫ້ໄດ້ບໍ?
qǐng bāng wǒ fù yìn chuán zhēn sǎo miáo yī fèn cái liào kě yǐ ma
请帮我复印/传真/扫描一份材料，可以吗？

2. ໄດ້. /ຂໍໂທດ, ເຄື່ອງຈັກເພແລ້ວ, ກຳລັງສ້ອມແປງຢູ່.
kě yǐ bù hǎo yì si jī qì huài le zhèng zài xiū lǐ
可以。/不好意思，机器坏了，正在修理。

3. ນີ້ແມ່ນນາມບັດຂອງຂ້ອຍ.
zhè shì wǒ de míng piàn
这是我的名片。

4. ນີ້ແມ່ນຕົວຢ່າງສິນຄ້າ/ຕົວຢ່າງຂອງສັນຍາ/ໃບສັ່ງຊື້ສິນຄ້າ/ສາລະບານແລະຄຳແນະນຳຜະລິດຕະພັນຂອງພວກເຮົາ.
zhè shì wǒ men de yàng pǐn hé tóng yàng běn dìng dān chǎn pǐn mù lù hé jiè shào
这是我们的样品/合同样本/订单/产品目录和介绍。

5. ຂໍຖາມແດ່, ທາງທ່ານໄດ້ສະເໜີລາຄາດ້ວຍເງິນໂດລາສະຫະລັດບໍ?
qǐng wèn guì fāng néng àn měi yuán bào jià ma
请问贵方能按美元报价吗？

6. ຝຸ່ນເຄມີປະສົມຊະນິດນີ້ໂຕນໜຶ່ງລາຄາເທົ່າໃດ?

zhè zhǒng fù hé féi duō shao qián yī dūn
这种复合肥多少钱一吨？

7. ລາຄາອອກຝັ່ງປະມານ 2000 ຢວນຕໍ່ໜຶ່ງໂຕນ.

lí àn jià yuán zuǒ yòu yī dūn
离岸价2000元左右一吨。

8. ນີ້ແມ່ນລາຄາເຂົ້າຝັ່ງຂອງວັດຖຸຫຸ້ມຫໍ່, ລວມຄ່າຂົນສົ່ງແລະຄ່າປະກັນໄພ.

zhè shì bāo zhuāng cái liào de dào àn jià gé bāo hán yùn fèi hé bǎo xiǎn fèi
这是包装材料的到岸价格，包含运费和保险费。

9. ສະເໜີລາຄາມີຜົນສັກສິດພາຍໃນຈັກມື້?

bào jià jǐ tiān nèi yǒu xiào
报价几天内有效？

10. ພວກທ່ານຮັບວິທີຊຳລະເງິນແບບໃດ?

nǐ men jiē shòu nǎ zhǒng fù kuǎn fāng shì
你们接受哪种付款方式？

11. ພວກເຮົາຮັບຊຳລະເງິນດ້ວຍເງິນສົດ/ໂອນເງິນຜ່ານທາງໂທລະເລກຫຼືໂທລະສັບ/ຊຳລະເງິນດ້ວຍບັດສິນເຊື່ອ/ເອກະສານຕິດກັບໃບຈ່າຍເງິນ, ບໍ່ຮັບເອກະສານຕິດກັບໃບຮັບເງິນ.

wǒ men jiē shòu xiàn jīn zhī fù diàn huì xìn yòng zhèng zhī fù fù kuǎn jiāo dān bù jiē shòu chéng duì jiāo dān
我们接受现金支付/电汇/信用证支付/付款交单，不接受承兑交单。

12. ສິ່ງສິນຄ້າອີງຕາມບັນຊີຂົນສົ່ງສິນຄ້າ.

píng zhuāng yùn dān jù fā huò
凭装运单据发货。

13. ງານວາງສະແດງສິນຄ້າຈີນ-ອາຊຽນແລະກອງປະຊຸມສຸດຍອດການຄ້າແລະການລົງທຶນຈີນ-ອາຊຽນແຕ່ລະປີກໍຈັດຂຶ້ນຢູ່ນະຄອນໜານໜີງ.

zhōng guó dōng méng bó lǎn huì hé zhōng guó dōng méng shāng wù yǔ tóu zī fēng huì měi nián zài nán níng jǔ bàn
中国-东盟博览会和中国-东盟商务与投资峰会每年在南宁举办。

14. ຂໍຖາມແດ່, ພວກເຈົ້າຈະເຂົ້າຮ່ວມງານຕະຫຼາດນັດສິນຄ້ານຳເຂົ້າສົ່ງອອກຈີນ/ງານວາງສະແດງສິນຄ້າຈີນ-ອາຊຽນ/ກອງປະຊຸມສຸດຍອດການຄ້າແລະການລົງທຶນຈີນ-ອາຊຽນບໍ?

qǐng wèn nǐ men dǎ suàn cān jiā jīn nián de zhōng guó jìn chū kǒu shāng pǐn jiāo yì huì guǎng jiāo huì zhōng guó dōng méng bó lǎn huì dōng bó huì zhōng guó dōng méng shāng wù yǔ tóu zī fēng huì ma
请问你们打算参加今年的中国进出口商品交易会（广交会）/中国-东盟博览会（东博会）/中国-东盟商务与投资峰会吗？

ຂໍ້ສະຫຼຸບ 语言点归纳

1. ສະບັບ 意为“册，本，份”，是量词，一般用于书籍、报刊、文件等。例如：ກະລຸນາຊ່ວຍພິມເອກະສານ 10 ສະບັບນີ້ໃຫ້ແດ່.

请打印一下这10份文件。

2. ອີງຕາມ 意为“根据……，依据……”，一般是依据客观事实。

例如：ພວກເຮົາກຳນົດເວລາໄປທ່ອງທ່ຽວຕ້ອງອີງຕາມສະພາບອາກາດ. 我们要根据天气情况决定出游的时间。

3. “ແຕ່ລະ+量词/名词”意为“每（个），各”。例如：ແຕ່ລະປີ 每年；ແຕ່ລະຄົນ 每个人。

ສອງ. ເຝິກການສົນທະນາ　会话训练

ການສົນທະນາທີ 1

情景会话 1

(ກ: ພະນັກງານບໍລິສັດ; ຂ: ພະນັກງານຫ້ອງພິມ)

（甲：公司职员；乙：文印室工作人员）

ກ: ສະບາຍດີ, ສຽວຫວງ! ຊ່ວຍຂ້ອຍພິມເອກະສານສະບັບນີ້ແດ່.

jiǎ　nǐ hǎo　xiǎo huáng　má fan bāng wǒ dǎ yìn yī xià zhè fèn cái liào
甲：你好，小黄！麻烦帮我打印一下这份材料。

ຂ: ໄດ້. ຂໍຖາມແດ່, ດ່ວນບໍ?

yǐ　hǎo de　qǐng wèn hěn jí ma
乙：好的。请问很急吗？

ກ: ດີທີ່ສຸດແມ່ນພິມໃຫ້ໄວ.

jiǎ　zuì hǎo néng jìn kuài dǎ yìn
甲：最好能尽快打印。

ຂ: ຂໍໂທດ, ຂ້ອຍກໍາລັງພິມເອກະສານດ່ວນສະບັບໜຶ່ງ. ມາເອົາຊ້າແດ່ໜ້ອຍໜຶ່ງໄດ້ບໍ?

yǐ duì bu qǐ wǒ zài máng lìng yī gè jí jiàn néng shāo wǎn yī diǎn ma
乙：对不起，我在忙另一个急件。能稍晚一点吗？

ກ: ຂ້ອຍນັດພົບລູກຄ້າໃນຕອນບ່າຍ, ໃນມື້ນັ້ນຕ້ອງການເອກະສານສະບັບນີ້. ຕອນທ່ຽງ (ມື້ນີ້) ຈະພິມແລ້ວບໍ?

jiǎ wǒ hé kè hù yuē hǎo xià wǔ jiàn miàn dào shí xū yào zhè fèn cái liào nà zhōng wǔ kě yǐ ma
甲：我和客户约好下午见面，到时需要这份材料。那中午可以吗？

ຂ: ຄືຊິບໍ່ມີບັນຫາດອກ.

yǐ yīng gāi méi wèn tí
乙：应该没问题。

ໝາຍເຫດ 注释

1. ໜ້ອຍໜຶ່ງ意为“一点点，一些，稍微”。例如：ເຈົ້າມາຊ້າແດ່ໜ້ອຍໜຶ່ງກໍໄດ້. 你可以晚一点到。ຂ້ອຍກິນເຂົ້າໜຽວໜ້ອຍໜຶ່ງ. 我吃一点糯米饭。

2. ຄືຊິ意为“应该”，表示推测。例如：ການສອບເສັງໃນຄັ້ງນີ້ລາວພະຍາຍາມທົບທວນຫຼາຍແລ້ວ, ຄືຊິເສັງຜ່ານຢູ່. 这次考试他很努力复习了，应该能过关。

ການສົນທະນາທີ 2

情景会话 2

(ກ: ຜູ້ອຳນວຍການພະແນກຂາຍຂອງບໍລິສັດ A; ຂ: ພະນັກງານຈັດຊື້ຂອງບໍລິສັດ B)

（甲：A公司销售部经理；乙：B公司采购员）

ກ: ທ່ານຫຼີ, ສະບາຍດີ! ຂໍຖາມແດ່, ທ່ານໄດ້ອ່ານສັນຍາທີ່ຂ້ອຍສົ່ງໃຫ້ທ່ານໃນມື້ວານນີ້ແລ້ວບໍ?

jiǎ lǐ xiān sheng nín hǎo qǐng wèn wǒ zuó tiān fā gěi nín de hé tóng nín kàn guo le ma
甲：李先生，您好！请问我昨天发给您的合同您看过了吗？

ຂ: ໄດ້ອ່ານແລ້ວ, ມີສອງຂໍ້ປີກຍ່ອຍຢາກປຶກສານຳທ່ານໜ້ອຍໜຶ່ງ.

yǐ kàn guo le yǒu liǎng gè xì jié wǒ xiǎng hé nín shāng liang yī xià
乙：看过了，有两个细节我想和您商量一下。

ກ: ຂໍຖາມແດ່, ແມ່ນບັນຫາຫຍັງ?

jiǎ qǐng wèn shì shén me wèn tí
甲：请问是什么问题？

ຂ: ບັນຫາໜຶ່ງກ່ຽວກັບເວລາຊຳລະເງິນ, ປ່ຽນມື້ລັດຖະການ "ເຈັດມື້" ມາເປັນ "ສິບມື້" ໄດ້ບໍ? ຍ້ອນວ່າບໍລິສັດພວກເຮົາດຳເນີນການຊຳລະເງິນມີຫຼາຍຂັ້ນຕອນສົມຄວນ, ບາງເທື່ອໃຊ້ເວລາເຈັດມື້ກໍເຮັດບໍ່ທັນ.

yǐ yī gè shì guān yú fù kuǎn shí jiān de wèn tí néng fǒu bǎ qī gè gōng
乙：一个是关于付款时间的问题，能否把"七个工

zuò rì gǎi wéi shí gè gōng zuò rì yīn wèi wǒ men gōng sī bàn lǐ
作日”改为“十个工作日”？因为我们公司办理
fù kuǎn shǒu xù yào zǒu de liú chéng bǐ jiào duō yǒu shí qī gè gōng zuò
付款手续要走的流程比较多，有时七个工作
rì kě néng bàn bù wán
日可能办不完。

ກ: ໄດ້. ຍັງມີບ່ອນໃດຕ້ອງປັບປຸງແດ່?

jiǎ hǎo de hái yǒu nǎ lǐ yào xiū gǎi ma
甲：好的。还有哪里要修改吗？

ຂ: ຍັງມີມາດຕາທີ 5, ເຊີນເບິ່ງຮູບຖ່າຍໜ້າຈໍ. ທ່ານເຫັນວ່າເພີ່ມຕົວໜັງສືເຫຼົ່ານີ້ອີກໄດ້ບໍ?

yǐ hái yǒu dì wǔ tiáo qǐng kàn jié tú nín kàn jiā shàng zhè jǐ gè zì kě
乙：还有第五条，请看截图。您看加上这几个字可
yǐ ma
以吗？

ກ: ບໍ່ມີບັນຫາ. ຍັງມີຫຍັງອີກບໍ?

jiǎ méi wèn tí hái yǒu ma
甲：没问题。还有吗？

ຂ: ບໍ່ມີແລ້ວ. ຂອບໃຈ!

yǐ méi yǒu le xiè xie
乙：没有了。谢谢！

ກ: ຄັນຊັ້ນຈັກໜ້ອຍຂ້ອຍແປງດີແລ້ວຈຶ່ງຈະສົ່ງໃຫ້ທ່ານກວດຄືນອີກ. ຖ້າວ່າບໍ່ມີບັນຫາ, ກະລຸນາພິມອອກມາສອງສະບັບເຊັນຊື່ແລ້ວສົ່ງໃຫ້ພວກເຮົາດ້ວຍ.

jiǎ nà děng huìr wǒ gǎi hǎo hòu zài fā guò qù gěi nín què rèn yī xià rú
甲：那等会儿我改好后再发过去给您确认一下。如

guǒ méi shén me wèn tí qǐng dǎ yìn liǎng fèn qiān zì hòu jì gěi wǒ men
果没什么问题，请打印两份签字后寄给我们。

ຂ: ເຈົ້າ. ອີກຈັກໜ້ອຍຂ້ອຍຍັງມີກອງປະຊຸມ. ກະລຸນາສົ່ງເອກະສານອອບລາຍໃຫ້ຂ້ອຍແດ່ຫລືສົ່ງເອກະສານໃສ່ອີເມວຂ້ອຍແດ່. ຂອບໃຈເດີ!

yǐ hǎo de wǒ děng huìr yǒu gè huì yì qǐng fā lí xiàn wén jiàn gěi wǒ
乙：好的。我等会儿有个会议。请发离线文件给我
huò zhě bǎ wén jiàn fā dào wǒ de yóu xiāng xiè xie nín le
或者把文件发到我的邮箱。谢谢您了！

ກ: ບໍ່ເປັນຫຍັງດອກ.

jiǎ bù kè qi
甲：不客气。

ໝາຍເຫດ 注释

1. ມື້ວານນີ້ 意为“昨天”，相关的表达有：ມື້ຊືນ 前天，ມື້ນີ້ 今天，ມື້ອື່ນ 明天，ມື້ຮື 后天。

2. ກ່ຽວກັບ意为“关于”。例如：ກ່ຽວກັບບັນຫານີ້，ພວກເຮົາຍັງຕ້ອງປຶກສາກັນອີກ. 关于这个问题，我们还要讨论一下。ຂ້ອຍຢາກຖາມບັນຫາກ່ຽວກັບສັນຍານີ້. 我想问一下关于合同的问题。

3. “ປ່ຽນ...ມາເປັນ” 意为“将……变成……，将……改成……”。例如：ປ່ຽນເວລາເປີດພາກຮຽນຈາກວັນທີ 1 ເດືອນກັນຍາມາ

ເປັນວັນທີ 7 ເດືອນກັນຍາ. 将开学的时间从9月1日改成9月7日。

4. ສົມຄວນ 意为“相当，还算”，表示程度。例如：ຕະຫຼາດນີ້ມີຜັກຫຼາຍປະເພດສົມຄວນ. 这个市场有相当多种类的菜。

ການສົນທະນາທີ 3

情景会话 3

(ກ: ລູກຄ້າຈີນ; ຂ: ຜູ້ຮັບຜິດຊອບຫ້ອງການຜູ້ຕາງໜ້າໄມ້ແກະສະຫຼັກລາວ)

（甲：中国客户；乙：老挝木雕公司代表处负责人）

ກ: ສະບາຍດີຕອນເຊົ້າ, ຜູ້ອຳນວຍການຄຸ່ນພ້າ!

jiǎ zǎo shang hǎo kūn pà jīng lǐ
甲：早 上 好，坤帕 经 理！

ຂ: ສະບາຍດີຕອນເຊົ້າ, ນາງຫຼິນ! ເຊີນນັ່ງ.

yǐ zǎo shang hǎo lín nǚ shì qǐng zuò
乙：早 上 好，林 女 士！ 请 坐。

ກ: ກ່ອນໜ້ານີ້ຂ້ອຍເຄີຍເຫັນເຄື່ອງຫັດຖະກຳໄມ້ແກະສະຫຼັກຂອງບໍລິສັດທ່ານໃນງານວາງສະແດງສິນຄ້າ, (ຂ້ອຍ) ມີຄວາມສົນໃຈຫຼາຍ, ຢາກຮູ້ລາຄາຜະລິດຕະພັນຂອງບໍລິສັດທ່ານໄດ້ບໍ?

jiǎ wǒ zhī qián zài dōng bó huì shang kàn dào guì gōng sī de mù diāo gōng yì pǐn hěn gǎn xìng qù kě yǐ liǎo jiě yī xià guì gōng sī de chǎn pǐn bào
甲：我 之 前 在 东 博 会 上 看 到 贵 公 司 的 木 雕 工 艺 品，很 感 兴 趣，可 以 了 解 一 下 贵 公 司 的 产 品 报

jià ma
价吗？

ຂ: ລາຄາຂອງພວກເຮົາແມ່ນຂຶ້ນກັບປະລິມານການສັ່ງຊື້ຂອງທ່ານ.

yǐ　wǒ men de bào jià qǔ jué yú nín de dìng huò liàng
乙：我们的报价取决于您的订货量。

ກ: ນີ້ແມ່ນບັນຊີສິນຄ້າທີ່ຂ້ອຍຕ້ອງການ, ໃນນັ້ນມີປະລິມານການສັ່ງຊື້ເຄື່ອງໄມ້ແກະສະຫຼັກປະດັບແລະຈານໝາກໄມ້. ຂໍຖາມແດ່, ສະເໜີລາຄາດ້ວຍເງິນຢວນໄດ້ບໍ?

jiǎ　zhè shì wǒ zhè biān de yī fèn xū qiú dān　shàng miàn yǒu mù diāo bǎi jiàn
甲：这是我这边的一份需求单，上面有木雕摆件
hé guǒ pán de jì huà dìng gòu shù liàng　qǐng wèn néng àn rén mín bì
和果盘的计划订购数量。请问能按人民币
bào jià ma
报价吗？

ຂ: ໄດ້ແນ່ນອນ. ຂໍຖາມແດ່, ທ່ານຢາກເອົາລາຄາອອກຝັ່ງຫຼືລາຄາເຂົ້າຝັ່ງ?

yǐ　dāng rán kě yǐ　qǐng wèn nín shì yào lí àn jià　hái shi dào àn
乙：当然可以。请问您是要离岸价（FOB）还是到岸
jià　ne
价（CIF）呢？

ກ: ຂ້ອຍຢາກຮູ້ລາຄາເຂົ້າຝັ່ງ, ຂອບໃຈ.

jiǎ　wǒ xiǎng zhī dào dào àn jià　xiè xie
甲：我想知道到岸价，谢谢。

ຂ: ເຈົ້າ, ກະລຸນາລໍຖ້າບຶດໜຶ່ງ. (ຫຼັງເຄິ່ງຊົ່ວໂມງຜ່ານໄປ) ໄດ້ແລ້ວ, ນີ້ແມ່ນໃບສະເໜີລາຄາເຂົ້າຝັ່ງຂອງຜະລິດຕະພັນພວກເຮົາ. ລາຄາເຂົ້າຝັ່ງຂອງເຄື່ອງໄມ້ແກະສະຫຼັກປະດັບເຫຼົ່ານີ້ແມ່ນ 1000 ຢວນ/ອັນ,

ລາຄາເຂົ້າຝັ່ງຂອງຈານໝາກໄມ້ແມ່ນ 180 ຢວນ/ອັນ, ລວມຄ່າຂົນ

ສົ່ງແລະຄ່າປະກັນໄພ. ເຊີນທ່ານເບິ່ງກ່ອນ.

yǐ　hǎo de　qǐng shāo děng　　　　　　　hǎo le　zhè shì wǒ men
乙：好的，请稍等。（半个小时后）好了，这是我们
de chǎn pǐn dào àn jià de bào jià dān　zhè xiē mù diāo bǎi jiàn dào àn jià
的产品到岸价的报价单。这些木雕摆件到岸价
shì　yuán　jiàn　guǒ pán dào àn jià shì　yuán　gè　bāo hán yùn
是 1000 元 / 件，果盘到岸价是 180 元 / 个，包含运
fèi hé bǎo xiǎn fèi　qǐng nín kàn yī xià
费和保险费。请您看一下。

ກ: ສະເໜີລາຄານີ້ມີຜົນສັກສິດພາຍໃນຈັກມື້?

jiǎ　zhè ge bào jià　jǐ　tiān nèi yǒu xiào
甲：这个报价几天内有效？

ຂ: ພາຍໃນ 10 ມື້ມີຜົນສັກສິດ. ລາຄາຂອງພວກເຮົາແມ່ນຖືກຫຼາຍແລ້ວ.

ເນື່ອງບໍ່ດົນມານີ້ວັດຖຸດິບໄມ້ລາຄາສູງຂຶ້ນ, ອັດຕາແລກປ່ຽນສາກົນ

ກໍບໍ່ໝັ້ນຄົງ, ສະນັ້ນໃນຄັ້ງຕໍ່ໄປລາຄາອາດຈະແພງກວ່ານີ້.

yǐ　tiān nèi yǒu xiào　wǒ men de jià gé shì hěn yōu huì de　yóu yú jìn
乙：10 天内有效。我们的价格是很优惠的。由于近
lái lǎo wō de mù cái yuán liào zhèng zài zhǎng jià　guó jì huì lǜ yě bù
来老挝的木材原料正在涨价，国际汇率也不
wěn dìng　yīn cǐ xià cì kě néng jiù bù zhǐ zhè ge jià gé le
稳定，因此下次可能就不止这个价格了。

ກ: ບໍລິສັດທ່ານຮັບວິທີຊໍາລະເງິນແບບໃດ?

jiǎ　guì gōng sī　jiē shòu nǎ zhǒng fù kuǎn fāng shì
甲：贵公司接受哪种付款方式？

ຂ: ພວກເຮົາຮັບຊໍາລະເງິນດ້ວຍບັດສິນເຊື່ອທີ່ຍົກເລີກບໍ່ໄດ້, ຊໍາລະ

ເງິນອີງຕາມບັນຊີຂົນສົ່ງສິນຄ້າ.

yǐ wǒ men zhǐ jiē shòu bù kě chè xiāo de xìn yòng zhèng zhī fù
乙：我们只接受不可撤销的信用证（L/C）支付，
píng zhuāng yùn dān jù jié huì
凭装运单据结汇。

ກ: ຖ້າວ່າດຽວນີ້ຂ້ອຍສັ່ງຊື້ສິນຄ້າ, ບໍລິສັດຂອງທ່ານຈະສົ່ງເຄື່ອງໄດ້ເມື່ອໃດ?

jiǎ rú guǒ wǒ xiàn zài xià dìng dān guì gōng sī shén me shí hou néng gòu
甲：如果我现在下订单，贵公司什么时候能够
fā huò
发货？

ຂ: ຈານໝາກໄມ້ຍາມໃດກໍສົ່ງໄດ້, ເຄື່ອງໄມ້ແກະສະຫຼັກປະດັບສາມາດສົ່ງໄດ້ພາຍໃນ 1 ເດືອນ. ແຕ່ວ່າເງື່ອນໄຂເບື້ອງຕົ້ນແມ່ນບັດສິນເຊື່ອຕ້ອງສົ່ງຮອດໂດຍໄວ. ພໍແຕ່ພວກເຮົາໄດ້ຮັບບັດສິນເຊື່ອ, ກໍຈະຈັດສົ່ງເຄື່ອງທັນທີ.

yǐ guǒ pán suí shí néng fā huò mù diāo bǎi jiàn yě néng gòu zài yī gè yuè
乙：果盘随时能发货，木雕摆件也能够在一个月
nèi fā huò qián tí shì xìn yòng zhèng bì xū jǐn kuài jì dào wǒ men
内发货。前提是信用证必须尽快寄到。我们
yī shōu dào xìn yòng zhèng jiù kě yǐ lì kè ān pái fā huò
一收到信用证，就可以立刻安排发货。

ກ: ຄ່າປະກັນໄພແມ່ນປະກັນໄພຄົບວົງຈອນບໍ?

jiǎ bǎo xiǎn tóu de shì quán xiǎn ma
甲：保险投的是全险吗？

ຂ: ແມ່ນແລ້ວ, ຖ້າວ່າໃນການເດີນທາງເກີດຄວາມເສຍຫາຍຫຼືເປ່ເພຫຍັງກໍຢູ່ໃນຄວາມຮັບຜິດຊອບຂອງປະກັນໄພ.

yǐ shì de yùn shū tú zhōng de rèn hé sǔn shī huò sǔn huài dōu zài bǎo xiǎn
乙：是的，运输途中的任何损失或损坏都在保险

fàn wéi nèi
范围内。

ກ: ເຂົ້າໃຈແລ້ວ. ຂ້ອຍເຫັນດີ. ພວກເຮົາກະກຽມສັນຍາກັນເທາະ.

jiǎ míng bai le wǒ jué de kě yǐ chéng jiāo wǒ men zhǔn bèi yī xià hé tóng ba
甲：明白了。我觉得可以成交。我们准备一下合同吧。

ຂ: ດີຫຼາຍ! ຍິນດີທີ່ໄດ້ຮ່ວມມືກັບທ່ານ.

yǐ tài hǎo le hé nín hé zuò hěn yú kuài
乙：太好了！和您合作很愉快。

ໝາຍເຫດ 注释

1. ກ່ອນໜ້ານີ້意为"在……之前，此前"。例如：ພວກເຮົາເຄີຍມີການຮ່ວມມືກັນໃນກ່ອນໜ້ານີ້. 我们此前曾经合作过。

2. ຂຶ້ນກັບ意为"取决于"。例如：ຜົນສຳເລັດຈະໃຫຍ່ເທົ່າໃດຂຶ້ນກັບລະດັບຂອງຄວາມພະຍາຍາມ. 成就的大小取决于努力的程度。ຕາມທຳມະດາແລ້ວ, ລາຄາສິນຄ້າຂຶ້ນກັບຕົ້ນທຶນແລະສາຍພົວພັນລະຫວ່າງຄວາມຕ້ອງການສິນຄ້າແລະການຕອບສະໜອງສິນຄ້າ. 商品价格通常取决于成本和供求关系。

3. ອັດຕາ意为"比率，率"，ອັດຕາແລກປ່ຽນ意为"兑换率"。例如：ອັດຕາແລກປ່ຽນເງິນຈີນກັບເງິນກີບແມ່ນ 1∶2200. 人民币与（老挝）基普兑换率大概为1∶2200。

4. ຖ້າວ່າ 意为“如果，假使”，相近的表达有 ຖ້າຫາກວ່າ，一般表示假设。例如：ຖ້າວ່າ/ຖ້າຫາກວ່າເຈົ້າບໍ່ສະບາຍ, ເຈົ້າຄວນໄປຫາທ່ານໝໍ. 如果你不舒服，你应该去看医生。

ການສົນທະນາທີ 4

情景会话 4

(ກ: ພະນັກງານໂຄສະນາຂອງງານວາງສະແດງສິນຄ້າຈີນ-ອາຊຽນ;
ຂ: ຜູ້ອຳນວຍການການຕະຫຼາດນັກທຸລະກິດລາວ/ບໍລິສັດລາວ)
（甲：东博会宣传人员；乙：老挝商家营销经理）

ກ: ສະບາຍດີ, ຜູ້ອຳນວຍການພ່ານຢູ່ບໍ?
jiǎ　nín hǎo　qǐng wèn pān jīng lǐ zài ma
甲：您好，请问潘经理在吗？

ຂ: ຂ້ອຍແມ່ນ. ຂໍຖາມແດ່, ທ່ານແມ່ນໃຜນໍ້?
yǐ　wǒ jiù shì　qǐng wèn nín shì nǎ wèi
乙：我就是。请问您是哪位？

ກ: ສະບາຍດີ, ຜູ້ອຳນວຍການພ່ານ! ຂ້ອຍແມ່ນພະນັກງານພະແນກວຽກງານງານວາງສະແດງສາກົນກວາງຊີ. ຂໍຖາມແດ່, ບໍລິສັດທ່ານມີຄວາມສົນໃຈທີ່ຈະເຂົ້າຮ່ວມງານວາງສະແດງສິນຄ້າຈີນ-ອາຊຽນໃນປີນີ້ບໍ?
jiǎ　pān jīng lǐ　nín hǎo　wǒ shì guǎng xī guó jì bó lǎn shì wù jú de gōng
甲：潘经理，您好！我是广西国际博览事务局的工

zuò rén yuán　qǐng wèn nǐ men gōng sī yǒu yì xiàng cān jiā jīn nián de
作人员。请问你们公司有意向参加今年的
zhōng guó　dōng méng bó lǎn huì ma
中国－东盟博览会吗？

ຂ: ຈະຈັດຂຶ້ນຢູ່ໃສ, ເວລາໃດ?
yǐ　shì shén me shí hou　zài nǎ lǐ jǔ xíng
乙：是什么时候，在哪里举行？

ກ: ງານຈະຂຶ້ນໃນວັນທີ 10 ຫາວັນທີ 13 ເດືອນກັນຍາ, ຈັດຂຶ້ນຢູ່ນະຄອນໜານໜິງເມືອງເອກເຂດປົກຄອງຕົນເອງເຜົ່າຈ້ວງກວາງຊີ. ໜານໜິງແມ່ນສະຖານທີ່ຈັດງານວາງສະແດງສິນຄ້າຈີນ-ອາຊຽນຖາວອນ.
jiǎ　jīn nián de jǔ bàn shí jiān shì cóng　yuè　rì dào　rì　zài guǎng xī
甲：今年的举办时间是从9月10日到13日，在广西
zhuàng zú zì zhì qū shǒu fǔ nán níng shì jǔ xíng　nán níng shì zhōng
壮族自治区首府南宁市举行。南宁是中
guó　dōng méng bó lǎn huì de yǒng jiǔ jǔ bàn dì
国－东盟博览会的永久举办地。

ຂ: ໂອ້, ເວົ້າແນວນີ້ກໍໝາຍຄວາມວ່າເມື່ອກ່ອນກໍເຄີຍຈັດຂຶ້ນແລ້ວຫວາ?
yǐ　ò　zhè me shuō yǐ qián yǐ jīng jǔ bàn guo le
乙：哦，这么说以前已经举办过了？

ກ: ແມ່ນແລ້ວ. ນັບແຕ່ປີ 2004 ເປັນຕົ້ນມາ, ປີໜຶ່ງຈັດຂຶ້ນເທື່ອໜຶ່ງ, ປີນີ້ແມ່ນຄັ້ງທີ 18 ແລ້ວ. ນອກຈາກປະເທດຈີນແລະບັນດາປະເທດອາຊຽນແລ້ວ, ຍັງມີນັກທຸລະກິດຈາກຫຼາຍປະເທດແລະເຂດແຄວັນເຂົ້າຮ່ວມ.
jiǎ　shì de　cóng　nián kāi shǐ　měi nián jǔ bàn yī cì　jīn nián yǐ
甲：是的。从2004年开始，每年举办一次，今年已

jīng shì dì shí bā jiè le　chú le zhōng guó hé dōng méng gè guó　hái yǒu
经是第十八届了。除了中国和东盟各国，还有
hěn duō qí tā guó jiā hé dì qū de shāng jiā yě huì cān jiā
很多其他国家和地区的商家也会参加。

ຂ: ຂໍຖາມແດ່, ຕາມທຳມະດາແລ້ວໃນງານວາງສະແດງນັ້ນມີຜະລິດຕະພັນຫຍັງແດ່?

yǐ　qǐng wèn tōng cháng yǒu xiē shén me chǎn pǐn cān zhǎn
乙：请问通常有些什么产品参展？

ກ: ມີຜະລິດຕະພັນອຸດສາຫະກຳເບົາ, ຜະລິດຕະພັນກະສິກຳ, ເຄື່ອງຫັດຖະກຳທີ່ມາຈາກແຕ່ລະປະເທດແລະເຂດແຄວ້ນ, ແລະອື່ນໆ. ບັນດາບໍລິສັດຍັງສາມາດນຳເອົາຜະລິດຕະພັນທີ່ມີທ່າແຮງຂອງຕົນມາວາງສະແດງແລະຈຳໜ່າຍຢູ່ຫ້ອງວາງສະແດງຂອງຕົນເອງ.

jiǎ　yǒu lái zì gè gè guó jiā hé dì qū de qīng gōng chǎn pǐn　nóng chǎn
甲：有来自各个国家和地区的轻工产品、农产
pǐn　shǒu gōng yì pǐn děng děng　gè shāng jiā hái kě yǐ bǎ yōu shì
品、手工艺品等等。各商家还可以把优势
chǎn pǐn jí zhōng zài dú lì de zhǎn tīng zhǎn xiāo
产品集中在独立的展厅展销。

ຂ: ເວົ້າແນວນີ້ກໍໝາຍຄວາມວ່າ, ເຂົ້າຮ່ວມງານວາງສະແດງສິນຄ້າຈີນ-ອາຊຽນ, ສາມາດວາງສະແດງຜະລິດຕະພັນຂອງພວກເຮົາ, ຍັງໄດ້ນຳເອົາໂອກາດການຄ້າມາໃຫ້ພວກເຮົາອີກ.

yǐ　zhè me shuō lái　cān jiā zhōng guó　dōng méng bó lǎn huì　kě yǐ zhǎn
乙：这么说来，参加中国-东盟博览会，可以展
shì wǒ men de chǎn pǐn　gěi wǒ men dài lái gèng duō de shāng jī
示我们的产品，给我们带来更多的商机。

ກ: ບໍ່ພຽງແຕ່ເທົ່ານັ້ນ, ແຕ່ທ່ານຍັງໄດ້ແລກປ່ຽນນຳນັກທຸລະກິດຄົນອື່ນ, ຮູ້ຂໍ້ມູນຂ່າວສານຂອງຂະແໜງການນີ້, ຮຽນເອົາເຕັກນິກແລະບົດຮຽນທີ່ທັນສະໄໝຂອງສາກົນ. ມັນມີຄວາມຈຳເປັນຫຼາຍສຳລັບທຸກມື້ນີ້ທີ່ຂະບວນການເຊື່ອມໂຍງເຂົ້າກັບສາກົນຂອງວິສາຫະກິດໄດ້ຂະຫຍາຍຕົວຢ່າງວ່ອງໄວ.

jiǎ bù jǐn rú cǐ ér qiě nín kě yǐ hé qí tā cān zhǎn shāng jiā jìn xíng jiāo liú liǎo jiě háng yè dòng tài xìn xī xué xí guó jì shang de xiān jìn jì shù hé jīng yàn zài shāng yè qǐ yè guó jì huà jìn chéng gāo sù fā zhǎn de jīn tiān zhè shì hěn yǒu bì yào de

甲：不仅如此，而且您可以和其他参展商家进行交流，了解行业动态信息，学习国际上的先进技术和经验。在商业、企业国际化进程高速发展的今天，这是很有必要的。

ຂ: ມີເຫດຜົນແທ້. ຄັນຊັ້ນ, ເຊົ່າຫ້ອງວາງສະແດງໜຶ່ງລາຄາເທົ່າໃດ?

yǐ què shí hěn yǒu dào lǐ nà me zū yī gè zhǎn wèi dà gài yào duō shao qián ne

乙：确实很有道理。那么，租一个展位大概要多少钱呢？

ກ: ດຽວນີ້ ຫ້ອງວາງສະແດງມາດຕະຖານແມ່ນ 10000 ຢວນ, ເນື້ອທີ່ແມ່ນ 9 ຕາແມັດ. ນອກນີ້ຍັງມີຮ້ານວາງສະແດງທີ່ບໍ່ມາດຕະຖານປານໃດ, ສະຖານທີ່ສະອາດໃນຮົ່ມ, ສະຖານທີ່ສະອາດກາງແຈ້ງແລະອື່ນໆ, ທ່ານສາມາດເລືອກໄດ້ຕາມຄວາມຕ້ອງການ.

jiǎ xiàn zài měi gè biāo zhǔn zhǎn wèi de jià gé wéi yuán rén mín bì miàn jī wéi píng fāng mǐ cǐ wài hái yǒu fēi biāo zhǔn zhǎn wèi shì nèi jìng dì shì wài jìng dì děng nín kě yǐ àn xū xuǎn zé

甲：现在每个标准展位的价格为10000元人民币，面积为9平方米。此外还有非标准展位、室内净地、室外净地等，您可以按需选择。

ຂ: ເຈົ້າ. ຂ້ອຍໄປຂໍຄຳເຫັນຈາກການນຳຂັ້ນສູງຂອງບໍລິສັດກ່ອນ. ຂອບໃຈເດີ!

yǐ hǎo de wǒ xiān qǐng shì yī xià gōng sī gāo céng xiè xie nín
乙：好的。我先请示一下公司高层。谢谢您！

ກ: ບໍ່ເປັນຫຍັງ.

jiǎ bù kè qi
甲：不客气。

ໝາຍເຫດ 注释

1. “ນັບແຕ່...ເປັນຕົ້ນມາ” 意为“从……以来，自……之后”。例如：ນັບແຕ່ປີ 2018 ເປັນຕົ້ນມາ, ຂ້ອຍບໍ່ເຄີຍໄປປະເທດລາວ. 自2018年以来，我都没有去过老挝。

2. “ນອກຈາກ...ຍັງມີ...” 意为“除……之外，还……”。例如：ນອກຈາກພໍ່ແມ່ແລ້ວ, ຍັງມີພໍ່ເຖົ້າແມ່ເຖົ້າອາໄສຢູ່ນຳຂ້ອຍ. 除爸妈之外，还有爷爷奶奶和我一起居住。

3. “ບໍ່ພຽງແຕ່...ຍັງ...” 意为“不仅……而且……”。例如：ລາວບໍ່ພຽງແຕ່ເປັນຄົນງາມ, ຍັງເປັນຄົນຈິດໃຈດີງາມອີກ. 她不仅长得美，而且很善良。

ສາມ. ຄຳສັບແລະວະລີ 单词与短语

ກິດຈະກຳທາງການຄ້າ 商务活动 (shāng wù huó dòng)

ກັອບປີ້ 复印 (fù yìn)

ສະແກນ 扫描 (sǎo miáo)

ເຄື່ອງຈັກ 机器 (jī qì)

ສ້ອມແປງ 修理 (xiū lǐ)

ຕົວຢ່າງສິນຄ້າ 样品 (yàng pǐn)

ສັນຍາ 合同 (hé tóng)

ສາລະບານ 目录 (mù lù)

ຜະລິດຕະພັນ 产品 (chǎn pǐn)

ສະເໜີລາຄາ 报价 (bào jià)

ໂຕນ 吨 (dūn)

ລາຄາເຂົ້າຝັ່ງ 到岸价 (dào àn jià)

ລວມ 包含 (bāo hán)

ຂົນສົ່ງ 运输 (yùn shū)

ປະກັນໄພ 保险 (bǎo xiǎn)

ຊຳລະເງິນດ້ວຍເງິນສົດ 现金支付 (xiàn jīn zhī fù)

ໂທລະສານ 传真 (chuán zhēn)

ສະບັບໜຶ່ງ 一份 (yī fèn)

ເພ 坏 (huài)

ນາມບັດ 名片 (míng piàn)

ຕົວຢ່າງ 样本 (yàng běn)

ໃບສັ່ງຊື້ສິນຄ້າ 订单 (dìng dān)

ແນະນຳ 介绍 (jiè shào)

ທາງທ່ານ 贵方 (guì fāng)

ເງິນໂດລາສະຫະລັດ 美元 (měi yuán)

ລາຄາອອກຝັ່ງ 离岸价 (lí àn jià)

ວັດຖຸ 材料 (cái liào)

ຄ່າຂົນສົ່ງ 运费 (yùn fèi)

ຄ່າປະກັນໄພ 保险费 (bǎo xiǎn fèi)

ມີຜົນສັກສິດ 有效 (yǒu xiào)

diàn huì
ໂອນເງິນຜ່ານທາງໂທລະເລກຫຼືໂທລະສັບ 电 汇

xìn yòng zhèng
ບັດສິນເຊື່ອ 信 用 证

fù kuǎn jiāo dān
ເອກະສານຕິດກັບໃບຈ່າຍເງິນ 付 款 交 单

chéng duì jiāo dān
ເອກະສານຕິດກັບໃບຮັບເງິນ 承 兑 交 单

píng
ອີງຕາມ 凭

zhuāng yùn dān jù
ບັນຊີຂົນສົ່ງສິນຄ້າ 装 运 单 据

zhōng guó dōng méng bó lǎn huì
ງານວາງສະແດງສິນຄ້າຈີນ-ອາຊຽນ 中 国 – 东 盟 博 览 会

dōng méng
ອາຊຽນ 东 盟

zhōng guó dōng méng shāng wù yǔ tóu zī fēng huì
ກອງປະຊຸມສຸດຍອດການຄ້າແລະການລົງທຶນຈີນ-ອາຊຽນ 中 国 – 东 盟 商 务 与 投 资 峰 会

měi nián
ແຕ່ລະປີ 每 年

jǔ bàn
ຈັດຂຶ້ນ 举 办

nán níng
ໜານໜິງ 南 宁

cān jiā
ເຂົ້າຮ່ວມ 参 加

zhōng guó jìn chū kǒu shāng pǐn jiāo yì huì guǎng jiāo huì
ງານຕະຫຼາດນັດສິນຄ້ານຳເຂົ້າສົ່ງອອກຈີນ 中 国 进 出 口 商 品 交 易 会（ 广 交 会 ）

jí jiàn
ເອກະສານດ່ວນ 急 件

xì jié
ຂໍ້ປີກຍ່ອຍ 细 节

shāng liang
ປຶກສາ 商 量

bàn lǐ
ດຳເນີນການ 办 理

liú chéng
ຂັ້ນຕອນ 流 程

xiū gǎi
ປັບປຸງ 修 改

jié tú
ຮູບຖ່າຍໜ້າຈໍ 截 图

qiān zì
ເຊັນຊື່ 签 字

qǔ jué yú
ຂຶ້ນກັບ 取 决 于

dìng huò liàng
ປະລິມານການສັ່ງຊື້ 订 货 量

xū qiú dān
ບັນຊີສິນຄ້າທີ່ຕ້ອງການ 需 求 单

ເຄື່ອງປະດັບ 摆件 bǎi jiàn　　ໄມ້ 木材 mù cái

ວັດຖຸດິບ 原料 yuán liào　　ລາຄາສູງຂຶ້ນ 涨价 zhǎng jià

ອັດຕາແລກປ່ຽນສາກົນ 国际汇率 guó jì huì lǜ

ແລກປ່ຽນ 交流 jiāo liú　　ໝັ້ນຄົງ 稳定 wěn dìng

ບັດສິນເຊື່ອທີ່ຍົກເລີກບໍ່ໄດ້ 不可撤销的信用证 bù kě chè xiāo de xìn yòng zhèng（L/C）

ເງື່ອນໄຂເບື້ອງຕົ້ນ 前提 qián tí　　ປະກັນໄພຄົບວົງຈອນ 全险 quán xiǎn

ໃນການເດີນທາງ 途中 tú zhōng　　ເສຍຫາຍ 损失 sǔn shī

ເປ່ເພ 损坏 sǔn huài

ຄວາມຮັບຜິດຊອບຂອງປະກັນໄພ 保险范围 bǎo xiǎn fàn wéi

ຜູ້ອໍານວຍການ 经理 jīng lǐ　　ຜູ້ອໍານວຍການການຕະຫຼາດ 营销经理 yíng xiāo jīng lǐ

ນັກທຸລະກິດ 商家 shāng jiā

ພະແນກວຽກງານງານວາງສະແດງສາກົນກວາງຊີ 广西国际博览事务局 guǎng xī guó jì bó lǎn shì wù jú

ສາກົນ 国际 guó jì　　ຖາວອນ 永久 yǒng jiǔ

ຜະລິດຕະພັນອຸດສາຫະກໍາເບົາ 轻工产品 qīng gōng chǎn pǐn

ຜະລິດຕະພັນກະສິກໍາ 农产品 nóng chǎn pǐn

ເຄື່ອງຫັດຖະກໍາ 手工艺品 shǒu gōng yì pǐn　　ໂອກາດການຄ້າ 商机 shāng jī

ການຄ້າ 商业 shāng yè　　ບໍ່ພຽງແຕ່ເທົ່ານັ້ນ 不仅如此 bù jǐn rú cǐ

ຂໍ້ມູນຂ່າວສານຂອງຂະແໜງການ 行业动态 (háng yè dòng tài)

ຂໍ້ມູນ 信息 (xìn xī)

ຮຽນ 学习 (xué xí)

ເຕັກນິກ 技术 (jì shù)

ທັນສະໄໝ 先进 (xiān jìn)

ຂະບວນການ 进程 (jìn chéng)

ວ່ອງໄວ 高速 (gāo sù)

ມີເຫດຜົນ 有道理 (yǒu dào lǐ)

ຫ້ອງວາງສະແດງ (ຮ້ານວາງສະແດງ) 展位 (zhǎn wèi)

ມາດຕະຖານ 标准 (biāo zhǔn)

ໃນຮົ່ມ 室内 (shì nèi)

ສະຖານທີ່ສະອາດ 净地 (jìng dì)

ເລືອກ 选择 (xuǎn zé)

ຂໍ 请示 (qǐng shì)

ຂັ້ນສູງ 高层 (gāo céng)

ສີ່. ເຝິກຫັດນອກໂມງຮຽນ 课后练习

1. ຕື່ມຄໍາສັບດັ່ງລຸ່ມນີ້ໃສ່ປະໂຫຍກໃຫ້ຄົບຖ້ວນ. 用所给的词语补全句子。

①ບໍ່ພຽງແຕ່ເທົ່ານັ້ນ...ຍັງ... ②ນອກຈາກ...ຍັງມີ...

③ຖ້າວ່າ ④ນັບແຕ່ປີ...ເປັນຕົ້ນມາ

（1）___________ 2004 ___________ , ປີໜຶ່ງຈັດຂຶ້ນເທື່ອໜຶ່ງ, ປີນີ້ແມ່ນຄັ້ງທີ 18 ແລ້ວ.

（2）_____________ ໃນການເດີນທາງເກີດຄວາມເສຍຫາຍຫຼືເປ່ເພຫຍັງກໍຢູ່ໃນຄວາມຮັບຜິດຊອບຂອງປະກັນໄພ.

（3）___________ ປະເທດຈີນແລະບັນດາປະເທດອາຊຽນແລ້ວ,

__________ ນັກທຸລະກິດຈາກຫຼາຍປະເທດແລະເຂດແຄວ້ນເຂົ້າຮ່ວມ.

（4）__________, ແຕ່ທ່ານ __________ ໄດ້ແລກປ່ຽນນຳນັກທຸລະກິດຄົນອື່ນ.

2.ຈຳລອງສະພາບການລຸ່ມນີ້ແລ້ວດຳເນີນການສົນທະນາ. 模拟下列情景进行对话。

（1）ເຈົ້າຮູ້ວິທີສັ່ງຊື້ໝາກໄມ້ທີ່ມີຈຳນວນຫຼາຍນຳບໍລິສັດຈຳໜ່າຍເປັນແນວໃດບໍ?

（2）ເຈົ້າເຄີຍເຂົ້າຮ່ວມງານວາງສະແດງສິນຄ້າຈີນ-ອາຊຽນບໍ?

（3）ເຈົ້າຮູ້ບໍ່ວ່າການຈັດງານວາງສະແດງສິນຄ້າຈີນ-ອາຊຽນແມ່ນເພື່ອຫຍັງ?

3. ຟັງສຽງອັດ, ຂຽນປະໂຫຍກທີ່ໄດ້ຍິນອອກມາ (ຟັງສຽງ 3 ເທື່ອ). 听录音，写出听到的句子（录音听三遍）。

（1）__________.

（2）__________.

（3）__________?

（4）__________.

（5）__________?

ບົດທີ 19 ບຸນແລະຮີດຄອງປະເພນີ
第十九课 节日与习俗

ໜຶ່ງ. ໂຄງສ້າງປະໂຫຍກທີ່ສຳຄັນ 重点句式

1. ພວກເຂົາເຈົ້າສະເຫຼີມສະຫຼອງກຸດສົງການ (ບຸນຫົດນ້ຳ) ບໍ?

tā men guò sòng gān jié ma
他们过宋干节（泼水节）吗？

2. ພວກເຂົາເຈົ້າສະຫຼອງ/ບໍ່ສະຫຼອງກຸດສົງການ.

tā men guò bù guò sòng gān jié
他们过/不过宋干节。

3. ສະບາຍດີປີໃໝ່ສາກົນ/ປີໃໝ່/ກຸດຈີນ/ຄຣິດສະມາດ!

yuán dàn xīn nián chūn jié shèng dàn kuài lè
元旦/新年/春节/圣诞快乐！

4. ຂໍໃຫ້ມີເງິນມີຄຳ/ຂໍໃຫ້ລ້ຳລວຍ!

gōng xǐ fā cái
恭喜发财！

5. ຂໍອວຍພອນໃຫ້ທ່ານມີສຸຂະພາບແຂງແຮງ!

zhù nín shēn tǐ jiàn kāng
祝您身体健康！

6. ຂໍອວຍພອນໃຫ້ພວກເຈົ້າສົມຫວັງໃນທຸກສິ່ງທຸກຢ່າງ/ສົມຫວັງດັ່ງປາຖະໜາທຸກປະການ!

zhù nǐ men wàn shì rú yì
祝你们万事如意！

7. ຂໍອວຍພອນໃຫ້ທຸກໆຄົນຄອບຄົວຜາສຸກ!

zhù dà jiā hé jiā xìng fú
祝大家阖家幸福！

8. ປີໃໝ່/ກຸດຈີນມີແຜນສະຫຼອງແນວໃດ?

yuán dàn chūn jié dǎ suàn zěn me guò
元旦/春节打算怎么过？

9. ຂ້ອຍມີແຜນທີ່ຈະໄປຫຼິ້ນ/ຢູ່ເຮືອນນຳຄອບຄົວຂ້ອຍ.

wǒ dǎ suàn chū qù wán zài jiā péi jiā rén
我打算出去玩/在家陪家人。

10. ກຸດຈີນ/ວັນແຫ່ງຄວາມຮັກປີ້ສະຫຼອງກັນແນວໃດ?

zhè ge chūn jié qíng rén jié guò de zěn me yàng
这个春节/情人节过得怎么样？

11. ກຸດຈີນນີ້ຂ້ອຍຮູ້ສຶກມ່ວນຊື່ນຫຼາຍ/ບໍ່ມ່ວນປານໃດ/ອຸກໃຈຫຼາຍ.

zhè ge chūn jié wǒ guò de hěn kāi xīn bù zěn me yàng hěn zāo xīn
这个春节我过得很开心/不怎么样/很糟心。

12. ຂ້ອຍສະຫຼອງວັນແຫ່ງຄວາມຮັກແບບປະທັບໃຈ/ທຳມະດາ/ຮູ້ສຶກບໍ່ດີປານໃດ.

wǒ dù guò le yī gè làng màn de píng dàn de zāo gāo de qíng rén jié
我度过了一个浪漫的/平淡的/糟糕的情人节。

ຂໍ້ສະຫຼຸບ　语言点归纳

1. ກຸດສົງການ意为“宋干节”，也叫作ບຸນຫົດນໍ້າ“泼水节”，是老挝的传统节日，一般在老挝佛历四月份。

2. ສະບາຍດີ/ສຸກສັນ可以放在节日名称前面，构成普遍使用的祝福语。例如：ສະບາຍດີປີໃໝ່！新年快乐！ສຸກສັນວັນແມ່ຍິງສາກົນ！妇女节快乐！

3. “ຂໍອວຍພອນ...”意为“祝福……，祝贺……”，一般用于表达对他人的祝福。例如：ຂໍອວຍພອນໃຫ້ຄອບຄົວທ່ານມີຄວາມສຸກ. 祝您家庭幸福。

4. “ບໍ່...ປານໃດ”意为“不怎么样，一般”。例如：ຕູ້ໜ່ວຍນີ້ຄຸນນະພາບບໍ່ດີປານໃດ. 这个柜子的质量不怎么好。ການອອກແບບນີ້ບໍ່ດີປານໃດ. 这个设计一般。

ສອງ. ເຝິກການສົນທະນາ　会话训练

ການສົນທະນາທີ 1

情景会话 1

(ກ: ພະນັກງານຄົນລາວທີ່ເຮັດວຽກຢູ່ຈີນ; ຂ: ເພື່ອນຮ່ວມງານຄົນຈີນ)
（甲：在中国工作的老挝员工；乙：中国同事）

ກ: ຂ້ອຍຈະກັບເມືອປະເທດລາວໃນອາທິດໜ້າ.

jiǎ wǒ xià gè xīng qī yào huí yī tàng lǎo wō
甲：我下个星期要回一趟老挝。

ຂ: ຫວາ? ເຈົ້າກັບເມືອມີເລື່ອງຫຍັງບໍ?

yǐ ńg huí qù yǒu shén me shì ma
乙：嗯？回去有什么事吗？

ກ: ຂ້ອຍກັບເມືອສະຫລອງກຸດສົງການ, ທີ່ມັກເອີ້ນກັນວ່າບຸນຫົດນ້ຳ.

jiǎ wǒ yào huí qù guò sòng gān jié yě jiù shì tōng cháng shuō de pō shuǐ jié
甲：我要回去过宋干节，也就是通常说的泼水节。

ຂ: ໂອ! ໄດ້ຍິນວ່າກຸດສົງການແມ່ນບຸນທີ່ສຳຄັນທີ່ສຸດຂອງປະເທດລາວ.

yǐ wā ò tīng shuō sòng gān jié shì lǎo wō zuì zhòng yào de jié rì
乙：哇哦！听说宋干节是老挝最重要的节日。

ກ: ແມ່ນແລ້ວ, ກຸດສົງການແມ່ນປີໃໝ່ຕາມພຸດທະສັງກາດ, ເຊິ່ງເທົ່າກັບບຸນກຸດຈີນ.

jiǎ shì de sòng gān jié shì fó lì xīn nián xiāng dāng yú zhōng guó de chūn jié
甲：是的，宋干节是佛历新年，相当于中国的春节。

ຂ: ໃນໄລຍະກຸດສົງການເຮັດກິດຈະກຳຫຍັງແດ່?

yǐ sòng gān jié qī jiān dōu gǎo xiē shén me huó dòng
乙：宋干节期间都搞些什么活动？

ກ: ປະຊາຊົນຈະຕັກບາດສ້າງບຸນກຸສົນ, ສະສາງລ້າງສວ່າຍ, ຂໍຂະມາຜູ້ໃຫຍ່, ຫົດນ້ຳເພື່ອອວຍພອນເຊິ່ງກັນແລະກັນ, ຍັງພາກັນແຫ່ຂະບວນລົດດອກໄມ້, ຟ້ອນລຳທຳເພງແລະມີກິດຈະກຳອື່ນໆອີກ.

jiǎ rén men huì zhāi sēng xíng shàn mù yù jìng shēn jìng bài zhǎng bèi
甲：人们会斋僧行善，沐浴净身，敬拜长辈，
hù xiāng pō shuǐ zhù fú hái huì jǔ xíng huā chē yóu xíng gē wǔ jí
互相泼水祝福，还会举行花车游行、歌舞集
huì děng huó dòng
会等活动。

ຂ: ຟັງແລ້ວເປັນຕາມ່ວນຫຼາຍ. ຂໍອວຍພອນກຸດສົງການລ່ວງໜ້າໃຫ້ເຈົ້າມີຄວາມເບີກບານມ່ວນຊື່ນ!

yǐ tīng qǐ lái hěn yǒu yì si yù zhù nǐ sòng gān jié kuài lè
乙：听起来很有意思。预祝你宋干节快乐！

ກ: ຂອບໃຈ!

jiǎ xiè xie
甲：谢谢！

ໝາຍເຫດ 注释

1. ອາທິດໜ້າ意为“下周”，ອາທິດແລ້ວ意为“上周”，ອາທິດນີ້意为“这周”。例如：ວັນຄ້າຍວັນເກີດຂອງແມ່ຂ້ອຍຈະມາຮອດໃນອາທິດໜ້າ. 我妈妈的生日在下周。ອາທິດນີ້ຂ້ອຍມີການສອບເສັງ. 这周我有考试。

2. ເທົ່າກັບ意为“相当于”。例如：ເຂື່ອນແຫ່ງນີ້ສູງ120 ແມັດ, ເຊິ່ງເທົ່າກັບຄວາມສູງຂອງຕຶກ 40 ຊັ້ນ. 这座大坝高120米，相当于40层大楼的高度。100 ຢວນໃນເວລານັ້ນເທົ່າກັບ 1000 ຢວນໃນປະຈຸບັນ. 那时候的100元相当于现在的1000元。

3. "ຂໍອວຍພອນລ່ວງໜ້າ..." 意为"预祝……"。例如：ຂໍອວຍພອນລ່ວງໜ້າໃຫ້ທຸກສິ່ງທຸກຢ່າງລາບລື່ນ! 预祝一切顺利！ຂໍອວຍພອນລ່ວງໜ້າໃຫ້ພວກເຈົ້າປະສົບຜົນສຳເລັດໃນການສະແດງ! 预祝你们演出成功！

ການສົນທະນາທີ 2

情景会话 2

(ກ: ຄົນລາວຢູ່ປະເທດຈີນ; ຂ: ເພື່ອນຄົນຈີນຂອງ ກ)

（甲：在中国的老挝人；乙：甲的中国朋友）

ກ: ຫຼາຍມື້ມານີ້ຕາມຖະໜົນຫົນທາງນີ້ຄຶກຄື້ນມ່ວນຊື່ນຫຼາຍ!

jiǎ zhè jǐ tiān jiē shang hǎo rè nao a

甲：这几天街上好热闹啊！

ຂ: ແມ່ນແລ້ວ! ກຸດຈີນໃກ້ຊິໝູນວຽນມາເຖິງແລ້ວ, ທຸກຄົນພວມຫຍຸ້ງກັບການຊື້ເຄື່ອງຂອງໃຊ້ໃນກຸດຈີນ.

yǐ shì a chūn jié kuài dào le dà jiā máng zhe cǎi gòu nián huò ne

乙：是啊！春节快到了，大家忙着采购年货呢。

ກ: ກຸດຈີນແມ່ນປີໃໝ່ຕາມຈັນທະຄະຕິຈີນ, ແມ່ນບໍ?

jiǎ chūn jié shì zhōng guó nóng lì de xīn nián duì ma

甲：春节是中国农历的新年，对吗？

ຂ: ແມ່ນແລ້ວ. ເຖິງແມ່ນວ່າພວກເຮົາກໍສະເຫຼີມສະຫຼອງປີໃໝ່ຕາມປະຕິທິນສຸລິຍະຄະຕິ, ເຊິ່ງແມ່ນບຸນປີໃໝ່ສາກົນ, ແຕ່ວ່າກຸດຈີນ

ຍິ່ງໃຫຍ່ມະໂຫລານກວ່າ.

yǐ shì de suī rán wǒ men yě qìng zhù gōng lì de xīn nián yě jiù shì yuán
乙：是的。虽然我们也庆祝公历的新年，也就是元
dàn dàn shì chūn jié gèng lóng zhòng
旦，但是春节更隆重。

ກ: ປະຊາຊົນຈະເຮັດຫຍັງແດ່ເພື່ອສະຫລອງກຸດຈີນ?

jiǎ rén men huì zuò xiē shén me lái qìng zhù chūn jié ne
甲：人们会做些什么来庆祝春节呢？

ຂ: ຄົນທົ່ວໄປມັກພາກັນຕິດຄະຕີຄູ່, ໄປທ່ຽວບຸນວັດແລະອື່ນໆ. ຜູ້ທີ່ໄປສຶກສາຮ່ຳຮຽນຫຼືໄປເຮັດວຽກຢູ່ຕ່າງເຂດແຂວງ, ບໍ່ວ່າຈະຢູ່ໄກບ້ານເທົ່າໃດ, ກໍຕ້ອງກັບບ້ານຢູ່ພ້ອມໜ້າພ້ອມຕາກັນ, ກິນອາຫານຄ່ຳໃນມື້ສົ່ງທ້າຍປີເກົ່າຕ້ອນຮັບປີໃໝ່ນຳກັນ. ຍາດພີ່ນ້ອງແລະໝູ່ເພື່ອນອວຍພອນປີໃໝ່ເຊິ່ງກັນແລະກັນ, ເດັກນ້ອຍກໍຈະໄດ້ຮັບອັ່ງເປົາຈາກຜູ້ໃຫຍ່.

yǐ rén men tōng cháng huì tiē chūn lián guàng miào huì děng zài wài qiú
乙：人们通常会贴春联、逛庙会等。在外求
xué huò gōng zuò de rén wú lùn lí jiā duō yuǎn dōu huì huí jiā yǔ qīn
学或工作的人，无论离家多远，都会回家与亲
rén tuán jù yī qǐ chī nián yè fàn qīn qi péng you men hù xiāng bài
人团聚，一起吃年夜饭。亲戚朋友们互相拜
nián xiǎo hái zi hái huì dé dào zhǎng bèi gěi de yā suì qián
年，小孩子还会得到长辈给的压岁钱。

ກ: ອາຫານໃນມື້ສົ່ງທ້າຍປີເກົ່າຕາມທຳມະດາມັກກິນຫຍັງແດ່?

jiǎ nián yè fàn tōng cháng chī xiē shén me ne
甲：年夜饭通常吃些什么呢？

ຂ: ຄົນພາກເໜືອມັກກິນກ້ຽວ, ຄົນພາກໃຕ້ມັກກິນເຂົ້າຕົ້ມ, ໝຽນ

ກ່າວ, ທ່າງຢອນ. ຊີ້ນໄກ່, ຊີ້ນເປັດແລະຊີ້ນປາກໍເປັນສິ່ງທີ່ຂາດບໍ່ໄດ້, ອຸດົມສົມບູນຫຼາຍ.

yǐ běi fāng rén tōng cháng huì chī jiǎo zi nán fāng rén tōng cháng huì chī zòng zi nián gāo tāng yuán jī yā yú ròu yě shì shǎo bu liǎo de fēi cháng fēng shèng

乙：北方人通常会吃饺子，南方人通常会吃粽子、年糕、汤圆。鸡鸭鱼肉也是少不了的，非常丰盛。

ກ: ໃນເວລາອວຍພອນໃນປີໃໝ່ມັກຈະອວຍພອນຫຍັງແດ່?

jiǎ dà jiā bài nián de shí hou huì shuō xiē shén me zhù fú yǔ ne

甲：大家拜年的时候会说些什么祝福语呢？

ຂ: ເວົ້າຫຼາຍທີ່ສຸດແມ່ນ “ຂໍໃຫ້ມີເງິນມີຄຳ” , ນອກຈາກນັ້ນຍັງມີ “ສຸຂະພາບແຂງແຮງ” “ສົມຫວັງໃນທຸກສິ່ງທຸກຢ່າງ” “ຄອບຄົວຜາສຸກ” ແລະອື່ນໆ.

yǐ shuō de zuì duō de shì gōng xǐ fā cái cǐ wài hái yǒu shēn tǐ jiàn kāng wàn shì rú yì hé jiā xìng fú děng děng

乙：说得最多的是“恭喜发财”，此外还有“身体健康”“万事如意”“阖家幸福”等等。

ກ: ແບບນີ້ເອງ. ຄັນຊັ້ນເຈົ້າຈະສະຫຼອງກຸດຈີນນີ້ແນວໃດ?

jiǎ yuán lái rú cǐ nà zhè ge chūn jié nǐ dǎ suàn zěn me guò ne

甲：原来如此。那这个春节你打算怎么过呢？

ຂ: ຂ້ອຍມີແຜນທີ່ຈະພາເມຍແລະລູກກັບບ້ານເກີດເມືອງນອນ, ໄປສະຫຼອງກັບພໍ່ແມ່.

yǐ wǒ dǎ suàn dài qī zi hé hái zi huí lǎo jiā péi fù mǔ yī qǐ guò jié

乙：我打算带妻子和孩子回老家，陪父母一起过节。

ກ: ກ່ອນຮອດປີໃໝ່ຂໍອວຍພອນໃຫ້ເຈົ້າມີຄວາມເບີກບານມ່ວນຊື່ນ,

ຄອບຄົວຜາສຸກ!

jiǎ yù zhù nǐ xīn chūn yú kuài hé jiā xìng fú
甲：预祝你新春愉快，阖家幸福！

ຂ: ຂອບໃຈ!

yǐ xiè xie
乙：谢谢！

ໝາຍເຫດ 注释

1. ໃກ້ຊິໝູນວຽນມາເຖິງ 意为“快到了，即将来临，即将到来”，为固定搭配。例如：ບຸນເຂົ້າພັນສາຂອງລາວໃກ້ຊິໝູນວຽນມາເຖິງ. 老挝的入夏节即将到来。

2. “ຍິ່ງ...” 意为“更加……，愈加……”，表示递进关系。常用的搭配有 ຍິ່ງກວ່ານັ້ນ，意为“更有甚者，甚至”。例如：ເສດຖະກິດລາວໄດ້ຮັບການພັດທະນາຍິ່ງໆຂຶ້ນ. 老挝的经济得到不断的发展。

3. “ບໍ່ວ່າ...ກໍ...” 意为“无论……都……”。例如：ບໍ່ວ່າພໍ່ແມ່ຈະເວົ້າຈັ່ງໃດກໍຕາມ, ລາວກໍບໍ່ຟັງ. 无论父母怎么说，他都不听。ບໍ່ວ່າພວກເຮົາຈະປະເຊີນສະພາບການແນວໃດກໍຕາມ, ກໍຕ້ອງໃຈເຢັນໄວ້. 我们无论遇到什么情况，都要保持冷静。

4. ເຊິ່ງກັນແລະກັນ 意为“互相”，与 ຊຶ່ງກັນແລະກັນ 意思相同。例如：ພວກເຮົາຄວນເຂົ້າໃຈເຊິ່ງກັນແລະກັນ/ຊຶ່ງກັນແລະກັນ.

我们要相互理解。

ການສົນທະນາທີ 3

情景会话 3

[ກ: ນັກສຶກສາລາວ (ຢູ່ຈີນ); ຂ: ເພື່ອນຄົນຈີນຂອງ ກ]

（甲：老挝留学生；乙：甲的中国朋友）

ຂ: ມື້ນີ້ແມ່ນບຸນໄຫວ້ພະຈັນຂອງຈີນ, ຂ້ອຍເອົາຂະໜົມໄຫວ້ພະຈັນໃຫ້ເຈົ້າ 1 ກັບ. ຂໍອວຍພອນໃຫ້ເຈົ້າຢູ່ກັບຄອບຄົວຢ່າງພ້ອມພຽງຮຽງໜ້າແລະເຕັມໄປດ້ວຍຄວາມສຸກ.

yǐ jīn tiān shì zhōng guó de zhōng qiū jié sòng nǐ yī hé yuè bing zhù nǐ hé jiā rén tuán tuán yuán yuán xìng fú měi mǎn

乙：今天是中国的中秋节，送你一盒月饼。祝你和家人团团圆圆，幸福美满。

ກ: ໂອ້, ດີແທ້, ຂອບໃຈ! ບຸນໄຫວ້ພະຈັນແມ່ນກົງກັບມື້ຂຶ້ນ 15 ຄ່ຳເດືອນ 8 ຕາມຈັນທະຄະຕິຈີນ, ແມ່ນບໍ?

jiǎ ā tài hǎo le xiè xie a zhōng qiū jié shì zài nóng lì de bā yuè shí wǔ ba

甲：啊，太好了，谢谢啊！中秋节是在农历的八月十五吧？

ຂ: ແມ່ນແລ້ວ. ເມື່ອຮອດຕອນກາງຄືນ, ເຈົ້າຈະເຫັນເດືອນທັງໃຫຍ່ທັງມົນ.

yǐ shì de dào le wǎn shang nǐ kě yǐ kàn dào yòu dà yòu yuán de yuè liang

乙：是的。到了晚上，你可以看到又大又圆的月亮。

ກ: ຕາມທຳມະດາແລ້ວ ເຈົ້າສະຫຼອງບຸນໄຫວ້ພະຈັນແນວໃດ?

jiǎ nà nǐ tōng cháng shì zěn me guò zhōng qiū jié de
甲：那你通常是怎么过中秋节的？

ຂ: ຂ້ອຍຈະຢູ່ກັບຄອບຄົວຂອງຂ້ອຍ, ຊົມດວງຈັນແລະກິນຂະໜົມໄຫວ້ພະຈັນຮ່ວມກັນ.

yǐ wǒ hé jiā rén jù zài yī qǐ gòng tóng shǎng yuè hé pǐn cháng měi wèi de yuè bing
乙：我和家人聚在一起，共同赏月和品尝美味的月饼。

ກ: ຈັ່ງແມ່ນເປັນຕາສະອອນແທ້ເດ. ບຸນປະເພນີທີ່ສຳຄັນອື່ນໆຂອງຈີນຍັງມີບຸນຫຍັງແດ່?

jiǎ zhēn ràng rén xiàn mù ya zhōng guó hái yǒu nǎ xiē zhòng yào de chuán tǒng jié rì ne
甲：真让人羡慕呀。中国还有哪些重要的传统节日呢？

ຂ: ຍັງມີບຸນອະນາໄມສຸສານແລະບຸນຊ່ວງເຮືອມັງກອນ/ຕ່ອນຢູ, ບຸນເຫຼົ່ານີ້ກັບບຸນໄຫວ້ພະຈັນແລະກຸດຈີນເອີ້ນວ່າ "4 ບຸນປະເພນີຂອງຈີນ".

yǐ hái yǒu qīng míng jié hé duān wǔ jié tā men hé zhōng qiū jié chūn jié bìng chēng zhōng guó sì dà chuán tǒng jié rì
乙：还有清明节和端午节，它们和中秋节、春节并称"中国四大传统节日"。

ກ: ບຸນອະນາໄມສຸສານກົງກັບມື້ໃດ? ມີຮີດຄອງປະເພນີຫຍັງແດ່?

jiǎ qīng míng jié shì zài shén me shí hou yǒu nǎ xiē xí sú ne
甲：清明节是在什么时候？有哪些习俗呢？

ຂ: ບຸນອະນາໄມສຸສານປົກກະຕິແມ່ນຢູ່ກ່ອນຫຼືຫຼັງວັນທີ 5 ເດືອນເມສາ ຕາມປະຕິທິນສຸລິຍະຄະຕິ, ປະເພນີຕົ້ນຕໍມີການປັດກວາດສຸສານ ແລະການບູຊາບັນພະບຸລຸດ, ທ່ຽວຊານເມືອງແລະອື່ນໆ.

yǐ qīng míng jié yī bān zài gōng lì yuè rì qián hòu zhǔ yào xí sú yǒu
乙：清明节一般在公历4月5日前后，主要习俗有
sǎo mù jì zǔ tà qīng jiāo yóu děng
扫墓祭祖、踏青郊游等。

ກ: ແບບນີ້ເອງ. ຄັນຊັ້ນບຸນຊ່ວງເຮືອມັງກອນເດ? ຂ້ອຍຮູ້ພຽງແຕ່ວ່າ ມີເຂົ້າຕົ້ມກິນໃນບຸນຊ່ວງເຮືອ.

jiǎ yuán lái rú cǐ nà duān wǔ jié ne wǒ zhǐ zhī dào duān wǔ jié yǒu
甲：原来如此。那端午节呢？我只知道端午节有
zòng zi chī
粽子吃。

ຂ: ຮາຮາ, ເຈົ້າຈັ່ງແມ່ນເປັນຄົນມັກກິນເນາະ. ບຸນຕ່ວນອູ ແມ່ນກົງກັບມື້ຂຶ້ນ 5 ຄ່ຳເດືອນ 5 ຕາມຈັນທະຄະຕິຈີນ. ນອກຈາກກິນເຂົ້າຕົ້ມແລ້ວ, ບຸນຕ່ວນອູຍັງມີກິດຈະກຳໜຶ່ງທີ່ສຳຄັນນັ້ນແມ່ນຊ່ວງເຮືອມັງກອນ.

yǐ hā ha nǐ kě zhēn shì gè chī huò duān wǔ jié shì zài nóng lì de wǔ
乙：哈哈，你可真是个吃货。端午节是在农历的五
yuè chū wǔ chú le chī zòng zi duān wǔ jié hái yǒu yī xiàng zhòng yào
月初五。除了吃粽子，端午节还有一项重要
huó dòng sài lóng zhōu
活动——赛龙舟。

ກ: ໂອ້, ຂ້ອຍເຄີຍເຫັນການແຂ່ງຂັນຊ່ວງເຮືອທາງໂທລະພາບ, ຂ້ອຍຮູ້ສຶກຕື່ນເຕັ້ນຫຼາຍ!

jiǎ à wǒ zài diàn shì shang kàn dào guo sài lóng zhōu de chǎng miàn gǎn dào fēi cháng zhèn hàn

甲：啊，我在电视上看到过赛龙舟的场面，感到非常震撼！

ຂ: ເປັນແບບນັ້ນແທ້. ການແຂ່ງຂັນຊ່ວງເຮືອແມ່ນກິດຈະກຳປະເພນີທີ່ເປັນມູນເຊື້ອທີ່ໄດ້ຮັບຄວາມນິຍົມຫຼາຍ.

yǐ què shí rú cǐ sài lóng zhōu shì yī xiàng rén qì hěn gāo de chuán tǒng mín sú huó dòng

乙：确实如此。赛龙舟是一项人气很高的传统民俗活动。

ກ: ຄັນຊັ້ນ, ຄົນຈີນສະຫຼອງວັນບຸນແບບຕາເວັນຕົກເຊັ່ນ: ວັນແຫ່ງຄວາມຮັກຫຼືວັນຄຣິດສະມາດບໍ?

jiǎ nà me zhōng guó rén guò qíng rén jié huò shèng dàn jié zhè yàng de xī shì jié rì ma

甲：那么，中国人过情人节或圣诞节这样的西式节日吗？

ຂ: ແຕ່ກ່ອນມີຄົນສະຫຼອງໜ້ອຍ. ໃນຊຸມປີມໍ່ໆມານີ້, ຄຽງຄູ່ກັບການພັດທະນາເສດຖະກິດສັງຄົມ, ໂດຍສະເພາະແມ່ນພາຍໃຕ້ການໂຄສະນາຂອງນັກທຸລະກິດ, ຊາວໜຸ່ມບາງຄົນກໍເລີ່ມມີການສະເຫຼີມສະຫຼອງບຸນເຫຼົ່ານີ້ແລ້ວ.

yǐ yǐ qián hěn shǎo rén guò jìn nián lái suí zhe shè huì hé jīng jì de fā zhǎn tè bié shì zài shāng jiā de chǎo zuò xià yī xiē nián qīng rén yě kāi shǐ guò zhè xiē jié rì le

乙：以前很少人过。近年来随着社会和经济的发展，特别是在商家的炒作下，一些年轻人也开始过这些节日了。

ໝາຍເຫດ 注释

1. ກັບ做介词时，意为“和，同，与”；做量词时，意为“（一）盒”。例如：ຂ້ອຍກັບເອື້ອຍໄປສວນສະໜຸກ. 我和姐姐去游乐园。ໝູ່ໄດ້ເອົາຂະໜົມໜຶ່ງກັບມາໃຫ້ຂ້ອຍ. 朋友送给我一盒糕点。

2. ກົງກັບ意为“是，对应，相当于”。例如：ວັນທີ 1 ເດືອນຕຸລາກົງກັບວັນສຸກ. 10月1日是星期五。

3. ໃນຊຸມປີມໍ່ໆມານີ້意为“近年来”。例如：ໃນຊຸມປີມໍ່ໆມານີ້, ການທ່ອງທ່ຽວຂອງຫຼວງພະບາງໄດ້ຮັບການພັດທະນາຢ່າງບໍ່ຢຸດຢັ້ງ. 近年来，老挝琅勃拉邦的旅游业得到不断的发展。

4. ຄຽງຄູ່ກັບ意为“随着”。例如：ຄຽງຄູ່ກັບທຸລະກິດການຄ້າອີເລັກໂຕຼນິກໄດ້ຮັບການພັດທະນາຢ່າງຕໍ່ເນື່ອງ, ການຊື້ເຄື່ອງອອນລາຍໄດ້ຮັບຄວາມນິຍົມຈາກປະຊາຊົນຫຼາຍຍິ່ງຂຶ້ນ. 随着电子商务的不断发展，网上购物越来越得到人们的喜爱。

5. “ພາຍໃຕ້...” 意为“在……下”。例如：ພາຍໃຕ້ການຊ່ວຍເຫຼືອຂອງອາຈານ, ພວກເຮົາໄດ້ແກ້ໄຂບັນຫານີ້ແລ້ວ. 在老师的帮助下，我们解决了这个问题。ພາຍໃຕ້ການເບິ່ງແຍງດູແລຂອງຄອບຄົວ, ລາວກໍຊ່ວງເຊົາຈາກພະຍາດໂດຍໄວ. 在家人的精心照料下，她的病很快就好了。

ສາມ. ຄຳສັບແລະວະລີ　单词与短语

ບຸນ 节日 jié rì

ຮີດຄອງປະເພນີ 习俗 xí sú

ສະຫຼອງ 过 guò

ກຸດສົງການ 宋干节 sòng gān jié

ບຸນຫົດນ້ຳ 泼水节 pō shuǐ jié

ຫົດນ້ຳ 泼水 pō shuǐ

ປີໃໝ່ສາກົນ 元旦 yuán dàn

ກຸດຈີນ 春节 chūn jié

ຄຣິດສະມາດ 圣诞 shèng dàn

ຂໍໃຫ້ມີເງິນມີຄຳ (ຂໍໃຫ້ລ້ຳລວຍ) 恭喜发财 gōng xǐ fā cái

ອວຍພອນ 祝福 zhù fú

ສຸຂະພາບແຂງແຮງ 身体健康 shēn tǐ jiàn kāng

ສົມຫວັງໃນທຸກສິ່ງທຸກຢ່າງ (ສົມຫວັງດັ່ງປາຖະໜາທຸກປະການ) 万事如意 wàn shì rú yì

ຄອບຄົວຜາສຸກ 阖家幸福 hé jiā xìng fú

ຢູ່ນຳ 陪 péi

ຄອບຄົວ 家人；家庭 jiā rén; jiā tíng

ວັນແຫ່ງຄວາມຮັກ 情人节 qíng rén jié

ມ່ວນຊື່ນ 开心 kāi xīn

ອຸກໃຈ 糟心 zāo xīn

ປະທັບໃຈ 浪漫 làng màn

ຮູ້ສຶກບໍ່ດີ 糟糕 zāo gāo

ໄດ້ຍິນວ່າ 听说 tīng shuō

ພຸດທະສັງກາດ 佛历 fó lì

ເທົ່າກັບ 相当于 xiāng dāng yú

ໃນໄລຍະ 期间 qī jiān

ກິດຈະກຳ 活动 huó dòng

ຕັກບາດ 斋僧 zhāi sēng

ລ້າງບຸນກຸສົນ 行善 xíng shàn

ຂໍຂະມາ 敬拜 jìng bài

ເຊິ່ງກັນແລະກັນ 互相 hù xiāng

ລົດດອກໄມ້ 花车 huā chē

ຟັງແລ້ວ 听起来 tīng qǐ lái

ອວຍພອນລ່ວງໜ້າ 预祝 yù zhù

ຈັນທະຄະຕິ 农历 nóng lì

ມະໂຫລານ 隆重 lóng zhòng

ທ່ຽວບຸນວັດ 逛庙会 guàng miào huì

ບໍ່ວ່າ 无论 wú lùn

ສະສາງລ້າງສວ່າຍ 沐浴 mù yù

ຜູ້ໃຫຍ່ 长辈 zhǎng bèi

ແຫ່ຂະບວນ 游行 yóu xíng

ຟ້ອນລຳທຳເພງ 歌舞 gē wǔ

ເປັນຕາມ່ວນຫຼາຍ 很有意思 hěn yǒu yì si

ຄຶກຄື້ນ 热闹 rè nao

ປະຕິທິນສຸລິຍະຄະຕິ 公历 gōng lì

ຕິດຄະຕິຄູ່ 贴春联 tiē chūn lián

ຮ່ຳຮຽນ 求学 qiú xué

ກັບບ້ານ 回家 huí jiā

ອາຫານຄ່ຳໃນມື້ສົ່ງທ້າຍປີເກົ່າຕ້ອນຮັບປີໃໝ່ 年夜饭 nián yè fàn

ນຳກັນ 一起 yī qǐ

ຍາດພີ່ນ້ອງ 亲戚 qīn qi

ເດັກນ້ອຍ 孩子 hái zi

ຄົນພາກເໜືອ 北方人 běi fāng rén

ຄົນພາກໃຕ້ 南方人 nán fāng rén

ໜຽນກ່າວ 年糕 nián gāo

ຊີ້ນ 肉 ròu

ອວຍພອນປີໃໝ່ 拜年 bài nián

ອັ່ງເປົາ 压岁钱 yā suì qián

ກ້ຽວ 饺子 jiǎo zi

ເຂົ້າຕົ້ມ 粽子 zòng zi

ທ່າງຢວນ 汤圆 tāng yuán

ໄກ່ 鸡 jī

ເປັດ 鸭 (yā)

ອຸດົມສົມບູນ 丰盛 (fēng shèng)

ກັບບ້ານເກີດເມືອງນອນ 回老家 (huí lǎo jiā)

ເບີກບານມ່ວນຊື່ນ 愉快 (yú kuài)

ຂະໜົມໄຫວ້ພະຈັນ 月饼 (yuè bing)

ພ້ອມພຽງຮຽງໜ້າ 团团圆圆 (tuán tuán yuán yuán)

ເຕັມໄປດ້ວຍຄວາມສຸກ 美满 (měi mǎn)

ຕອນກາງຄືນ 晚上 (wǎn shang)

ຊົມດວງຈັນ 赏月 (shǎng yuè)

ບຸນອະນາໄມສຸສານ 清明节 (qīng míng jié)

ບຸນຊ່ວງເຮືອມັງກອນ (ຕ່ວນອູ) 端午节 (duān wǔ jié)

ຊ່ວງເຮືອ 赛龙舟 (sài lóng zhōu)

ບູຊາບັນພະບຸລຸດ 祭祖 (jì zǔ)

ຄົນມັກກິນ 吃货 (chī huò)

ຕື່ນເຕັ້ນ 震撼 (zhèn hàn)

ແບບຕາເວັນຕົກ 西式 (xī shì)

ປາ 鱼 (yú)

ແບບນີ້ເອງ 原来如此 (yuán lái rú cǐ)

ພໍ່ແມ່ 父母 (fù mǔ)

ບຸນໄຫວ້ພະຈັນ 中秋节 (zhōng qiū jié)

ຄວາມສຸກ 幸福 (xìng fú)

ເດືອນ (ດວງຈັນ) 月亮 (yuè liang)

ປະເພນີ 传统 (chuán tǒng)

ປັດກວາດສຸສານ 扫墓 (sǎo mù)

ທ່ຽວຊານເມືອງ 踏青 (tà qīng)

ໂທລະພາບ 电视 (diàn shì)

ຄວາມນິຍົມ 人气 (rén qì)

ວັນຄຣິດສະມາດ 圣诞节 (shèng dàn jié)

ຊຸມປີມໍ່ໆມານີ້ 近年 jìn nián

ຄຽງຄູ່ 随着 suí zhe

ສັງຄົມ 社会 shè huì

ໂຄສະນາ 炒作 chǎo zuò

ຊາວໜຸ່ມ 年轻人 nián qīng rén

ສີ່. ເຝິກຫັດນອກໂມງຮຽນ 课后练习

1. ແບ່ງຈຸແລກປ່ຽນກັນ. 分组自由讨论。

(1) ລົມທະນາບຸນປະເພນີຂອງລາວທີ່ເຈົ້າມັກທີ່ສຸດ, ຍ້ອນຫຍັງ?

(2) ຢູ່ຈີນບຸນປະເພນີຫຍັງໄດ້ຮັບຄວາມນິຍົມທີ່ສຸດ?

2. ກວດແກ້ໃຫ້ຖືກຕ້ອງຕາມບົດຮຽນຫຼືໄວຍະກອນ. 根据课文内容或语法知识改错。

(1) ຂ້ອຍກັບເມືອສະຫລອງບຸນທາດຫຼວງ, ທີ່ມັກເອີ້ນກັນວ່າບຸນຫົດນໍ້າ.

(2) ຄົນພາກໃຕ້ມັກກິນກ້ຽວ, ຄົນພາກເໜືອມັກກິນເຂົ້າຕົ້ມ, ໝຽນກ່າວ, ທ່າງປອນ.

(3) ການແຂ່ງຂັນຈູດບັ້ງໄຟແມ່ນກິດຈະກຳປະເພນີທີ່ເປັນມູນເຊື້ອທີ່ໄດ້ຮັບຄວາມນິຍົມຫຼາຍ.

3. ຟັງສຽງອັດ, ຂຽນປະໂຫຍກທີ່ໄດ້ຍິນອອກມາ (ຟັງສຽງ 3 ເທື່ອ). 听录音，写出听到的句子（录音听三遍）。

（1）____

____？

（2）____

____？

（3）____

____。

（4）____

____？

（5）____

____。

ບົດທີ 20 ດ່ານພາສີແລະການກວດຄົນເຂົ້າອອກເມືອງ

第二十课　海关与出入境

ໜຶ່ງ. ໂຄງສ້າງປະໂຫຍກທີ່ສຳຄັນ　重点句式

1. ຂໍຖາມແດ່, ບ່ອນເຮັດເອກະສານຜ່ານດ່ານຢູ່ໃສ?
qǐng wèn zài nǎ lǐ bàn lǐ hǎi guān shǒu xù
请问在哪里办理海关手续？

2. ກະລຸນາສະແດງໜັງສືຜ່ານແດນ/ໃບຢັ້ງຢືນການເຂົ້າເມືອງ/ໃບຢັ້ງຢືນສຸຂະພາບຂອງທ່ານ.
qǐng chū shì nín de hù zhào rù jìng zhèng míng jiàn kāng zhèng míng
请出示您的护照/入境证明/健康证明。

3. ຈຸດປະສົງການເດີນທາງຂອງທ່ານແມ່ນຫຍັງ?
qǐng wèn nǐ cǐ xíng de mù dì shì shén me
请问你此行的目的是什么？

4. ຂ້ອຍມາປະເທດລາວເພື່ອທ່ອງທ່ຽວ/ສຶກສາ/ວຽກທາງການ.
wǒ lái lǎo wō lǚ yóu xué xí bàn lǐ gōng wù
我来老挝旅游/学习/办理公务。

5. ກະລຸນາຂຽນແບບຟອມເຂົ້າເມືອງ/ແບບຟອມແຈ້ງເງິນຕາຕ່າງປະເທດ/ແບບຟອມແຈ້ງຕໍ່ດ່ານພາສີ.

qǐng tián xiě rù jìng dēng jì kǎ　wài bì shēn bào biǎo　hǎi guān shēn bào biǎo
请填写入境登记卡/外币申报表/海关申报表。

6. ກະລຸນາໃຫ້ການຮ່ວມມືກັບການກວດກາຂອງພວກເຮົາດ້ວຍ.

qǐng pèi hé wǒ men jiǎn chá
请配合我们检查。

7. ຂໍຖາມແດ່, ບ່ອນນີ້ຂຽນແນວໃດ?

qǐng wèn zhè lǐ zěn me tián
请问这里怎么填？

8. ບ່ອນນີ້ຂຽນຊື່ແລະນາມສະກຸນ/ໝາຍເລກໂທລະສັບ/ຜູ້ຕິດຕໍ່ສຸກເສີນ ແລະໝາຍເລກໂທລະສັບ, ແມ່ນບໍ?

zhè lǐ tián xìng míng　lián xì diàn huà　jǐn jí lián xì rén jí diàn huà hào mǎ　duì ma
这里填姓名/联系电话/紧急联系人及电话号码，对吗？

9. ມີວັດຖຸຕ້ອງຫ້າມ/ວັດຖຸສິ່ງຂອງທີ່ຕ້ອງແຈ້ງບໍ?

yǒu méi yǒu wéi jìn pǐn　yào shēn bào de wù pǐn
有没有违禁品/要申报的物品？

10. ຈຳນວນເງິນສົດທີ່ຖືຕິດໂຕມີຂໍ້ກຳນົດຫຍັງບໍ?

duì xié dài xiàn jīn de shù liàng yǒu yāo qiú ma
对携带现金的数量有要求吗？

11. ໄປປະເທດລາວ/ໄທ/ມຽນມາສາມາດຂໍວີຊາກັບດ່ານໄດ້ບໍ?

qù lǎo wō　tài guó　miǎn diàn kě yǐ bàn lǐ luò dì qiān zhèng ma
去老挝/泰国/缅甸可以办理落地签证吗？

12. ໄປປະເທດລາວສາມາດຕໍ່ເຮືອບິນຢູ່ຄຸນໝິງ.

qù lǎo wō kě yǐ zài kūn míng zhuǎn jī
去老挝可以在昆明转机。

13. ຫີບເດີນທາງສາມາດຝາກສົ່ງ/ຜ່ານການຂົນສົ່ງແບບຕໍ່ເນື່ອງ.

xíng li kě yǐ tuō yùn bàn lǐ lián yùn
行李可以托运/办理联运。

14. ກະລຸນາວາງຫີບເດີນທາງຂອງທ່ານໄວ້ເທິງສາຍພານ.

qǐng bǎ xíng li fàng zài chuán sòng dài shang
请把行李放在传送带上。

ຂໍ້ສະຫຼຸບ 语言点归纳

1. 文中“...ດ້ວຍ”有“一起，一道，共同”的意思，用在句末表示请求别人共同做某事，或请求别人配合做某事。例如：ກະລຸນາຂຽນແບບຟອມແຈ້ງຂໍ້ມູນເຂົ້າອອກເມືອງດ້ວຍ. 请填写出入境信息表。

2. ເທິງ意为“上方，上面，在……之上”，是方位词。例如：ຈານວາງຢູ່ເທິງໂຕະ. 盘子放在桌子上。

ສອງ. ເຝິກການສົນທະນາ　会话训练

ການສົນທະນາທີ 1

情景会话 1

(ທາງເຂົ້າສະໜາມບິນ. ກ: ນັກທ່ອງທ່ຽວ; ຂ: ພະນັກງານດ່ານພາສີ)

（在机场入境处。甲：旅客；乙：海关人员）

ກ: ຂໍຖາມແດ່, ເຮັດເອກະສານຜ່ານດ່ານຢູ່ບ່ອນນີ້ບໍ?

jiǎ　qǐng wèn shì zài zhè lǐ bàn lǐ hǎi guān shǒu xù ma
甲：请问是在这里办理海关手续吗？

ຂ: ແມ່ນແລ້ວ. ກະລຸນາສະແດງໜັງສືຜ່ານແດນຂອງທ່ານ.

yǐ　shì de　qǐng chū shì yī xià nín de hù zhào
乙：是的。请出示一下您的护照。

ກ: ນີ້ເດ. ຂໍຖາມແດ່, ຍັງຕ້ອງສະແດງໃບຂຶ້ນຍົນອີກບໍ?

jiǎ　gěi　qǐng wèn hái yào chū shì dēng jī kǎ ma
甲：给。请问还要出示登机卡吗？

ຂ: ແມ່ນແລ້ວ. ຍັງມີແບບຟອມເຂົ້າເມືອງຂອງທ່ານອີກ.

yǐ　shì de　hái yǒu nín de rù jìng shēn qǐng kǎ
乙：是的。还有您的入境申请卡。

ກ: ນີ້ເດ.

jiǎ　zài zhè lǐ
甲：在这里。

ຂ: ຈຸດປະສົງການເດີນທາງຂອງທ່ານແມ່ນຫຍັງ?

yǐ　nín cǐ xíng de mù dì shì shén me
乙：您此行的目的是什么？

ກ: ຂ້ອຍມາທ່ອງທ່ຽວ.

jiǎ　wǒ shì lái lǚ yóu de
甲：我是来旅游的。

ຂ: ທ່ານມີແຜນຊິຢູ່ດົນປານໃດ?

yǐ　nín dǎ suàn dāi duō cháng shí jiān
乙：您打算待多长时间？

ກ: ປະມານໜຶ່ງອາທິດ.

jiǎ　yī gè xīng qī zuǒ yòu
甲：一个星期左右。

ຂ: ຢູ່ໃນກະເປົາຂອງທ່ານມີຫຍັງແດ່? ເປີດໃຫ້ເບິ່ງໄດ້ບໍ?

yǐ　nín de bāo li yǒu shén me dōng xi　néng dǎ kāi kàn kan ma
乙：您的包里有什么东西？能打开看看吗？

ກ: ມີພຽງແຕ່ເຄື່ອງນຸ່ງແລະເຄື່ອງໃຊ້ປະຈຳວັນເທົ່ານັ້ນ. ຈຳເປັນຕ້ອງເປີດບໍ?

jiǎ　zhǐ shì xiē yī fu jí rì cháng yòng pǐn ér yǐ　fēi dǎ kāi bù kě ma
甲：只是些衣服及日常用品而已。非打开不可吗？

ຂ: ແມ່ນແລ້ວ, ກະລຸນາໃຫ້ການຮ່ວມມືກັບພວກເຮົາດ້ວຍ.

yǐ　shì de　qǐng pèi hé wǒ men jiǎn chá
乙：是的，请配合我们检查。

ກ: ໄດ້.

jiǎ　hǎo ba
甲：好吧。

ຂ: (ພາຍຫຼັງກວດກາແລ້ວ) ທ່ານໄປໄດ້ແລ້ວ.

yǐ　　　　　nín kě yǐ zǒu le
乙：（检查后）您可以走了。

ກ: ຂອບໃຈ!

jiǎ　xiè xie
甲：谢谢！

ໝາຍເຫດ　注释

1. “ແມ່ນ...” 意为“是……的”，表示强调。例如：ມື້ນັ້ນຂ້ອຍແມ່ນຂີ່ລົດໄຟໃຕ້ດິນກັບ. 我那天是坐地铁回去的。ລາວແມ່ນມາຈາກປະເທດລາວ. 他是从老挝来的。

2. ເທົ່ານັ້ນ/ທໍ່ນັ້ນ意为“而已，仅仅”，用于句末。例如：ລາວເຮັດແບບນີ້ພຽງແຕ່ຕົວະໂຕເອງແລະຜູ້ອື່ນເທົ່ານັ້ນ/ທໍ່ນັ້ນ. 他这样做只不过是自欺欺人而已。

3. ຈຳເປັນຕ້ອງ意为“必须，必要”，表示要做的事情具有强制性。例如：ລົດຄັນນີ້ເຈົ້າຈຳເປັນຕ້ອງຍ້າຍໄປ. 这辆车你必须挪走。

ການສົນທະນາທີ 2

情景会话 2

(ກ: ພະນັກງານດ່ານພາສີ; ຂ: ນັກທ່ອງທ່ຽວ)

（甲：海关人员；乙：旅客）

ກ: ກະລຸນາຂຽນແບບຟອມເຂົ້າເມືອງແລະແບບຟອມແຈ້ງຕໍ່ດ່ານພາສີ.

jiǎ qǐng tián xiě yī xià rù jìng kǎ hé hǎi guān shēn bào dān
甲：请填写一下入境卡和海关申报单。

ຂ: ຂໍຖາມແດ່, ບ່ອນນີ້ຂຽນແນວໃດ?

yǐ qǐng wèn zhè lǐ zěn me tián
乙：请问这里怎么填？

ກ: ບ່ອນນີ້ຂຽນຊື່ແລະນາມສະກຸນ, ວິທີຕິດຕໍ່ຂອງທ່ານ.

jiǎ zhè lǐ tián nín de xìng míng hé lián xì fāng shì
甲：这里填您的姓名和联系方式。

ຂ: ບ່ອນນີ້ເດ?

yǐ zhè lǐ ne
乙：这里呢？

ກ: ຂຽນເລກຖ້ຽວບິນທີ່ທ່ານຂີ່ມາ.

jiǎ tián nín chéng zuò de háng bān hào
甲：填您乘坐的航班号。

ຂ: ຂໍຖາມແດ່, ແບບຟອມແຈ້ງຕໍ່ດ່ານພາສີນີ້ຂຽນແນວໃດ?

yǐ qǐng wèn zhè zhāng hǎi guān shēn bào dān zěn me tián ne
乙：请问这张海关申报单怎么填呢？

ກ: ທ່ານມີຫຍັງຕ້ອງແຈ້ງຕໍ່ດ່ານພາສີບໍ? ເຊັ່ນ: ຄອມພິວເຕີເຄື່ອນທີ່, ກ້ອງຖ່າຍຮູບແລະອື່ນໆ.

jiǎ nín yǒu shén me yào shēn bào de ma bǐ rú shǒu tí diàn nǎo zhào xiàng jī děng
甲：您有什么要申报的吗？比如手提电脑、照相机等。

ຂ: ຂ້ອຍຖືຄອມພິວເຕີເຄື່ອນທີ່ໜຶ່ງໜ່ວຍມານຳ.

yǐ wǒ dài le yī tái shǒu tí diàn nǎo
乙：我带了一台手提电脑。

ກ: ຄັນຊັ້ນກະລຸນາຂຽນຂໍ້ມູນໃສ່. ຍັງມີຫຍັງອີກບໍ?

jiǎ nà qǐng tián shàng hái yǒu bié de ma
甲：那请填上。还有别的吗？

ຂ: ບໍ່ມີແລ້ວ. ຂຽນແບບນີ້ໄດ້ແລ້ວບໍ?

yǐ méi yǒu le zhè yàng tián kě yǐ le ma
乙：没有了。这样填可以了吗？

ກ: ໄດ້ແລ້ວ.

jiǎ kě yǐ le
甲：可以了。

ຂ: ຂອບໃຈ.

yǐ xiè xie nín
乙：谢谢您。

ກ: ບໍ່ເປັນຫຍັງ.

jiǎ bù kè qi
甲：不客气。

ໝາຍເຫດ 注释

1. ພາສີ 意为"税"，ປອດພາສີ 意为"免关税"。例如：ເສຍພາສີແມ່ນໜ້າທີ່ຂອງພົນລະເມືອງທຸກຄົນ. 纳税是每个公民的义务。

2. ນັກ意为“员，者，家”，一般用作前缀，指擅长某项专业的人。例如：ພໍ່ເຖົ້າຂອງຂ້ອຍແມ່ນນັກກະວີ. 我的爷爷是一位诗人。

3. ຖ້ຽວ意为“班次，趟，次”。例如：ຖ້ຽວບິນຈາກໝານໜິງໄປຮອດວຽງຈັນໃນແຕ່ລະອາທິດມີຈັກຖ້ຽວ? 每周从南宁至万象的航班有多少趟?

ການສົນທະນາທີ 3

情景会话 3

(ກ: ຄົນຈີນ; ຂ: ຄົນລາວຢູ່ປະເທດຈີນ)

（甲：中国人；乙：在中国的老挝人）

ກ: ຖ້າອີກໄລຍະໜຶ່ງຂ້ອຍຢາກໄປທ່ອງທ່ຽວປະເທດລາວ. ເຈົ້າຄິດວ່າໄປນຳກຸ່ມນຳທ່ຽວຫຼືທ່ຽວເອງດີກວ່າ?

jiǎ　wǒ xiǎng guò duàn shí jiān qù lǎo wō lǚ yóu　nǐ rèn wéi gēn tuán yóu hǎo hái shi zì zhù yóu hǎo

甲：我想过段时间去老挝旅游。你认为跟团游好还是自助游好？

ຂ: ໄປທ່ຽວເອງດີກວ່າໄປນຳກຸ່ມນຳທ່ຽວ. ແຕ່ວ່າ, ຖ້າວ່າເຈົ້າອອກທ່ຽວຕ່າງປະເທດເປັນຄັ້ງທຳອິດ, ກໍຄວນທ່ຽວນຳກຸ່ມນຳທ່ຽວດີກວ່າ. ໄປນຳກຸ່ມນຳທ່ຽວທັງສະບາຍໃຈແລະທັງປອດໄພ.

yǐ　zì zhù yóu bǐ gēn tuán yóu gèng zì yóu　bù guò　jiǎ rú nǐ shì dì yī cì chū guó lǚ yóu　jiù hái shi gēn tuán bǐ jiào hǎo　gēn tuán yóu jì

乙：自助游比跟团游更自由。不过，假如你是第一次出国旅游，就还是跟团比较好。跟团游既

shěng xīn yòu ān quán
省心又安全。

ກ: ຂ້ອຍບໍ່ເຄີຍໄປຕ່າງປະເທດ, ຄັນຊັ້ນຂ້ອຍຈະໄປນຳກຸ່ມນຳທ່ຽວດີກວ່າ. ຂໍຖາມແດ່, ຂ້ອຍຕ້ອງລະວັງຫຍັງແດ່?

jiǎ wǒ yǐ qián méi yǒu chū guo guó nà wǒ hái shi gēn tuán ba qǐng wèn
甲：我以前没有出过国，那我还是跟团吧。请问
yào zhù yì xiē shén me ne
要注意些什么呢？

ຂ: ຫ້າມນຳເອົາວັດຖຸໄວໄຟ, ວັດຖຸລະເບີດໄດ້ງ່າຍແລະຫ້າມຖືສິ່ງຂອງໃດໆທີ່ມີກິ່ນແປກໆ, ປຶ້ມທີ່ຜິດກົດໝາຍ, ດີວີດີ, ສັດແລະພືດທີ່ຍັງບໍ່ທັນໄດ້ກວດພະຍາດແລະອື່ນໆ.

yǐ bù yào xié dài yì rán yì bào pǐn yě bù yào xié dài yǒu yì wèi de dōng
乙：不要携带易燃易爆品，也不要携带有异味的东
xi fēi fǎ shū kān yǐng dié yǐ jí wèi jīng jiǎn yì de dòng zhí wù
西，非法书刊、影碟，以及未经检疫的动植物
děng
等。

ກ: ຢູ່ລາວໃຊ້ເງິນຢວນໄດ້ບໍ?

jiǎ zài lǎo wō kě yǐ yòng rén mín bì ma
甲：在老挝可以用人民币吗？

ຂ: ເງິນຕາຂອງລາວແມ່ນເງິນກີບ. ເຈົ້າຖືເງິນຢວນໄປນຳ, ຮອດປະເທດລາວແລ້ວແລກປ່ຽນເປັນເງິນກີບຕາມຄວາມຕ້ອງການ.

yǐ lǎo wō de huò bì shì jī pǔ nǐ kě yǐ xié dài yī xiē rén mín bì dào
乙：老挝的货币是基普。你可以携带一些人民币，到
lǎo wō gēn jù xū yào duì huàn jī pǔ
老挝根据需要兑换基普。

ກ: ມີຂໍ້ກຳນົດຫຍັງສຳລັບຈຳນວນເງິນສົດທີ່ຖືໄປບໍ?

jiǎ duì xié dài xiàn jīn de shù liàng yǒu yāo qiú ma
甲：对携带现金的数量有要求吗？

ຂ: ມີຢູ່. ສາມາດຖືເງິນຢວນສູງສຸດແມ່ນບໍ່ກາຍ 20,000 ຢວນຫຼືເງິນຕາອື່ນໆທີ່ມີມູນຄ່າເທົ່າກັນເມື່ອອອກເມືອງຈີນ.

yǐ yǒu de cóng zhōng guó chū jìng zuì duō kě yǐ xié dài wàn yuán rén mín
乙：有的。从中国出境最多可以携带2万元人民
bì huò děng zhí de qí tā huò bì
币或等值的其他货币。

ກ: ໄປລາວຂໍວີຊາກັບດ່ານໄດ້ບໍ?

jiǎ qù lǎo wō kě yǐ bàn lǐ luò dì qiān zhèng ma
甲：去老挝可以办理落地签证吗？

ຂ: ໄດ້. ຫລັງຈາກໄປຮອດສະໜາມບິນຫລືທ່າເຮືອຂອງປະເທດລາວແລ້ວ, ມີໜັງສືຜ່ານແດນກໍສາມາດດຳເນີນການໄດ້ເລີຍ, ແຕ່ໜັງສືຜ່ານແດນຕ້ອງມີອາຍຸການໃຊ້ງານ 6 ເດືອນຂຶ້ນໄປ.

yǐ kě yǐ de dào dá lǎo wō jìng nèi de jī chǎng huò zhě kǒu àn hòu chí
乙：可以的。到达老挝境内的机场或者口岸后，持
hù zhào jiù néng xiàn chǎng bàn lǐ dàn hù zhào de yǒu xiào qī bì xū zài
护照就能现场办理，但护照的有效期必须在
gè yuè yǐ shàng
6个月以上。

ກ: ເຂົ້າໃຈແລ້ວ. ແມ່ນແລ້ວ, ຂ້ອຍຄວນລະວັງຫຍັງເມື່ອພົວພັນກັບຄົນລາວ? ມີຂໍ້ຫ້າມບໍ?

jiǎ míng bai le duì le hé lǎo wō rén dǎ jiāo dao yào zhù yì xiē shén me
甲：明白了。对了，和老挝人打交道要注意些什么
ne yǒu shén me jìn jì ma
呢？有什么禁忌吗？

ຂ: ມີສິ່ງໜຶ່ງຕ້ອງລະວັງ, ຫ້າມຈັບຫົວຂອງຄົນທ້ອງຖິ່ນເດັດຂາດ.

yǐ　yǒu yī diǎn yào zhù yì　jiù shì qiān wàn bù yào chù pèng dāng dì rén de tóu
乙：有一点要注意，就是千万不要触碰当地人的头。

ກ: ໂອ້, ຍ້ອນຫຍັງ?

jiǎ　ó　wèi shén me ne
甲：哦，为什么呢？

ຂ: ຍ້ອນວ່າຄົນລາວຄິດວ່າຫົວແມ່ນບ່ອນສັກສິດທີ່ສຸດ, ຄົນອື່ນຫ້າມຈັບບາຍເດັດຂາດ.

yǐ　yīn wèi lǎo wō rén rèn wéi tóu bù shì zuì shén shèng de dì fang　qí tā rén shì bù néng chù pèng de
乙：因为老挝人认为头部是最神圣的地方，其他人是不能触碰的。

ກ: ເມື່ອພົບພໍ້ຄົນລາວ, ຄວນທັກທາຍເຂົາເຈົ້າແນວໃດ?

jiǎ　jiàn dào lǎo wō rén　yào zěn yàng gēn tā men dǎ zhāo hu ne
甲：见到老挝人，要怎样跟他们打招呼呢？

ຂ: ຍໍມືນົບກໍໄດ້ແລ້ວ. ຖ້າຝ່າຍກົງກັນຂ້າມຍໍມືນົບກ່ອນ, ເຈົ້າກໍຕ້ອງນົບຄືນ.

yǐ　xíng hé shí lǐ jí kě　rú guǒ duì fāng xiān xíng hé shí lǐ　nǐ yě yào huí lǐ
乙：行合十礼即可。如果对方先行合十礼，你也要回礼。

ກ: ເຈົ້າ. ຈື່ແລ້ວ. ຂອບໃຈ.

jiǎ　hǎo de　jì zhù le　xiè xie nǐ
甲：好的。记住了。谢谢你。

ຂ: ບໍ່ເປັນຫຍັງ.

yǐ bù kè qi
乙：不客气。

ໝາຍເຫດ 注释

1. "...ກວ່າ..." 意为"……比……"。例如：ຂ້ອຍໃຫຍ່ກວ່ານາງ. 我比她大。ນາງແລ່ນໄວກວ່າຂ້ອຍ. 她比我跑得快。

2. "ຖ້າວ່າ...ກໍ..." 意为"假如……就……"，表示假设。例如：ຖ້າວ່າມື້ອື່ນມີເວລາ, ຂ້ອຍກໍຈະໄປຫາເຈົ້າ. 假如明天有时间，我就去找你。

3. ຄັ້ງທຳອິດ 意为"第一次，首次"，相似的表达还有ເທື່ອທຳອິດ。例如：ຂ້ອຍກິນປາແດກຄັ້ງທຳອິດ. 这是我第一次吃臭鱼酱。ຂ້ອຍຂີ່ລົດໄຟຄວາມໄວສູງເປັນເທື່ອທຳອິດ. 这是我第一次坐高铁。

4. ສຳລັບ 意为"至于，对于，关于"。例如：ສຳລັບເລື່ອງນີ້, ເຈົ້າມີຄວາມຮັບຜິດຊອບເປັນຕົ້ນຕໍ. 关于这件事，你有主要责任。

5. "...ຂຶ້ນໄປ" 意为"……之上，……以上，超出……"。例如：ກົດໝາຍຈີນກຳນົດວ່າມີອາຍຸ 18 ປີຂຶ້ນໄປຈຶ່ງຂັບລົດໄດ້. 中国的法律规定，十八周岁以上才能驾驶汽车。ໂຮງສາຍຮູບເງົາແຫ່ງນີ້ບັນຈຸໄດ້ 2000 ຄົນຂຶ້ນໄປ. 这个影院可容纳2000人以上。

ການສົນທະນາທີ 4

情景会话 4

(ສະຖານທີ່ແຈ້ງຂຶ້ນຍົນຢູ່ສະໜາມບິນສາກົນ. ກ: ພະນັກງານຢູ່ສະໜາມບິນ; ຂ: ຄົນລາວ)

（在国际机场办理登机手续处。甲：机场工作人员；乙：老挝人）

ກ: ສະບາຍດີ! ກະລຸນາແຈ້ງເອກະສານຢັ້ງຢືນສ່ວນຕົວເພື່ອຂຶ້ນຍົນ.

jiǎ nín hǎo bàn lǐ dēng jī qǐng chū shì shēn fèn zhèng jiàn
甲：您好！办理登机请出示身份证件。

ຂ: ໃຫ້ທ່ານ. ຂໍລົບກວນຂໍບ່ອນນັ່ງທີ່ ໃກ້ກັບທາງຍ່າງແດ່ໄດ້ບໍ?

yǐ gěi nín qǐng wèn kě yǐ gěi wǒ yī gè kào guò dào de wèi zhì ma
乙：给您。请问可以给我一个靠过道的位置吗？

ກ: ໄດ້. ທ່ານມີຫີບເດີນທາງຕ້ອງຂຶ້ນຍົນບໍ?

jiǎ kě yǐ qǐng wèn nín yǒu xíng li yào tuō yùn ma
甲：可以。请问您有行李要托运吗？

ຂ: ມີ. ສອງຫີບນີ້.

yǐ yǒu zhè liǎng gè xiāng zi
乙：有。这两个箱子。

ກ: ທ່ານຕ້ອງປ່ຽນເຮືອບິນຢູ່ຄູນໝິງ. ຕ້ອງການຂົນສົ່ງຫີບເດີນທາງແບບຕໍ່ເນື່ອງບໍ?

jiǎ nín yào zài kūn míng zhuǎn jī yào bàn lǐ xíng li lián yùn ma
甲：您要在昆明转机。要办理行李联运吗？

ຂ: ຕ້ອງການ! ຖ້າບໍ່ດັ່ງນັ້ນຂ້ອຍຕ້ອງໄດ້ເອົາຫີບເດີນທາງອີກຄັ້ງໜຶ່ງ.

yǐ yào a fǒu zé wǒ hái děi duō ná yī cì xíng li
乙：要啊！否则我还得多拿一次行李。

ກ: ໄດ້. ຢູ່ໃນມີພາວເວີແບ້ງຫຼືແບັດເຕີຣີບໍ?

jiǎ hǎo de lǐ miàn yǒu chōng diàn bǎo huò zhě lǐ diàn chí ma
甲：好的。里面有充电宝或者锂电池吗？

ຂ: ບໍ່ມີ.

yǐ méi yǒu
乙：没有。

ກ: ກະລຸນາວາງຫີບເດີນທາງຂອງທ່ານໃສ່ສາຍພານລຳລຽງ. ຮຽບຮ້ອຍແລ້ວ. ກະລຸນາຮັກສາປີ້ຂຶ້ນຍົນຂອງທ່ານໄວ້ໃຫ້ດີ.

jiǎ qǐng bǎ xíng li fàng zài chuán sòng dài shang bàn hǎo le qǐng ná hǎo nín de dēng jī pái
甲：请把行李放在传送带上。办好了。请拿好您的登机牌。

ຂ: ເຈົ້າ, ຂອບໃຈ!

yǐ hǎo de xiè xie
乙：好的，谢谢！

ກ: ບໍ່ເປັນຫຍັງ.

jiǎ bù kè qi
甲：不客气。

ໝາຍເຫດ 注释

ອີກຄັ້ງໜຶ່ງ/ອີກເທື່ອໜຶ່ງ 意为“再次，再一次”。例如：ຂ້ອຍເນັ້ນໜັກອີກຄັ້ງໜຶ່ງ/ອີກເທື່ອໜຶ່ງ. 我再强调一次。

ສາມ. ຄຳສັບແລະວະລີ 单词与短语

ດ່ານພາສີ 海关 (hǎi guān)

ເຂົ້າອອກເມືອງ 出入境 (chū rù jìng)

ອອກເມືອງ 出境 (chū jìng)

ສະແດງ 出示 (chū shì)

ໜັງສືຜ່ານແດນ 护照 (hù zhào)

ໃບຢັ້ງຢືນການເຂົ້າເມືອງ 入境证明 (rù jìng zhèng míng)

ໃບຢັ້ງຢືນສຸຂະພາບ 健康证明 (jiàn kāng zhèng míng)

ຈຸດປະສົງ 目的 (mù dì)

ທາງການ 公务 (gōng wù)

ຂຽນ 填写 (tián xiě)

ແບບຟອມເຂົ້າເມືອງ 入境登记卡 (rù jìng dēng jì kǎ)；入境申请卡 (rù jìng shēn qǐng kǎ)

ແບບຟອມແຈ້ງເງິນຕາຕ່າງປະເທດ 外币申报表 (wài bì shēn bào biǎo)

ແຈ້ງ 申报 (shēn bào)

ແບບຟອມແຈ້ງຕໍ່ດ່ານພາສີ 海关申报表 (hǎi guān shēn bào biǎo)

ໃຫ້ການຮ່ວມມື 配合 (pèi hé)

ກວດກາ 检查 (jiǎn chá)

ຊື່ແລະນາມສະກຸນ 姓名 (xìng míng)

ໝາຍເລກໂທລະສັບ 联系电话 (lián xì diàn huà)；电话号码 (diàn huà hào mǎ)

ຜູ້ຕິດຕໍ່ສຸກເສີນ 紧急联系人 jǐn jí lián xì rén

ວັດຖຸຕ້ອງຫ້າມ 违禁品 wéi jìn pǐn

ຈຳນວນ 数量 shù liàng

ປະເທດໄທ 泰国 tài guó

ວີຊາກັບດ່ານ 落地签证 luò dì qiān zhèng

ຂົນສົ່ງແບບຕໍ່ເນື່ອງ 联运 lián yùn

ກະເປົາ 包 bāo

ພຽງແຕ່ 只是 zhǐ shì

ເທົ່ານັ້ນ 而已 ér yǐ

ຂີ່ 乘坐 chéng zuò

ຄອມພິວເຕີເຄື່ອນທີ່ 手提电脑 shǒu tí diàn nǎo

ຖ້າອີກໄລຍະໜຶ່ງ 过段时间 guò duàn shí jiān

ໄປນຳກຸ່ມນຳທ່ຽວ 跟团游 gēn tuán yóu

ແຕ່ວ່າ 不过 bù guò

ຄັ້ງທຳອິດ 第一次 dì yī cì

ປອດໄພ 安全 ān quán

ໄວໄຟ 易燃 yì rán

ວັດຖຸສິ່ງຂອງ 物品 wù pǐn

ຖືຕິດໂຕ 携带 xié dài

ປະເທດມຽນມາ 缅甸 miǎn diàn

ຄຸນໝິງ 昆明 kūn míng

ສາຍພານ 传送带 chuán sòng dài

ເປີດ 打开 dǎ kāi

ເຄື່ອງໃຊ້ປະຈຳວັນ 日常用品 rì cháng yòng pǐn

ເລກຖ້ຽວບິນ 航班号 háng bān hào

ເຊັ່ນ 比如 bǐ rú

ກ້ອງຖ່າຍຮູບ 照相机 zhào xiàng jī

ຖ້າ 假如 jiǎ rú

ທ່ຽວເອງ 自助游 zì zhù yóu

ອອກຕ່າງປະເທດ 出国 chū guó

ສະບາຍໃຈ 省心 shěng xīn

ລະວັງ 注意 zhù yì

ວັດຖຸລະເບີດໄດ້ງ່າຍ 易爆品 yì bào pǐn

yì wèi
ກິ່ນແປກໆ 异味

yǐng dié
ດີວີດີ 影碟

jiǎn yì
ກວດພະຍາດ 检疫

huò bì
ເງິນຕາ 货币

duì huàn
ແລກປ່ຽນ 兑换

děng zhí
ມູນຄ່າເທົ່າກັນ 等值

míng bai
ເຂົ້າໃຈ 明白

jìn jì
ຂໍ້ຫ້າມ 禁忌

tóu
ຫົວ 头

rèn wéi
ຄິດວ່າ 认为

chù pèng
ຈັບບາຍ 触碰

huí lǐ
ນົບຄືນ 回礼

xiāng zi
ຫີບ 箱子

chōng diàn bǎo
ພາວເວີແບ້ງ 充电宝

dēng jī pái
ປີ້ຂຶ້ນຍົນ 登机牌

fēi fǎ
ຜິດກົດໝາຍ 非法

dòng zhí wù
ສັດແລະພືດ 动植物

rén mín bì
ເງິນຢວນ 人民币

jī pǔ
ກີບ 基普

gēn jù xū yào
ຕາມຄວາມຕ້ອງການ 根据需要

yǒu xiào qī
ອາຍຸການໃຊ້ງານ 有效期

dǎ jiāo dao
ພົວພັນ 打交道

qiān wàn bù yào
ຫ້າມເດັດຂາດ 千万不要

dāng dì rén
ຄົນທ້ອງຖິ່ນ 当地人

shén shèng
ສັກສິດ 神圣

hé shí lǐ
ຍໍມືນົບ 合十礼

jì zhù
ຈື່ 记住

fǒu zé
ຖ້າບໍ່ດັ່ງນັ້ນ 否则

lǐ diàn chí
ແບັດເຕີຣີ 锂电池

ສີ່. ເຝິກຫັດນອກໂມງຮຽນ 课后练习

1. ຈຳລອງສະພາບການລຸ່ມນີ້ແລ້ວດຳເນີນການສົນທະນາ. 模拟下列情景进行对话。

（1）ເຈົ້າເຄີຍຜ່ານດ່ານພາສີດ່ານໃດ? ເພື່ອຫຍັງ?

（2）ໃນເວລາເຂົ້າອອກເມືອງຕ້ອງຫ້າມເອົາເຄື່ອງຫຍັງໄປນຳ?

2. ໃຊ້ຄຳສັບແຕ່ງໃຫ້ເປັນປະໂຫຍກ. 用所给的词语造句。

（1）ດົນປານໃດ

（2）ກະລຸນາ

（3）ເທົ່າກັນ

（4）ຈຳເປັນຕ້ອງ

3. ຟັງສຽງອັດ, ຕອບຄຳຖາມ. 听录音，回答问题。

（1）ເຮັດເອກະສານຜ່ານດ່ານຕ້ອງເອົາເຄື່ອງຫຍັງໄປນຳ?

（2）ຜ່ານດ່ານຕ້ອງຂຽນແບບຟອມຫຍັງ?

（3）ແບບຟອມແຈ້ງຕໍ່ດ່ານພາສີຂຽນແນວໃດ?

（4）ຂ້ອຍມີແຜນຊິຢູ່ດົນປານໃດ?

ເທັບອັດສຽງຂອງການເຝິກຫັດນອກໂມງຮຽນ
课后练习录音文本

ບົດທີ 6　ທັກທາຍແລະແນະນຳ
第六课　打招呼和介绍

3. ຟັງສຽງອັດ, ເລືອກຄຳສັບທີ່ໄດ້ຍິນ. 听录音，选出听到的词语。

（1）ສຸຂະພາບຂອງຂ້ອຍແຂງແຮງດີຫຼາຍ.

（2）ຂ້ອຍມາຈາກປັກກິ່ງປະເທດຈີນ.

（3）ຫຼາຍມື້ມານີ້ຂ້ອຍຫາຊື້ເຄື່ອງໃຊ້ໃນປີໃໝ່.

（4）ລາວແມ່ນຄົນກຸ້ຍຫຼິນກວາງຊີ.

ບົດທີ 7　ເວລາແລະມາດຕະຖານວັດແທກຄວາມຍາວ, ນ້ຳໜັກ ແລະບໍລິມາດ (ລວມທັງຕົວເລກແລະອື່ນໆ)
第七课　时间与度量衡（包含数字等）

3. ຟັງສຽງອັດ, ເລືອກຄຳສັບທີ່ໄດ້ຍິນ. 听录音，选出听到的词语。

（1）ດຽວນີ້ແມ່ນລະດູໃບໄມ້ປົ່ງ.

（2）10 ໂມງເຄິ່ງມີນັດສຳພາດທີ່ສຳຄັນ.

（3）ຂ້ອຍຂີ່ລົດເມສາທາລະນະໄປການ.

（4）ນ້ຳໜັກຂ້ອຍເກີນ 60 ກິໂລແລ້ວ.

ບົດທີ 8　ຂໍຄວາມຊ່ວຍເຫຼືອແລະສະແດງຄວາມຂອບໃຈ
第八课　求助和感谢

3. ຟັງສຽງອັດ, ພິຈາລະນາຖືກຜິດ (ຖືກໃຫ້ຂຽນ T, ຜິດໃຫ້ຂຽນ F). 听录音，判断正误（正确的写T，错误的写F）。

（1）ຂໍໂທດຫຼາຍໆເດີ, ຂ້ອຍຊ່ວຍເຈົ້າບໍ່ໄດ້.

（2）ກະລຸນາຍ້າຍໄປຫ້ອງການ 203.

（3）ຂ້ອຍຢາກໄປສະໜາມບິນ.

（4）ຂ້ອຍຂໍປ່ຽນໃບ 100 ຢວນເປັນໃບ 10 ຢວນ 10 ໃບ.

（5）ເຈົ້າໄປຖາມຮ້ານຂາຍເຄື່ອງຍ່ອຍທາງຂ້າງກະໄດ້.

ບົດທີ 9　ຄົມມະນາຄົມ, ອາກາດ
第九课　交通出行、天气

3. ຟັງສຽງອັດ, ພິຈາລະນາຖືກຜິດ (ຖືກໃຫ້ຂຽນ T, ຜິດໃຫ້ຂຽນ F). 听录音，判断正误（正确的写T，错误的写F）。

（1）ຂ້ອຍຢາກໄປໃຈກາງເມືອງ.

（2）ຂ້ອຍຢາກຈອງປີ້ຍົນຖ້ຽວດຽວ 2 ໃບ.

（3）ມື້ນີ້ຢູ່ວຽງຈັນທ້ອງຟ້າປອດໂປ່ງ.

（4）ໄປສະຖານີຕ່າງຈ້ານຢ່າງໜ້ອຍໃຊ້ເວລາ 1 ຊົ່ວໂມງ.

（5）ໜານໜີງຍາມຮ້ອນທີ່ສຸດແມ່ນເດືອນ 7 ຫາເດືອນ 8.

ບົດທີ 10　ຄອບຄົວ
第十课　家　庭

4. ຟັງສຽງອັດ, ເລືອກເອົາຄຳຕອບທີ່ຖືກຕ້ອງ. 听录音，选择正确答案。

（1）ຄອບຄົວຂອງຂ້ອຍມີພໍ່, ແມ່ແລະຂ້ອຍ.

（2）ແມ່ຂອງຂ້ອຍເປັນອາຈານປະມານ 10 ປີແລ້ວ.

（3）ປູ່ຂອງຂ້ອຍສຸຂະພາບແຂງແຮງດີຫລາຍ.

ບົດທີ 11　ຊື້ເຄື່ອງ
第十一课　购　物

4. ຟັງສຽງອັດ, ເລືອກເອົາຄຳຕອບທີ່ຖືກຕ້ອງ. 听录音，选择正确答案。

（1）ເຈົ້າຢາກຊື້ຊີ້ນຫຍັງ?

（2）ເກີບຄູ່ໜຶ່ງ ລາຄາເດີມແມ່ນ 200 ຢວນ, ດຽວນີ້ຫຼຸດລາຄາ 20%.

（3）ຂ້ອຍຢາກຈ່າຍເງິນດ້ວຍວີແຊັດໄດ້ບໍ?

（4）ເຈົ້ານຸ່ງກະໂປ່ງຂະໜາດຫຍັງ?

ບົດທີ 12　ອາຫານການກິນ
第十二课　餐饮、美食

3. ຟັງສຽງອັດ, ພິຈາລະນາຖືກຜິດ (ຖືກໃຫ້ຂຽນ T, ຜິດໃຫ້ຂຽນ F). 听录音，判断正误（正确的写T，错误的写F）。

（1）ຂ້ອຍມັກດື່ມນ້ຳໝາກໄມ້, ບໍ່ມັກດື່ມນົມ.

（2）ຂ້ອຍມັກກິນສະເຕັກສຸກ 70%.

（3）ເຈົ້າມາປະເທດຈີນໜຶ່ງເດືອນແລ້ວ, ລຶ້ງກິນອາຫານຈີນບໍ?

（4）ເອົາຂົ້ວຜັກບົ້ງຕື່ມແລະອົບເຕົ້າຮູ້ໜຶ່ງ.

ບົດທີ 13　ການພັກເຊົ່າ (ຢູ່ໂຮງແຮມ, ເຮືອນພັກແລະການເຊົ່າເຮືອນ)

第十三课　住宿（包含酒店、民宿、租房等）

3. ຟັງສຽງອັດ, ຕື່ມຄຳສັບໃສ່ບ່ອນຫວ່າງ. 听录音，填空。

（1）ຂ້ອຍຢາກຈອງຫ້ອງຕຽງດ່ຽວ/ຫ້ອງຕຽງຄູ່ໜຶ່ງ.

（2）ຕ້ອງໃຊ້ບັດປະຈຳຕົວຫຼືໜັງສືຜ່ານແດນລົງທະບຽນເວລາເຂົ້າພັກ.

（3）ຂໍຖາມແດ່, ໃນຫ້ອງມີບ່ອນສຽບສາຍອິນເຕີເນັດບໍ?

（4）ນີ້ແມ່ນໃບບິນຂອງທ່ານ. ກະລຸນາກວດເບິ່ງກ່ອນ.

ບົດທີ 14　ການທ່ອງທ່ຽວ

第十四课　观光旅游

4. ຟັງສຽງອັດ, ພິຈາລະນາຖືກຜິດ (ຖືກໃຫ້ຂຽນ T, ຜິດໃຫ້ຂຽນ F). 听录音，判断正误（正确的写T，错误的写F）。

（1）ໃຊ້ບັດປະຈຳຕົວຊື້ປີ້ສາມາດຫຼຸດລາຄາໄດ້.

（2）ທ້າຍປີຂ້ອຍຢາກໄປປະເທດລາວ.

（3）ພູຊິງຊີວກວ້າງໃຫຍ່ ໂພດ!

（4）ຕອນນີ້ແມ່ນລະດູທ່ອງທ່ຽວຍອດນິຍົມ, ນັກທ່ອງທ່ຽວມີຫຼາຍ.

ບົດທີ 15 ບັນເທີງ
第十五课 娱 乐

4. ຟັງສຽງອັດ, ຕື່ມຄຳສັບໃສ່ບ່ອນຫວ່າງ. 听录音，填空。

(1) ເຈົ້າມັກຫຼິ້ນເກມ/ຫຼິ້ນໄພ້/ຫຼິ້ນໝາກເສິກບໍ?

(2) ຂ້ອຍມັກເບິ່ງຮູບເງົາກັງຝູ/ຮູບເງົາບູຮານ.

(3) ລາວຮຽນຮ້ອງເພງນຳພໍ່ແມ່ຕັ້ງແຕ່ນ້ອຍ.

(4) ແຖວໃກ້ໆນີ້ເປີດສວນສະໜຸກຂະໜາດໃຫຍ່ແຫ່ງໜຶ່ງ.

ບົດທີ 16 ໄປຫາທ່ານໝໍ
第十六课 看医生

4. ຟັງສຽງອັດ, ຕອບຄຳຖາມ. 听录音，回答问题。

(1) ຂ້ອຍເຈັບຫົວ.

(2) ເຈົ້າຕ້ອງວັດແທກຄວາມດັນເລືອດ.

(3) ຂ້ອຍຢາກກວດພະຍາດຢູ່ພະແນກຫູຕາດັງຄໍ.

(4) ຂ້ອຍເຈັບຄໍສອງມື້ແລ້ວ, ບໍ່ໄດ້ກິນຢາ.

ບົດທີ 17 ຫາວຽກ
第十七课 找工作

3. ຟັງສຽງອັດ, ຕື່ມຄຳສັບໃສ່ບ່ອນຫວ່າງ. 听录音，填空。

(1) ສິ່ງທີ່ສຳຄັນກວ່ານັ້ນແມ່ນ, ວັດທະນະທຳຂອງບໍລິສັດທ່ານໄດ້ດຶງດູດຂ້ອຍ.

(2) ຂ້ອຍຮຽນພາສາອັງກິດ, ຢາກຂໍວຽກແປພາສາຫລືການ

ຄ້າຕ່າງປະເທດ.

（3）ແມ່ນແລ້ວ, ມື້ອື່ນຈະມີງານນັດພົບແຮງງານຂະໜາດໃຫຍ່, ເຈົ້າລອງໄປເບິ່ງກໍໄດ້.

ບົດທີ 18 ກິດຈະກຳທາງການຄ້າ
第十八课 商务活动

3. ຟັງສຽງອັດ, ຂຽນປະໂຫຍກທີ່ໄດ້ຍິນອອກມາ (ຟັງສຽງ 3 ເທື່ອ). 听录音，写出听到的句子（录音听三遍）。

（1）ລາຄາຂອງພວກເຮົາແມ່ນຂຶ້ນກັບປະລິມານການສັ່ງຊື້ຂອງທ່ານ.

（2）ຖ້າວ່າໃນການເດີນທາງເກີດຄວາມເສຍຫາຍຫຼືເປ່ເພຫຍັງ ກໍຢູ່ໃນຄວາມຮັບຜິດຊອບຂອງປະກັນໄພ.

（3）ຝຸ່ນເຄມີປະສົມຊະນິດນີ້ໂຕນໜຶ່ງລາຄາເທົ່າໃດ?

（4）ພໍແຕ່ພວກເຮົາໄດ້ຮັບບັດສິນເຊື່ອ, ກໍຈະຈັດສົ່ງເຄື່ອງທັນທີ.

（5）ຂໍຖາມແດ່, ບໍລິສັດທ່ານມີຄວາມສົນໃຈທີ່ຈະເຂົ້າຮ່ວມງານວາງສະແດງສິນຄ້າຈີນ-ອາຊຽນໃນປີນີ້ບໍ?

ບົດທີ 19 ບຸນແລະຮີດຄອງປະເພນີ
第十九课 节日与习俗

3. ຟັງສຽງອັດ, ຂຽນປະໂຫຍກທີ່ໄດ້ຍິນອອກມາ (ຟັງສຽງ 3 ເທື່ອ). 听录音，写出听到的句子（录音听三遍）。

（1）ພວກເຂົາເຈົ້າສະເຫຼີມສະຫຼອງກຸດສົງການບໍ?

（2）ປະຊາຊົນຈະເຮັດຫຍັງແດ່ເພື່ອສະຫລອງກຸດຈີນ?

（3）ຂ້ອຍມີແຜນທີ່ຈະໄປຫຼິ້ນ/ຢູ່ເຮືອນນຳຄອບຄົວຂ້ອຍ.

（4）ໃນເວລາອວຍພອນປີໃໝ່ມັກຈະອວຍພອນແບບໃດ?

（5）ກຸດສົງການແມ່ນປີໃໝ່ຕາມພຸດທະສັງກາດ, ເຊິ່ງເທົ່າກັບບຸນກຸດຈີນ.

ບົດທີ 20　ດ່ານພາສີແລະການກວດຄົນເຂົ້າອອກເມືອງ
第二十课　海关与出入境

3. ຟັງສຽງອັດ, ຕອບຄຳຖາມ. 听录音，回答问题。

（1）ເຮັດເອກະສານຜ່ານດ່ານຕ້ອງເອົາໜັງສືຜ່ານແດນ, ປີ້ຂຶ້ນຍົນແລະແບບຟອມເຂົ້າເມືອງໄປນຳ.

（2）ກະລຸນາຂຽນແບບຟອມເຂົ້າເມືອງແລະແບບຟອມແຈ້ງຕໍ່ດ່ານພາສີ.

（3）ຂຽນແບບຟອມແຈ້ງຕໍ່ດ່ານພາສີຕ້ອງຂຽນເຄື່ອງທີ່ຕ້ອງແຈ້ງຕໍ່ດ່ານພາສີໃຫ້ໝົດ.

（4）ຂ້ອຍມີແຜນຊິຢູ່ປະມານໜຶ່ງອາທິດ.

ຄຳຕອບບົດເຝິກຫັດ

课后练习参考答案

ບົດທີ 6　ທັກທາຍແລະແນະນຳ

第六课　打招呼和介绍

1. (1) ສະບາຍດີ (ຕອນເຊົ້າ), ອາຈານຫຼີ.

   (2) ກະລຸນາແນະນຳອາຊີບຂອງເຈົ້າ, ໄດ້ບໍ?

   (3) ນີ້ແມ່ນໝູ່ເພື່ອນທີ່ດີຂອງຂ້ອຍເຕິ້ງເຈ່ຍ.

   (4) ໄລຍະນີ້ເຈົ້າສະບາຍດີບໍ?

2. (1) ເປັນແນວໃດ　　(2) ພໍ່ແລະແມ່ຂອງຂ້ອຍ

   (3) ຄອບຄົວຂອງເຈົ້າຊື້ເຄື່ອງໃຊ້ໃນປີໃໝ່ແລ້ວບໍ

   (4) ເຮັດວຽກຫຍັງ

3. (1) A　(2) B　(3) C　(4) A

ບົດທີ 7　ເວລາແລະມາດຕະຖານວັດແທກຄວາມຍາວ, ນ້ຳໜັກແລະບໍລິມາດ (ລວມທັງຕົວເລກແລະອື່ນໆ)

第七课　时间与度量衡（包含数字等）

1. (1) ມື້ນີ້ແມ່ນວັນທີ 1 ເດືອນຕຸລາ.

(2) ມື້ນີ້ແມ່ນວັນພຸດ.

(3) ດຽວນີ້ແມ່ນ 9 ໂມງເຄິ່ງ.

(4) ໄຂກອງປະຊຸມໃນຕອນບ່າຍ 3:50.

2. (1) ລະດູຝົນ　ລະດູແລ້ງ　(2) ນ້ຳໜັກ 5 ກິໂລ

(3) 10 ກິໂລແມັດ

3. (1) B　(2) A　(3) C　(4) C

ບົດທີ 8　ຂໍຄວາມຊ່ວຍເຫຼືອແລະສະແດງຄວາມຂອບໃຈ
第八课　求助和感谢

1. (1) ຂໍຖາມແດ່, ສະຖານີລົດໂດຍສານໄປແນວໃດ?

(2) ຂໍໂທດ, ຂ້ອຍກໍບໍ່ເຂົ້າໃຈຄືກັນ.

(3) ກະລຸນາຍ້າຍໄປຫ້ອງການ 203.

(4) ຂອບໃຈສຳລັບການຊ່ວຍເຫຼືອຂອງທ່ານ.

2. (1) ກະລຸນາຊ່ວຍ　ໄດ້ບໍ　(2) ໄດ້ແນ່ນອນ

(3) ມັນເປັນເລື່ອງງ່າຍໆ

3. (1) T　(2) F　(3) F　(4) F　(5) T

ບົດທີ 9　ຄົມມະນາຄົມ, ອາກາດ
第九课　交通出行、天气

1. (1) ເຈົ້າຊິໄປຫໍພິພິທະພັນແນວໃດ?

(2) ຂ້ອຍຊິໄປຫໍພິພິທະພັນດ້ວຍລົດໄຟໃຕ້ດິນ.

(3) ຍົນບິນໃນເວລາໃດ?

(4) ມື້ນີ້ທ້ອງຟ້າປອດໂປ່ງ.

2. (1) ອຸນຫະພູມຈັກອົງສາ (2) ວັດສີເມືອງ

(3) ຕ້ອງໃຊ້ເວລາຢ່າງໜ້ອຍ 1 ຊົ່ວໂມງ

3. (1) T (2) F (3) F (4) F (5) F

ບົດທີ 10 ຄອບຄົວ

第十课 家 庭

1. (1) ແມ່ຂອງພໍ່ເອີ້ນວ່າຫຍັງ?

(2) ຄອບຄົວຂອງເຈົ້າມີຈັກຄົນ?

(3) ແມ່ຂອງຂ້ອຍໃກ້ຊິ 50 ປີແລ້ວ.

(4) ສຸຂະພາບຂອງປູ່ເຈົ້າແຂງແຮງດີຢູ່ບໍ?

2. (1) ມີປະມານ 150 ຕາແມັດ (2) ມີອາຍຸຈັກປີແລ້ວ

(3) ວິສະວະກອນ

3. (略) 4. (1) A (2) B (3) A

ບົດທີ 11 ຊື້ເຄື່ອງ

第十一课 购 物

1. (1) ຂໍຖາມແດ່, ທ່ານຕ້ອງການຊື້ຫຍັງ?

（2）ຂໍຖາມແດ່, ມີເສື້ອເຊີດຂະໜາດໃຫຍ່ບໍ?

（3）ອັນນີ້ລາຄາເທົ່າໃດ?

（4）ຫຼຸດໃຫ້ແດ່/ຫຼຸດເປີເຊັນໄດ້ບໍ?

（5）ທ່ານຈ່າຍເງິນດ້ວຍເງິນສົດຫຼືບັດທະນາຄານ?

2.（1）ຈຶ່ງຈ່າຍເງິນ　　（2）ແຕ່ວ່າສີມືດໄປໜ້ອຍໜຶ່ງ

（3）ຄືສັ່ງຕັດໃຫ້ທ່ານເລີຍ

3.（略）　4.（1）A　（2）B　（3）C　（4）B

ບົດທີ 12　ອາຫານການກິນ

第十二课　餐饮、美食

1.（略）　2.（略）　3.（1）F　（2）T　（3）F　（4）F

ບົດທີ 13　ການພັກເຊົາ (ຢູ່ໂຮງແຮມ, ເຮືອນພັກແລະການເຊົ່າເຮືອນ)

第十三课　住宿（包含酒店、民宿、租房等）

1.（略）　2.（略）

3.（1）ຫ້ອງຕຽງດ່ຽວ/ຫ້ອງຕຽງຄູ່ໜຶ່ງ

（2）ບັດປະຈຳຕົວ　ໜັງສືຜ່ານແດນ

（3）ບ່ອນສຽບສາຍອິນເຕີເນັດ

（4）ໃບບິນ　ກະລຸນາກວດເບິ່ງກ່ອນ

ບົດທີ 14　ການທ່ອງທ່ຽວ

第十四课　观光旅游

1.（略）

2.（1）ປະຕູໄຊ, ທາດຫຼວງ, ຫໍພະແກ້ວນະຄອນຫຼວງວຽງຈັນ, ນ້ຳຕົກຕາດກວາງຊີ ແຂວງຫຼວງພະບາງແລະອື່ນໆ

（2）ຕອນນີ້ແມ່ນລະດູທ່ອງທ່ຽວຍອດນິຍົມ, ນັກທ່ອງທ່ຽວມີຫຼາຍ

（3）ຈັກໜ້ອຍພວກເຮົາຂີ່ລົດນຳທ່ຽວລົງພູ, ດີບໍ

3.（略）　4.（1）F　（2）F　（3）T　（4）F

ບົດທີ 15　ບັນເທີງ

第十五课　娱　乐

1.（略）

2.（1）ໂທລະພາບແລະຟັງດົນຕີ

（2）ຮ້ອງເພງນຳພໍ່ແມ່ຕັ້ງແຕ່ນ້ອຍ

（3）ທັງໄດ້ຕາກແອເຢັນ, ທັງເບິ່ງລະຄອນໂທລະພາບ

（4）ດີກວ່າໄປຂີ່ລົດໄຟເຫາະ

3.（略）

4.（1）ເກມ/ຫຼິ້ນໄພ້/ຫຼິ້ນໝາກເສິກ

（2）ຮູບເງົາກັງຟູ/ຮູບເງົາບູຮານ

(3) ຕັ້ງແຕ່ນ້ອຍ

(4) ສວນສະໜຸກຂະໜາດໃຫຍ່

ບົດທີ 16　ໄປຫາທ່ານໝໍ

第十六课　看医生

1. (略)

2. (1) ອຸນຫະພູມ/ວັດແທກຄວາມດັນເລືອດ/ກວດເລືອດ

(2) ພະຍາດຢູ່ພະແນກຫູຕາດັງຄໍ

(3) ຂ້ອຍສັ່ງຢາພື້ນເມືອງຈີນໃຫ້ເຈົ້າເດີ

(4) ກະລຸນາກົດສຳລີນີ້ໄວ້ປະມານເຄິ່ງຊົ່ວໂມງເພື່ອຫ້າມເລືອດ

3. (略)

4. (1) ຂ້ອຍເຈັບທ້ອງ.

(2) ວັດແທກຄວາມດັນເລືອດ.

(3) ພະແນກຫູຕາດັງຄໍ.

(4) ຂ້ອຍເຈັບຄໍສອງມື້ແລ້ວ, ບໍ່ໄດ້ກິນຢາ.

ບົດທີ 17　ຫາວຽກ

第十七课　找工作

1. (略)　2. (略)

3. (1) ສິ່ງທີ່ສຳຄັນກວ່ານັ້ນແມ່ນ

（2）ແປພາສາຫລືການຄ້າຕ່າງປະເທດ

（3）ມື້ອື່ນຈະມີງານນັດພົບແຮງງານຂະໜາດໃຫຍ່

ບົດທີ 18　ກິດຈະກຳທາງການຄ້າ

第十八课　商务活动

1.（1）④ນັບແຕ່ປີ…ເປັນຕົ້ນມາ

（2）③ຖ້າວ່າ

（3）②ນອກຈາກ...ຍັງມີ...

（4）①ບໍ່ພຽງແຕ່ເທົ່ານັ້ນ...ຍັງ...

2.（略）

3.（1）ລາຄາຂອງພວກເຮົາແມ່ນຂຶ້ນກັບປະລິມານການສັ່ງຊື້ຂອງທ່ານ

（2）ຖ້າວ່າໃນການເດີນທາງເກີດຄວາມເສຍຫາຍຫຼືເປ່ເພ ຫຍັງກໍຢູ່ໃນຄວາມຮັບຜິດຊອບຂອງປະກັນໄພ

（3）ຝຸ່ນເຄມີປະສົມຊະນິດນີ້ໂຕນໜຶ່ງລາຄາເທົ່າໃດ

（4）ພໍແຕ່ພວກເຮົາໄດ້ຮັບບັດສິນເຊື່ອ, ກໍຈະຈັດສົ່ງເຄື່ອງທັນທີ

（5）ຂໍຖາມແດ່, ບໍລິສັດທ່ານມີຄວາມສົນໃຈທີ່ຈະເຂົ້າຮ່ວມງານວາງສະແດງສິນຄ້າຈີນ–ອາຊຽນໃນປີນີ້ບໍ

ບົດທີ 19 ບຸນແລະຮີດຄອງປະເພນີ

第十九课 节日与习俗

1.（略）

2.（1）ບຸນທາດຫຼວງ 改为 ກຸດສົງການ

（2）ພາກໃຕ້ 改为 ພາກເໜືອ; ພາກເໜືອ 改为 ພາກໃຕ້

（3）ຈູດບັ້ງໄຟ 改为 ຊ່ວງເຮືອ

3.（1）ພວກເຂົາເຈົ້າສະເຫຼີມສະຫຼອງກຸດສົງການບໍ

（2）ປະຊາຊົນຈະເຮັດຫຍັງແດ່ເພື່ອສະຫລອງກຸດຈີນ

（3）ຂ້ອຍມີແຜນທີ່ຈະໄປຫຼິ້ນ/ຢູ່ເຮືອນນຳຄອບຄົວຂ້ອຍ

（4）ໃນເວລາອວຍພອນປີໃໝ່ມັກຈະອວຍພອນແບບໃດ

（5）ກຸດສົງການແມ່ນປີໃໝ່ຕາມພຸດທະສັງກາດ, ເຊິ່ງເທົ່າກັບບຸນກຸດຈີນ

ບົດທີ 20 ດ່ານພາສີແລະການກວດຄົນເຂົ້າອອກເມືອງ

第二十课 海关与出入境

1.（略） 2.（略）

3.（1）ໜັງສືຜ່ານແດນ, ປີ້ຂຶ້ນຍົນແລະແບບຟອມເຂົ້າເມືອງ.

（2）ແບບຟອມເຂົ້າເມືອງແລະແບບຟອມແຈ້ງຕໍ່ດ່ານພາສີ.

（3）ຕ້ອງຂຽນເຄື່ອງທີ່ຕ້ອງແຈ້ງຕໍ່ດ່ານພາສີໃຫ້ໝົດ.

（4）ປະມານໜຶ່ງອາທິດ.